森林生态经济学

SEN LIN SHENG TAI
JING JI XUE

马国勇　刘刚　孙宏文◎编著

企业管理出版社
ENTERPRISE MANAGEMENT PUBLISHING HOUSE

图书在版编目（CIP）数据

森林生态经济学/马国勇，刘刚，孙宏文编著. —北京：企业管理出版社，2019.11

ISBN 978-7-5164-2062-1

Ⅰ. ①森… Ⅱ. ①马… ②刘… ③孙… Ⅲ. ①森林生态经济学—教材 Ⅳ. ①F307.2

中国版本图书馆CIP数据核字（2019）第241970号

书　　名：森林生态经济学
作　　者：马国勇　刘刚　孙宏文
责任编辑：刘一玲　崔立凯
书　　号：ISBN 978-7-5164-2062-1
出版发行：企业管理出版社
地　　址：北京市海淀区紫竹院南路17号　　邮　　编：100048
网　　址：http：//www.emph.cn
电　　话：编辑部68701322　发行部68414644
电子信箱：80147@sina.com　zbs@emph.cn
印　　刷：北京虎彩文化传播有限公司
经　　销：新华书店
规　　格：710毫米×1000毫米　16开本　20.5印张　290千字
版　　次：2019年11月第1版　　2019年11月第1次印刷
定　　价：65.00元

目　录

第一章　绪　论

第一节　生态经济学的含义和特性

一、生态经济学的含义

20 世纪 60 年代以来，随着科学技术进步和社会生产力的极大提高，人类创造了前所未有的物质财富，推进了社会物质文明发展的进程。但是，世界性人口膨胀、粮食短缺、能源紧张、资源匮乏和环境污染等问题，向人类敲响了生存环境危机的警钟。随之国际上第一次掀起了旨在拯救人类生存与发展的生态环境的绿色运动。对此，理论界围绕着生态与经济协调发展的问题，展开了激烈的讨论，形成了“百家争鸣”的绿色思潮。在这样的国际社会背景下，生态学与经济学相互渗透，产生了一门融生态学与经济学为一体的边缘科学——生态经济学(Ecological Economics)。

1966 年，美国经济学家 Kenneth Boulding 在《一门新兴科学——生态经济学》论文中，首次正式提出了生态经济学这一概念。Kenneth Boulding 在反思传统经济学的基础上，明确阐述了生态经济学的研究对象，进而首次提出了“生态经济协调理论”。1974 年美国 Joseph J. Seneca 等所著的世界第一部《环境经济学》问世。1976 年日本坂本藤良的世界第一部《生态经济学》出版。1980 年，我国著名经济学家许涤新建议创立中国的生态经济学。

生态经济学是生态学和经济学相互交叉、渗透、有机结合形成的新兴边缘学科，是一门跨越自然和社会科学的交叉边缘学科。当然，生态经济学并不是生态学、经济学或者其他相关学科的简单叠加，这些学科相互融合和渗透，已经没有各自独立学科的特性，而是融合成为一门新的独立的学科，因此，不能简单地说生态经济学是哪一门学科的分支学科。它既不属于生态学的分支学科，也不属于经济学的分支，而是一门独立的学科（姜学民，1984）。这门独立的新学科主要是为了解决关于人类社会和地球生态系统的可持续发展而产生的，即人类作为这个星球上唯一具有高级智慧和创造力的物种应该采取什么发展策略和政策才能达到可持续发展。因此生态经济学可以看作是一门由理论指导实践的应用科学。就目前来说，生态经济学还处于发展阶段，作为一门独立的学科，生态经济学有其自己的特点。

生态经济学在生态学家和经济学家的共同合作下，发展特别快，在很短的时间内就形成了一个完整的学科群。马传栋（1995）将生态经济学学科群的结构如图 1－1 所示。

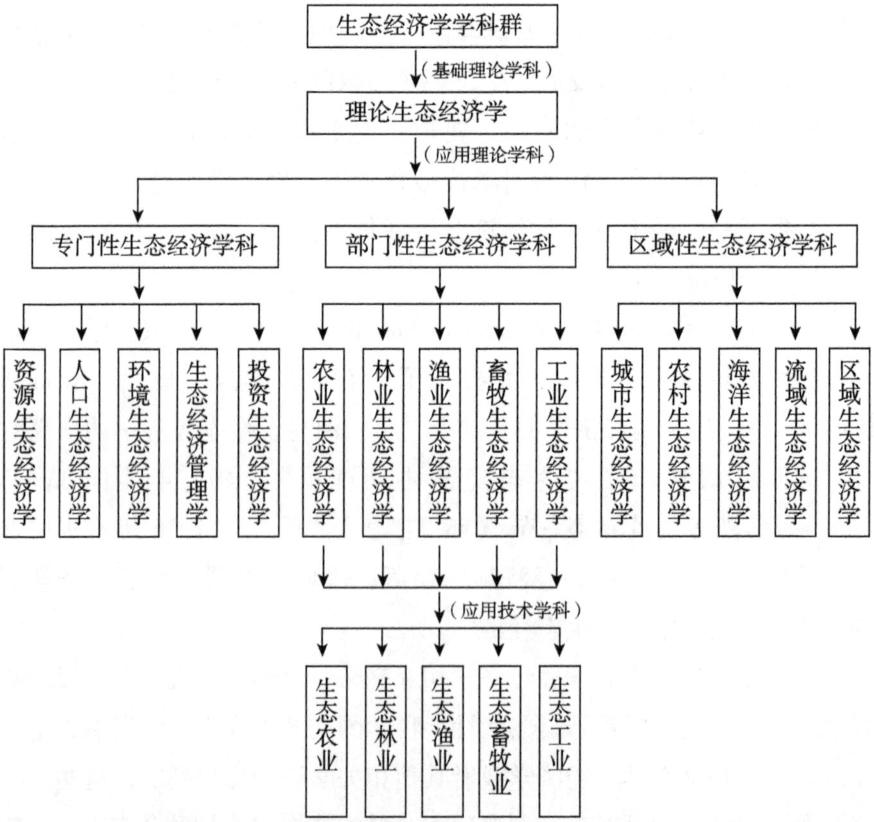

图 1－1　生态经济学学科群的结构图

二、生态经济学的特性

（一）综合性

生态经济学作为一门新兴的独立学科，所要解决的是关于整个人类社会经济系统和自然生态系统之间的矛盾，并且摸索人类社会经济系统应该如何发展才能达到整个地球生态系统的可持续发展，因此其需要一些相关学科的综合。这些相关学科既包括自然科学，也包括社会科学。其中自然科学有地理学、地质学、生态学、生物学、物理学和化学等；社会科学包括经济学、伦理学、政治学等。除了学科的综合，其研究的内容也包括理论研究，方法论研究以及政策战略研究等。在基本理论研究方面，生态经济学还是一门新兴的学科，还没有自己成熟的理论，尚处于探索阶段，需要综合生态学、经济学、系统科学以及伦理学科的理论研究；在方法研究方面，将综合经济学、生物学、物理学、化学等方法；而在政策和战略方面，为了达到可持续发展的目的，要制定各种政策和发展战略，这就涉及到各国的政策体制、人们的风俗习惯以及对未来的预测等方面。因此，生态经济学是一门综合性很强的学科。

（二）整体性

生态经济学将地球看作是一个大的生态系统，这个生态系统中的各种要素之间相互联系、相互制约，共同构成一个有机整体，某种要素的变化将会引起其他要素的变化乃至整个系统的变化。在生态经济系统中，自然生态系统和人类社会经济系统之间的关系是相互联系、相互制约的，而且随着人类经济系统规模的扩大，其对自然生态系统的影响也在加深。自然生态系统因为经济活动的影响而恶化，其结果也会反过来阻碍人类社会经济系统的正常运行。首先，这个系统中的每一个要素都担负着特殊的作用，都是系统不可缺少的组成，也就是说，离开某一种要素，系统的功能就要受到影响，原有系统就会产生质的变化，这对于自然生态系统来说尤为如此。自然生态系统是人类经济系统生产的物质来源，人类所产生的废物又返回到自然系统中，这样，这个系统就构成了一个物质循环。但是，人类对这个系统的运行并不了解，由于缺乏自我约束，人为滋生的废物已经超过了自然系统的承载能力，这样就会影响到整个系统的正常运行。其次，系统各个要素之间的相互联系是整体性形成的唯一原因，在地球生态系统中的各个要素通过能量流动、物质循环和信息传递系在一起，形成复杂的统一整体。这种物质能量和信息流动，如果某一流通环节出现故障，势必影响到其他要素功能的正常发挥。因此，生态经济学要用动态的观点从整体上看待生态经济问题，反对以片面的、孤立的观点看待自然与社会经济的相互关系。

（三）前瞻性

生态经济学作为一门新兴的交叉学科，其产生的历史条件和目的决定了这门学科必须要有很强的前瞻性，也就是对人类目前的经济政策和经济行为要有一定的事前分析和预测，要积极地面对所产生的问题。作为可持续发展的一种手段和方法，要从长远的观点来研究人类社会经济发展规律及其与自然生态系统的相互关系，要能正确地处理整体和局部、长远和近期的经济发展。这就要求我们在制定经济发展战略和决策时具备前瞻性。当然，可行的决策必然建立在对生态经济系统充分认识的基础之上。因此，生态经济学是一门制定未来发展战略和经济政策的综合性学科。

（四）交叉性

生态经济学是包括生态学和经济学在内的由许多学科综合在一起的一门独立的学科。这些学科几乎涉及所有现存的各种科学，不管是人文社会科学还是自然科学，生态经济学是这些学科彼此交叉、有机融合的学科。

第二节　森林生态经济学的研究对象和任务

一、森林生态经济学的研究对象

森林生态经济学是以森林生态经济系统为研究对象的。它研究这个系统中的经济现象、经济关系和经济问题，探索其内在的运动规律及其在实现最佳生态经济效益中的应用问题。森林生态经济系统将单独作为一章进行研究。

森林生态经济学是从经济学的角度来研究森林生态经济系统的，探索与研究森林经营、森林利用的自然和经济规律，并使生态原则和经济原则恰当结合起来的一门边缘学科。它又是生态经济学的一个分支。由于组成森林生态系统的主体——林木生长周期的长期性，及其所占有的庞大的生活空间，从而使其自身及其对周围环境的影响都具有长期而稳定的作用，特别是一个顶极群落的森林生态系统，不仅内部组成的种群数量多、结构合理，而且生产力和生物总量也是最大的，同时在遭受外界条件干预和影响下，不仅种群间有较大的适应性和调节功能，也对周围环境有巨大的调节作用。从人的角度来看，自然生态系统与人类生产生活是直接相关的。在一定土地上，既是生物系统与环境系统统一的综合体，也是生态系统与经济系统统一的综合体。开发利用环境、矿山和生物资源，进行农业生产，创造人工生态系统，从来就是人类活动的中心。在生态系统中，人类既是这个生态系统的组成部分，参与食物链结构，成为一个重要环节，又是一个支配力量，处于主动地位。尽管这种主动有一定的限度，但毕竟可以开发、利用、控制、改变，甚至破坏生态系统。人们在这个过程中会不断提高认识，增强改造自然的能力和自身的适应力。而人是组成社会的因素、人类活动的方式和水平，是受一定的社会经济条件的制约，因而人们对森林系统的认识和利用也必然带有历史特点。

经济学研究必须以人类社会为中心，以人类社会各个不同历史阶段的生产—交换关系为基本出发点，进一步探索如何运用、保护、重建森林生态系统，以适应人类社会不断发展的需要。人类社会最基本的活动就是经济活动。众所周知，为取得人类社会发展最基本条件的生产和再生产，其经济再生产过程和自然再生产过程是紧密交织在一起的，而且“劳动和自然界一起才是一切财富的源泉。自然界为劳动提供材料，劳动把材料变为财富。”这一再生产过程，一方面人们不断从自然界中取得“材料”，同时又把各种生产和生活废物投入到自然环境中去。这种复杂的“投入”与“产出”关系，决定了再生产过程，顺利进行，既要充分遵循客观经济规律，也要充分遵循自然规律的要求，二者之间，自然界是基础，而经济是其条件。这就是我们进行森林生态经济学研究的客观基础和必要性。

历史的实践证明，生态危机是人类社会发展的历史产物，而重建新的有利于人类社会生存和发展的生态平衡，不仅是可能的，而且也是一种历史的必然。人类认识事物，当然要从自然界的本来面目来认识它和利用它，而人的能动作用正在于对客观必然性的认识与掌握。但这不仅要受到科学发展，即生产力水平的限制，更受到一定历史社会经济条件的制约。

人类生活的自然界是一个整体。由于生态系统发展的客观规律，特别是人类对自然界的干预，使自然森林生态系统发生了并继续发生着许多重大的变化。这就是天然林大幅度减少、人工林的比重逐年增加，同时又造成了大面积不毛之地。从而使森林生态经济学的研究面临着三种不同的情况和任务，即森林生态系统的保护、利用（现存的稳定系统——天然林和部分经营得较好的人工林）和不毛之地的重建（人工造林和封山育苗育林）问题等。

天然林是人类社会重要的物质财富。它要求在保持有利于人类社会的生态平衡条件下林产品的永续利用。人工林则有两种情况：一种是人工可以有一定控制的部分，如平原地区的防护林和小片用材林系统，它可用人工控制的办法达到预期目标；另一种情况由于经济和技术条件的限制，或者说从经济效益出发，人工林在很大程度上要依靠自然力的作用来生长、发育。如果不适地适树，就达不到这一目标。这是前者，人工干预的程度也远远不如农业。这就要求林业经营采取各种相应的措施。

一般来说，自然森林生态系统，在没有人的活动下，它有一种渐趋成熟（稳定）的发展趋势。但由于我们科学水平的限制，对森林的经营和利用不当而导致退化的事也是屡见不鲜。这就要求我们提高经营水平。我们的祖先也正是在几千年的历史中建立起自己的有机农业体系，以及一些新的人工生态体系，人们对自然界的能动作用也就在于此。因此，这就形成我们工作的复杂条件。这门科学的对象也必然转化为森林生态经济系统的复合体了。

现代林业是林产品生产和保护性资源经营相结合而以后者为基础的国民经济部门。1994 年，林业部明确规定了林业承担着环境与发展两大任务，并提出建立比较完备的林业生态体系和比较发达的林业产业体系的宏伟目标。2013 年国家林业局下发了《关于切实做好全面停止商业性采伐试点工作的通知》。试点选在黑龙江省国有林区的龙江森工集团和大兴安岭林业管理局。因此，如何按照生态经济的原则来进行经营活动，便自然成为本门科学所肩负的任务。

二、森林生态经济学的学科任务

（一）研究森林生态经济系统的基本理论

1. 森林生态经济学的若干基本范畴

森林生态经济学的理论研究必须建立在确切的科学概念基础上。反映森林主态经济问题中最一般、最根本概念性的东西，即所谓“范畴”。因而明确各范畴的基本认识仍是本学科的基础。

（1）生态系统与生态经济系统。所谓生态系统，就是指在一定的时间和空间内，生物与非生物成分之间，通过不断的物质循环和能量流动而互相作用，互相依存的统一体，并构成生态学的功能单位。生态系统研究的中心，就是它的结构与功能。整个自然界可以概括为一个大系统，其中，每一个部分又都是一个自然整体（或分系统），而森林生态系统就是其中之一。目前提及的生态系统，就其结构和功能而论，一般指的是自然生态系统或人工生态系统的自然性质。生态经济系统则包括人类的社会活动，即在人类干预下的生态系统。这里既包含了人的认识水平和改造客观事物的能力，也包含人对自然的依附，是一个互相促进、互相制约的关系。但是，在森林生态经济系统中，自然力具有特殊的意义。当前，人类社会的科学发展水平和经济能力，对森林的经营还不能完全采取强力控制的办法。一方面，天然林的比重在当今世界上仍占着绝对比重，面对这类森林的利用，也是主要靠天然来更新；另一方面，就是人工造林的条件下也仍极大程度上依靠自然力。

（2）功能与效益。所谓功能指的是生态系统的内部机能。能量的单向流动和物质周而复始的循环是一切生命活动的齿轮，也是生态系统的基本功能。可见，功能是在各该系统的发展过程中表现出来的。各类森林和森林的各个发展与演替阶段的功能是不同的。所谓效益，是指生态系统满足人类社会不同需要的程度。森林生态系统是一个多功能、多效益的群体。功能是效益的基础，但并不是任何功能大约生态系统都是人类社会所需要的或被人们所利用的。这一功能与效益的差异，正是我们确定各不同林分经营目标的理论依据，具有重要意义。

（3）森林生态系统的稳定和木材、林产品产量。生态系统的稳定是指生态系统发展的高级阶段。在这个阶段上系统达到了相对稳定（生态平衡），其能量流动和转化、物质循环充分，内部功能达到较大的状态。一般来说，顶极群落就是这种状态。这种稳定状态，从环境保护的观点看，是可取的，也是林业经营的目标之一。但人们经营森林还要得到相应的最大木材和林产品产量，因而经营森林特别是人工林并不一定都要求达到顶极群落的状态，而是在人工控制下的相对稳定状态。可见，这是两个完全不同的概念，也是人类利用与改造自然的进步，并从中导引出许多不同的森林经营方案来。

（4）生态平衡与经济平衡。生态平衡是自然界的客观规律，与经济平衡有着紧密联系。因而也是森林生态经济学的首要问题。在任何一个正常的森林生态系统中，能量的流动和物质循环总是在不断地进行着，并在一定时期内，与生产者、消费者和分解者之间保持着一种动态的平衡状态。它同时也是一个发展过程，是森林生态系统在漫长的进化过程中形成，存在其内部各组部分间相互补偿和自动调节的能力。这种固有的能力，使生态环境经常地、反复地保持相对的动态平衡。社会生产是与周围的自然界不可分割的。生态平衡是经济平衡的客观基础。只有在保持生态平衡的资源利用，才谈得上合理利用，也是经济上最有利的利用。如何遵循客观规律，采取科学而有效的措施，合理地调节人类社会与森林生态系统之间的能量和物质交换关系，这是关系整个社会经济发展有深远影响的重大问题，也是当前面临的重大宏观经济问题之一，因而需要进行一系列经营利用措施的损益研究。大量实践证明，只有在遵循生态平衡的原则下，才谈得上最大的经济效果。过去浪费森林和其他自然资源，尽管在短期内取得了相当可观的利益，但是人类为此而付出了多么沉重的代价，甚至几代人所花费的时间和精力都偿还不了。因此，对森林生态系统的经营和利用，必须按照生态原则和经济原则统一的要求进行组织，才是客观唯一的标准。当然，二者之间，前者是占主导方面的。生态平衡的破坏，其后果必然通过经济而表现出来。正如许涤新教授所说的“生态平衡如果受到破坏，这种破坏的损失就要落在经济身上。”由此可见，不考虑经济条件和经济规律的做法，也会导致自然生态平衡的破坏，也不可能达到人们预想的改造自然和使其为我们所用的目的。当前利益和长远利益的恰当处理是和每个历史阶段上的生产力发展水平分不开的。

（5）森林生态系统的保护、改造和重建的几个措施层次。在自然界中，由于人们的干预而发生的现存的森林资源状况，如天然林、次生林、人工林和荒山荒地等资源类型的存在，从而在森林生态系统中出现了保护、改造和重建的几个需要不同经营措施的层次。它要求相应地采取不同的经营措施，为人类社会提供高质量的环境条件和丰富的木材及其他林产品。

一般来说，天然林仍属于自然生态系统，自然力在这方面仍有决定性的影响；人工林则属于半人工生态系统。尽管在这里人的劳动占的比重大了些，但在目前生产力水平条件下，除了少数平原地区的速生丰产林和部分特用林外，人们还不得不依赖于自然力；也就是说经营森林必须在充分利用自然力的条件下，人们的劳动才会有较大的经济效果。可见，整个林业经营的特点：在现实生产力水平条件下，必须建立在充分利用自然力的基础上，才能取得最大的经济效果。

保护自然是发展生产力的基础，是最有效地、最充分地利用自然资源，并使资源达到永续利用的前提。鉴于森林资源和自然环境的严重破坏，特别自20世纪70年代以来，许多国家十分重视自然保护工作，划定自然保护区和森林公园，已成各国保存自然生态和野生生物免于灭绝的重要手段。建立自然保护区进行定位观测研究，不仅是一个重要的自然基因库，是森林生态学的重要研究手段，对森林生态经济学也具有重要的方法论意义。

保护措施绝不是消极地进行的，保护的同时也并不是不进行利用。而根据林木的生长、发育进行适时地、科学地更替，更替的部分也就成为我们利用物质的来源了。

改造是指已遭受人们不合理利用而残存的林分或生长不良的人工林，要采取不同措施，使其生长和发育。但必须既不违背自然规律又符合人们的需要，其措施才是有效的，其目标应是使改造后的森林向进展演替的方向发展。绝不能像当前不少地方搞的那样，把稀疏阔叶林进行所谓的造林地清理，种上杉木，结果仍然是小老树。

（6）生态效益与经济效益。生态效益是指由于生态环境的存在和改善所产生于人的效果和利益。经济效益则指人们的经济活动所产生的效果和利益。生态效益一般指较长远的或者宏观的利益，而经济效益则多着重在近期利益。长远的经济效益与生态效益带有一致性。森林的生态效益是森林生态系统功能的体现，而森林的经济效益也是森林生态系统功能的体现，在这里二者是一致的。关键在于人们在森林经营中的片面性，会导致二者的分离。迄今森林采伐企业往往是不太重视生态效益的。在一定程度上说，重视生态效益会增加成本从而降低他们的纯收入，所以，森林的经营与利用，绝不是一个单纯的经济问题，而是一个关系人类生存发展的生态环境条件好坏的问题，必须由国家用法律形式来加以调节。可见，生态效益和经济效益二者既是统一的又是矛盾的。一般来说，经济条件既可促使生态效益的充分发挥。生态效益一般表现为自然条件的反映，经济效益则是人类社会发展在某一阶段的特定水平的反映。处理二者的结合，关键在于从目前利益出发，采取力所能及的，又符合保护生态的措施。既不能放任自流，也不能操之过急，过急是达不到目的的；但也应在条件许可的情况下，充分总结历史的经验和教训，创造适应当地条件，建立起满足人们需要的人工森林生态系统。

2. “熵”原理与森林生态经济系统的能基转化

“熵”本是物理学的量度，在这里表示系统的无序程度和不定度。当能量传递和转换时，没有做功而以热能形式损耗的能量只会使熵或无序度增加。熵值达到最大状态时，即为系统能量转换、传递的限度。在孤立的系统中，熵值只会增加，不会减少。因此，生态经济要维持自身的平衡就必须不断从外界输入能量，即增加它的负熵值。森林生态经济系统正是这样一个开放系统，它可以不断从外界环境中增加负熵，促使着系统自身的平衡与发展。

一般来说，自然能流转化为经济能流，主要表现在经济能源的生产过程中。人类为了自身的生存与发展必然要驱动经济系统的运动与发展，从而就要求不断地把自然能流转化为经济能流。

森林是陆地生态系统中的主要部分，是将太阳能转化为经济潜能流的主要承担者。可见，所有的负熵流都产生于自然能流。人们也正是利用“熵”原理，认识森林生态系统的这一巨大作用，使其在保持人类社会物质生产和环境质量中发挥其应有的生态平衡作用。只有这样，经济的发展和人类社会的发展才能建立在生态平衡的基础之上。也只有这样才符合人类、社会持续发展的总要求。

（二）研究森林生态经济系统的可持续发展

人类经过漫长的奋斗历程，特别是产业革命以来在改造自然与发展经济方面建树了辉煌的业绩。与此同时，由于工业化过程中的处置失当，尤其是不合理地开发利用自然资源，造成了全球性的污染和生态破坏，对人类的生存和发展构成了现实的威胁。保护生态环境，实现可持续发展已成为全世界紧迫而艰巨的任务。

保护环境和发展经济，关系到人类的前途和命运，影响着世界上每一个国家、每一个民族，以至每一个人。在这种严峻形势下，人类不得不重新审视自己的社会经济行为和走过的历程，认识到通过高消耗追求经济数量增长和“先污染后治理”的传统发展模式已不再适应当今和未来发展的要求，而必须努力寻求一条人口、经济、社会和资源相互协调的，既能满足当代人的需要而又不对满足后代人需求的能力构成危害的可持续发展的道路。

可持续发展概念自 1980 年提出，后到 1987 年世界环境与发展委员会（WCED）对其定义为“既能满足当代人的需要，又不对后代人满足其需求能力构成危害的发展”，以表达持续发展的性质和内涵。生产是人类社会的基本活动，而生产最终体现了自然的供给与人类的需求。因此，满足人的基本需求就成为发展的基本价值理想，福利增长的需求规定了发展的更高级的理想。不容忽视的是过往的发展观给人类的福利增长带来了严重的负效应。这也是可持续发展思想提出的时代背景。生态经济学所探求的正是人与自然的有机统一和协调发展，自然成为可持续发展的理论基石。

从生态经济学的认识出发，可持续发展在实践中必须充分注意它的公平性、协同性和高效性。

公平性是指人与人之间对环境资源选择机会的公平性，它不仅要体现在当代，还必须体现在与后代之间。当代人之间的公平性要求实践活动不应带来造成环境资源领域的社会不经济性，即通常所说有外部不经济性。协同性是指自然——人类社会系统中人与人以及人与自然之间的相互支持、相互协调，实现人与自然的协同进化，也就是生态经济复合系统的和谐性。高效性是公平性和协同性的最终体现，从而以较高的投入产出比满足人类社会不断发展的需要。但所应注意的，在当前世界上，国家众多与不同社会制度的并存，使可持续发展的实现必然困难重重，特别是富国和穷国处于不同的发展阶段，各个国家由于自然地理、面积大小、人口多少等差异也都有不同的状况，说明执行这一思想还必须统一协商，达成共识，各展其能，促其实现。

（三）研究社会主义市场经济条件下提高森林生态经济系统生产力

市场经济是市场、市场机制在社会经济运行中占据统治地位的资源配置的基本方式和经济调节的主要手段，它依靠经济运行的价格信息，引导有限资源合理流向，实现资源优化配置。但是，市场经济难以进行环境保护和生态建设，社会生产和社会生活消耗了自然资源和环境质量，使生态系统产生了负价值，这意味着降低或失去生态环境的使用价值；市场经济作为配置资源的基本方式，具有局限性、短期性和可移性，因而市场机制的作用往往只注意微观的经济活动及其效益，不能正确反映一些重大的宏观领域里生态环境的协调发展；市场经济是经济关系货币化的经济，而在环境保护和生态建设的成本和效益中，只有一部分是直接以货币形式表现出来的，而另一部分却难以表现为货币值，这是市场经济功能的缺陷所致。

资本主义工业化、现代化是沿着“先污染后治理”“先破坏后建设”的发展道路走过来的，除了当时的历史条件外，资本主义工业化进程中造成的严重生态环境问题的直接原因是由资本主义传统市场经济的一般性所引起的，其根本原因则在于传统市场经济的资本主义性质造成的。现代市场经济则是正确处理建设和环境的关系，把发展生产力与保护生态环境有机结合，是生态经济协调发展之路。现代市场经济区别于、优越于传统市场经济的一个重要标志，就是现代经济的发展，在高度依赖市场优化资源配置的同时，加强政府的宏观调控，以弥补市场机制对环境和公共福利无能为力的缺陷。社会主义市场经济属于现代市场经济，生态经济学要以社会主义市场、市场机制在生态经济运行中的基本方式、特点为研究任务，以提高森林生态经济生产力。

（四）研究生态林业建设

森林资源是森林生态经济系统持续发展的基础，历史上人们就把森林资源永续利用作为经营森林的目标。进入现代社会，人们对森林永续利用的概念扩张为包括用材、防护、风景等多功能利用。

根据这一认识，从生态经济的原则出发，森林经济必须坚持以下一些基本认识：

第一，森林经营是以森林资源为基础的经济事业。我们的一切活动和研究，都必须以此为基础进行。

第二，森林生长的长期性。要想使科学的经营有一个良好的周转，必须在面积、年龄和地区上有一个恰当的组合与配置。

第三，森林分布的地带性和防护作用，要求我们对全国的森林，必须在林种、树种在全国的配置上有一个恰如其分的比例关系。

第四，森林环境的形成与发展不仅是一个长期的历史过程，并对人类的生存与发展有着巨大影响。

根据上述认识，我们把它定为“生态利用”，以与传统林业中的“木材利用”相对立。

按照“生态利用”的原则经营林业，就必须对现有森林根据自然条件不同和国民经济的需要进行林种划分。从表面上看，防护林主要功能是发挥防护效能。一个地区的生态平衡有赖于该地区森林资源总体的生态效能。一部分防护林离开了整个森林资源，其生态效能也就不可能充分显现出来。所以保护生态平衡必须有一定的森林覆盖率。

因此，一国一地区森林覆盖率的确定，林种划分和布局，不同经营目标的森林成熟期的研究（生态成熟期，经济成熟期等），造林、封山育林，天然更新等森林再生产方式的生态经济效益及选择等，是实现森林永续利用需要研究的问题。

生态林业是现代林业的经营利用制度，是现代科学技术发展的产物。只有按照这一制度的相应要求进行经营，才能逐步实现森林的永续利用。

第三节 森林生态经济学的研究方法

一、定性法

定性研究方法有：专家诊断法、追踪调查和概率评价法。

（一）专家诊断法

所谓专家诊断法，是邀请与研究森林生态经济问题有关的各方面的专家、学者、实际工作者，通过开调查会了解情况，交流意见，做出判断。

专家诊断法的步骤如下：

第一阶段，事先列出调查提纲，明确调查内容及涉及的范围。特别要在调查提纲中，向被调查人说明这项调查的意义，被调查人应就哪些问题事先准备材料和意见。

第二阶段，邀集专家到现场观察，就森林生态经济系统或问题实事求是地介绍情况，提供必要的资料，这些资料包括历史和现状。

第三阶段，经过讨论，要鼓励专家尽可能广泛发表意见，提出若干个诊断方案。认真分析各种意见，不能轻易肯定或否定。

第四阶段，综合意见。对种种诊断意见进行综合，综合时要简单明确，注明论据，对于某些论据不明确的诊断意见，可与诊断人商榷，亦可组织专题讨论。

第五阶段，把综合意见再交给大家讨论，最后找出一致或比较接近的诊断方案，予以实施。

专家诊断法的另一种形式是只发调查提纲，让专家们按提纲内容仔细填写自己的意见。这样做的好处是避免开调查会时，由于面对面交锋而导致某些意见不能充分发表的弊病，也可以把开调查会和这种方式交叉使用。

（二）追踪调查

方案实施后，各方面专家要对实际过程追踪调查。看实际过程与原诊断方案是否一致或基本一致，若不一致，则找出原因，对逾期实施的方案部分矫正，直至方案全部实施完毕。

（三）概率评价法

在用专家诊断法评价某森林生态经济系统中森林生态经济问题时，对专家的诊断意见，可用概率评价法加以评定。概率评价包括主观和客观概率评价。主观概率评价方法必须符合概率论的基本原理，即

$$0 \leqslant P(E_i) \leqslant 1 \quad \sum_{i=1}^{n} P(E_i) = 1 \quad E_i\ (i = 1, 2, \cdots n) \tag{1.1}$$

这种方法能更精确地反映个人对未来事件的直觉判断与信任程度。这里的“事件”对于生态经济系统就是系统演替趋势、系统状态，或某一生态经济问题发生等。

一般用调查一组专家对某一事件出现可能性主观概率的打分数，然后相加求平均值，就是某事件出现概率的得分数。其公式如下

$$F = \frac{\sum P_i}{N} \tag{1.2}$$

式中：F 为事件预测概率的平均值；P_i 为每个专家的主观评价概率；N 为专家人数。

二、定量法

定量法分为统计法和土地生态经济定价法。

（一）统计法

在评价森林生态经济系统的良性循环时，离不开统计方法，评价的标准为森林生态经济系统的物质、能量及价值态指标持续、稳定、协调和适度增长。持续意味着各项指标逐年增加；稳定意味着主要指标增长不是大起大落；协调意味着物态、能态及价值态指标之间相互适应，适

度增长意味着在生态平衡和经济实力允许的限度内增长。

统计法需要系统的时间系列资料，因此要深入广泛调查，既不能支离破碎，又不能虚假。

评价持续增长的简单数学公式如下：

$$R = \frac{t_n - t_{n-1}}{t_{n-1}} \times 100\% \tag{1.3}$$

式中：R 为年际间递增率；t_n 为某年产量；t_{n-1}为前一年产量。

历年间连续 $R > 5\%$ 持续增长；$R < 5\%$ 为持平增长；$R < 0$ 为负增长。

评价稳定程度用平均相对变动率，其公式为

$$Q = \sum_{i=1}^{n} \mid A_i - \bar{A} \mid / N\bar{A} \tag{1.4}$$

式中：Q 为平均相对变动率；A_i 为某年某项内容的统计值；$\bar{A}$ 为多年统计平均值；N 为统计年数。

（二）土地生态经济定价法

影响地价是生态经济的综合因素，主要有：①地本身的生态及其他自然因素。包括土地的肥度、地理位置和气候的优劣，所含矿产资源的种类和数量；②土地所处的经济和社会环境。包括交通运输，各种产业的发达程度，教育、文化、卫生设施；③一般经济情况，包括人口增减、币值变动、利率高低以及居民的购买力等。

土地定价有若干种，这里介绍净收入定价法。土地肥度，气候好坏，必然导致产量的不同。因此，生态条件对土地价格的影响隐含在产量之中，而收入与产量有关，也与产品价格有关。能够表达这一内在联系的就是净收入和银行利率。因此，定价的基本公式为

$$P = R\left[\frac{1}{1+r} + \left(\frac{1}{1+r}\right)^2 + \cdots\cdots + \left(\frac{1}{1+r}\right)^n\right] \tag{1.5}$$

式中：P 为土地价格；R 为年土地净收入总和。

括号中的各项如在某一利率 r 水平下，土地的净收入积累是按级数方式增加。这一多项式可化简为

$$\frac{R}{1+r}\left(\frac{1}{1-\frac{1}{1+r}}\right)=\frac{R}{1+r}\times\frac{1+r}{r} \tag{1.6}$$

故土地价格为

$$P=\frac{R}{r} \tag{1.7}$$

按（1.7）式计算土地价格，一般有四个步骤：一是调查土地生态经济生产力，统计计算每年土地的净收益；二是选择合理的利率作为折扣率，以折算土地未来若干年纯收益的总和；三是确定合理的土地收益计算年限；四是套用公式进行计算。

（1.7）式是计算已经营的土地的价格。对未开发的土地应调查其生态质量并确定等级，每个等级依据潜在的生态生产力确定其价格，并考虑其他地理位置及对国防、建设方面的重要性。

第四节　森林生态经济学研究的重要步骤

一、系统调查

了解研究对象的历史及现状。重点了解系统的结构，包括成分、结构形式、功能状况、构成森林生态经济能流、物流和价值流的网络及其运行水平。除从结构与功能看系统状态外，还要从生态效益、经济效益及社会效益方面，考查系统的目标状态。

（一）调查使用的方法内容

在调查中，主要使用社会科学中的调查法、历史比较法、统计分析法、科学抽象和一般逻辑方法，在自然科学方面不必进行直接的科学实验，可以引用其已有科研成果。使用这些方法的目的，是从繁纷杂乱的

生态、经济和社会资料中，找出其规律性，以便预测分析系统的演替趋势和应采取的调控措施。

在一般逻辑方法中主要包括比较和分类、归纳和演绎、分析和综合。使用这些方法是同相似的森林生态系统比较，这是横向比较；现状和历史比较，这是纵向比较。同时，对数据及资料分类，以便进行分析和综合，并运用归纳或演绎法，找出系统运行的规律性。

（二）资料处理

这一步骤十分重要，因为调查系统的原始状态，资料复杂，种类繁多。资料整理目的是使之系统化，分门别类。系统化的标准是全面反映系统状态，即使暂时用不到的资料也要整理存储；系统化的标准是，系统时间演替产生的资料不能遗漏，时间单位一般为年、月、周、天，有时也每 2 年或 3 年为一个时间单位，这要根据问题的性质而定。森林生态经济系统一般以年为单位，即森林生态系统资料。林业经济系统资料、林业技术系统资料和森林环境系统资料，在每一类中，又可有若干亚类，亚类又分结构、功能和技术参数、环境参数，参数内容主要指物质、能量、价值输入输出参数。

二、系统诊断

（一）以评价系统所处的状态性质为目的

森林生态经济系统状态性质大体有良性循环、亚良性循环、中性循环、亚恶性循环和恶性循环五种状态。

（二）对系统进行分析和评价

组成专家诊断组；详细归纳、分析已经取得的系统资料；必要时现场查看和重复调查；用定性和定量方法，评价系统的现状。如用定性方法，需反复论证，在论证中重视和发挥各方面专家的作用，充分发表不同意见，最后用打分或其他科学的方法，综合各方面意见，得出评价结论；如用定量方法，关键要选取合适的数学模型，并将计算结果与定性分析结论相对照。若差距不大，可把其作为结论分析的依据；若差距较大，要复查找原因，查到满意为止。最后是做出系统现状的结论，看属于五种状态中的哪一种。

（三）根据诊断结论找出系统的优势成分、环节和劣势环节，以便为系统设计提出依据

这一过程中使用的主要方法是一般方法论中的逻辑方法、抽象方法，也涉及社会科学特殊方法中的统计分析、历史比较等。

三、系统设计

（一）确定预期目标

重新或部分改善系统结构，充分发挥系统的生态、经济、社会功能，达到良性状态或至少达到亚良性循环，即实现系统的预期目标。

（二）系统设计的主要程序

1. 根据诊断结论，找出系统薄弱环节

问题一般出现在如下几个方面：①生态经济链不合理，往往是第一性生产力低下或者技术组合不合理，即各成分孤立存在，没有通过能流、物流、价值流组合为有机结构整体，也可能是成分缺损，或没有形成立体配置状态。②经济上不合理，如产品比价或价格不合理；生产关系不合理，如可能限制了人的主动性、积极性。③管理技术方法落后、人的素质低等。④供求关系失调，导致市场过大、过小。以上诸因素，通过反馈机制，影响森林生态系统的结构改变，改善或限制生态要素配置。此外，问题可能出在生态环境上，如水土流失、气象因子变动、土壤肥力改变等，上述这些与生态的生物要素、技术手段、技术方案和有关技术政策有着密切关系；如果问题出在社会环境上，如体制、政策、计划、立法等，那就要在系统设计时，做出社会环境规划。

2. 确定森林生态经济类型及模式

（1）能量利用型。这种模式能充分利用森林生态系统内部产生的生物和能量，主要是生物能，如第一性生产的废弃物，第二性生产的废弃物，通过沼气池或其他熟化技术，变为经济能量，降低成本，提高经

济效益。这种模式，也包括直接利用太阳能的模式。

（2）立体配置型。这种模式一般针对生物种群而言，利用其种间关系原理，在同一立体空间配置不同的生物种群，提高林地生产率。

（3）环境改造型。这是为保持水土，改善水资源和气候，提高土壤肥力等而设计的模式。

（4）技术集约型。在上述模式中，对每一结构成分，实施高技术或先进技术，形成技术集约优势，大幅度提高综合效益。

根据生态经济系统资源和问题，可选择其中的一种模式，也可把几种模式组合起来。

3. 确定系统边界

当生态经济模式确定以后，首先确定模式的范围，这就涉及系统边界问题。边界不清，具体森林生态经济系统的对象就不清楚，实现生态经济良性循环就不可能。

4. 确定系统目标

在选择模式和确定系统边界的同时，根据森林生态系统的潜力，社会需求和系统内部消耗，确定生态目标、经济目标、社会目标及总体目标。生态目标主要用能量效率和生态环境质量评价；经济目标主要用经济效益、劳动生产率、林地生产率、人均净收入、总收入和资金收益率评价，社会目标主要用物质产品量，特别是产品增长率和人均及总产品增长率来评价满足社会需求的程度及其社会后果；社会目标还要考虑一部分不能用货币计量的效益。总体目标主要表示系统整体功能及其各成分功能的协调程度，一般用平均相对变动率评价，计算较为复杂，应按各地具体情况如实地确定。

5. 建立模型

模式本身就是模型，但这里特指的是更具体化投入运转的模型，即抓住系统一个或几个本质属性，以文字、符号、框图、数学关系式或实物对原系统予以描述的过程。制定模型优劣的标准有现实性、精确性、普遍性和可解性几项原则，现实性要求模型能如实反映森林生态经济系统客观实体。精确性是相对的，只要能够表达系统的某个或几个方面的本质联系就可以了。普遍性要求模型适应范围相对广一些，可解性要求模型便于分解为各个组成部分。以上是模型的涵义及其标准。

建立模型，首先要确立建造模型的目的；其次要选择合适的模型形式。这项工作技术性极强，需要模型设计者有足够的理论基础和丰富的实践经验，模型建造者通常是一个集体，没有集体的力量，建造的模型难免粗糙、片面或不符合实际。建造者要综合分析已得到的信息资源，估计并计算出各种参数，并把参数与数学模型相统一；框图模型要为数学模型打基础，生态经济参数是参数中的关键，即怎样把生态信息与经济信息融合为生态经济信息，并抽象出合适的参数。参数一般量纲形式，有无量纲和复量纲两种。前者如单位能量转化率的干物质增长率（生态参数），除以资金上的产出投入比（经济参数）所得的商（生态经济参数）；后者如单位投资（元）增加或减少的水土流失量（t）。参数确定后融合在数学模型中求解。

关于检验，它是与系统模拟交织在一起的。除了用数学方法检验外，森林生态经济模型更多的还要用物理模拟加以检验。

由上面分析可知，系统设计中包括了全部森林生态经济方法论体系的内容，各种研究交织在一起进行运用，这也是森林生态经济研究方法的特点。

四、系统模拟

通过系统设计及其分析，对某一森林生态经济系统的结构内容各要素之间，以及其与环境之间的能流、物流及价值流相关关系有了初步了解，在此基础上就可以进行系统模拟。系统模拟有三个目的：①了解某个要素的变化，对其他要素及系统整体的影响；②控制几种试验方案和模式，找出最佳或较好的组合模式、方案；③对所建立的数学模型，选用不同数值的参数，求出不同时期和不同地区的模型解值，掌握其灵敏度。

模拟有物理模拟和数学模拟两种：

物理模拟运用系统模型相似原理，在系统原型和模型之间探求森林生态经济系统的规律性。例如，研究小气候因子、土壤因子对生物的影响，试验区也是物理模拟，是模型，而林地则是原型。

数学模拟是以模型和原型之间数学相似为基础。通过数学形式，研究森林生态系统与林业经济系统之间的规律性。哲学统一性告诉我们，在自然界和人类社会（大自然的进化产物）之间，总是有其共同遵循的规律性，因此也就存在着共同的数学表达形式。例如，衡量经济平衡、经济效益使用共同的量纲——价值单位；而生态平衡、生态效益的衡量也有统一量纲——能量单位。当把价值态与能量态联系起来时，通过焦耳/元参数，构成生态经济的数学形式。在生产函数中的投入产出三个阶段曲线，就与生态学的逻辑斯蒂曲线形态完全一样。

模拟程序如下：确定问题，建立模型，设计数学计算程序，建立模拟试验点或项目，模拟操作与运行，分析模拟结果。前两项在系统设计中已经完成，其后关键是建立数学运算程序和选用合适的计算手段（如计算机型号），最后三项是使模拟试验点或项目运转起来，并分析其运行结果。

五、系统优化

在模拟基础上，找出最优的模型。其标准就是优化的目标。如前所述，根据生态资源、价格、市场等情况，已经确定了系统的目标，这一目标是在考虑各种约束条件，选取最合适的参数和数学模型计算出来，并经过反复论证的目标值。如果模拟值与最优目标值相基本吻合，就认为已达到优化目标。可根据模拟点森林生态经济系统的输入（出）状态、运行条件、控制参数等，提出一整套优化方案，投入推广实施。

如果模拟值没有落在优化目标内，且差距较大，就要返回到系统设计阶段，改变参数值，重新求解，若还不能满足，就要考虑优化目标的现实性、可靠性，或考虑重新设计系统结构、系统运行条件、社会环境状态等。直到使模拟值与优化目标值基本相吻合。这时，森林生态经济的研究程序也就结束了。

从系统模拟到系统优化，所应用的研究方法主要是系统方法、数学方法、观察和试验。当然，哲学方法和逻辑、科学抽象也贯穿其中。森林生态经济学研究方法体系的各个组成部分，在研究的不同水平和阶段中，虽然有所侧重，但总体上是缺一不可。

第二章 生态系统

生态系统是在一定时间和空间范围内的生物群落和环境的统一体，地球上有多种多样的生态系统，其中人类所生存的地球空间——生物圈也是一个生态系统，而且是一个复杂的、具有负反馈机制的自调节系统，研究其生态规律对于人类持续生存有重大意义。本章将系统介绍生态系统的概念、生态系统理论的发展、生态系统的基本结构、生态系统类型和生态系统的反馈调节以及生态系统平衡等内容，从而阐明有关生态系统能量流动和物质循环的基本规律。

第一节 生态系统的概念

一、“生态系统”一词的提出

英国植物生态学家坦斯利（A. G. Tansley，1871—1955）在植物群落学研究中发现土壤、气候和动物对植物的分布和丰富度有明显的影响，即居住在同一地区的动植物与其环境有着密切的关系，在大量的群落与环境关系研究，尤其是通过对英伦三岛植被深入调查研究的基础上，Tansley 在 1935 年提出生态系统（ecosystem）的概念。他在“植被概念与术语的使用和滥用”一文中提出：“更基本的概念……是整个系统（具有物理学的概念），它不仅包括生物复合体，而且还包括了人们称为环境的各种自然因素的复合体。……我们不能把生物与其特定的自然环境分开，生物与环境形成一个自然系统。正是这种系统构成了地球表面上具有大小和类型的基本单位，这就是生态系统。”Tansley 提出生态系统概念时，强调生态系统内生物和环境是不可分割的整体；强调生态系统内生物成分和非生物成分在功能上的关系，把二者当作一个统一的自然实体，这个自然实体——生态系统就是生态学上的功能单位，例如；草原群落与其环境就构成了草原生态系统，森林群落与其环境就构成了森林生态系统等。

与此同时，苏联植物生态学家苏卡乔夫（Sukachev，1944）在深入研究植物群落种间和种内竞争的基础上，提出了生物地理群落（biogeo-coenosis）的概念。苏卡乔夫认为生物地理群落是指在地球表面的一定地段内，动物、植物、微生物与其地理环境组成的功能单位，强调了在一个空间内，生物群落中各个成员和自然地理环境因素之间是相互联系在一起的整体。1965 年在丹麦哥本哈根召开的国际学术会议上认定生物地理群落和生态系统是同义语。

此外，还有些与“生态系统”一词相类似的概念，如：微宇宙（mi-crocosm，Fobes，1887），生物群落（biocoenosis，Mobius，1887）。这些概念都不如生态系统的概念简明，同时对生态系统的内涵的表述各有偏重，因而未被广泛应用。

二、生态系统的定义及其特征

简单来说，由生物和非生物组成的具有能量流动和物质循环的功能单位就是生态系统。在介绍生态系统的概念之前，首先要了解“系统”这个词，系统（system）是指彼此间相互作用、相互依赖的事物有规律地联合的集合体，是有序的整体。一般认为，构成系统至少要有 3 个条件：①系统由许多成分组成的；②各成分间不是孤立的，而是彼此互相联系、互相作用的；③系统具有结构，并能独立发挥特定的功能。自然条件下的森林、草原和荒漠都是系统，但是动物园中的各种动物相互之间并没有必然的内在联系，因此不是一个系统。

生态系统（ecosystem）是指在一定时间和空间范围内，由生物群落与其环境组成的一个整体，该整体具有一定的大小和结构，各成员借助能量流动、物质循环和信息传递而相互联系、相互影响、相互依存，并形成具有自组织和自调节功能的复合体。如地球上的森林、草原、荒漠、湿地、海洋、湖泊、河流等，它们不仅外貌有区别，生物组成也各有其特点，并且其中生物和非生物构成了一个相互作用、物质不断地循环、能量不停地流动的生态系统。

每一个生态系统都有其特定的生物群体和生物栖息的环境，进行着能量交换和物质循环，并且具有如下的基本特征：

（1）具有特定的空间结构。通常与一定的空间相联系，包含该地区和一定范围，反映该地区特性及空间结构，以生物为主体，呈网络式的多维空间结构。

（2）它是复杂、有序的大系统。生态系统是由多种生物成分和非生物成分形成的统一整体。由于自然界中生物的多样性和相互关系的复杂性，决定了生态系统是一个极其复杂并由多要素、多变量构成的系统，而且不同变量及其不同的组合，以及这种不同组合又构成了很多亚系统。亚系统的多样化，不但与参数的多少和性质有关，而且与参数和参数之间有密切联系。此外，各亚系统之间还存在着一定秩序的相互作用。正如 E. P. Odum（1986）所指出的“在系统的水平，其主要特性和过程，并非起因于生物群落和非生物环境的总和，而是起因于他们之间的综合、协调与进化”。

（3）它是一个基本的功能单元。生态系统不是生物分类学单元，而是个功能单元。首先，它是能量的流动，绿色植物通过光合作用把太阳能转变为化学能贮藏在植物体内，然后再转给其他动物，这样营养就从一个取食类群转移到另一个取食类群，最后由分解者重新释放到环境中。其次，在生态系统内部生物与生物之间、生物与环境之间不断进行着复杂而有规律的物质交换。这种物质交换周而复始的不断地进行着，对生态系统起着深刻的影响。自然界元素运动路径和速度的人为改变，往往会引起严重的后果。例如，大气中的二氧化碳含量增加，引起全球性的气候变化。

（4）它是开放系统，具有自动调控功能。任何一个生态系统都是开放的，不断有物质和能量的流进和输出。一个自然生态系统中的生物与其环境条件是经过长期进化适应，逐渐建立了相互协调的关系。生态系统自动调控机能主要表现在三个方面：一是同种生物的种群密度的调控，这是在有限空间内比较普遍存在的种群变动规律。二是异种生物种群之间的数量调控，多出现于植物与动物、动物与动物之间，以及常有食物链关系。三是生物与环境之间的相互适应的调控。生物经常不断地从所在的生境中摄取所需的物质，生境亦需要对其输出进行及时的补偿，二者进行着输入与输出之间的供需调控。生态系统调控功能主要靠反馈（feedback）来完成。反馈可分为正反馈（positive feedback）和负反馈（negative feedback）．前者是系统中的部分输出，通过一定线路而又变成输入，起促进和加强的作用，后者则倾向于削弱和减低其作用。负反馈对生态系统达到和保持平衡是不可缺少的。正、负反馈相互作用和转化，从而保证了生态系统达到一定的稳态。

（5）具有动态的、生命的特征。生态系统也和自然界许多事物一样，具有发生、形成和发展的过程。生态系统可分为幼期、成长期和成熟期，表现出鲜明的历史性特点。自身特有的演化规律。换言之，任何一个自然生态系统都是经过长期历史发展形成的。

学术界在应用生态系统概念时，对其范围和大小并没有严格的限制，生态系统的范围通常可以根据研究目的和对象而定，可大可小。小至动物有机体内消化道中的微生态系统，大至各大洲的森林、荒漠等生物群落型，甚至整个生物圈或生态圈，其范围和边界是随研究问题的特征而定。例如，池塘的能流、核尘降、沙尘暴、杀虫剂残留、酸雨、全球气候变化对生态系统的影响等，其空间尺度的变化很大，相差若干数量级。同样研究的时间尺度也很不一致。

三、生态系统理论的发展

生态系统的概念由 Tansley 提出来以后，作为一种理论受到学术界的广泛关注。半个多世纪以来，许多生态学家对生态系统理论和实践做出很大贡献。例如，Thienemann（1939）提出了营养级的概念。Leibing（1940）提出了生态能量学的概念。Brige 和 Juday 在 40 年代就产生了初级生产的思想，并提出营养动力学的概念。注意：前面这三个人物不是很熟悉，所以应该在后面的参考文献中把此二人的文献列出来！

R. Lindeman（1915—1942）对生态系统的研究做出了卓越的贡献。他在湖泊生态系统进行深入研究的基础上，揭示了营养物质移动规律，创建了营养动态模型，成为生态系统能量动态研究的奠基者。他以科学的数据，论证了能量沿着食物链转移的过程，提出了著名的“百分之十定律”，标志着生态学从定性走向定量的阶段。

Ricklefs（1979）在他的《生态学》一书中绘制了（描绘了）生态系统中物质循环和能量流动的框图（基本格局），形象地表明生态系统中生物和非生物成分间相互作用和相互依赖的关系；它们通过物质交换而联系在一起，而驱动生态系统物质循环的能量来自太阳。

Golley（1960，1968）曾对弃耕地进行过营养结构及能量流的研究工作，较深入地揭示了生态系统能流的渠道是食物链；能量在沿着各营养阶层流动时是逐级减少的。他在 1990 年日本举行了第五届国际生态学大会作为国际生态学会主席在开幕式上做了“生态系统概念的发展——对序（order）的探讨”的报告，强调应加强人类活动对生态系统、生物圈和全球变化影响的研究。

Odum 家族的工作对生态系统概念的发展做出过杰出的贡献，E. P. Odum 和 H. T. Odum 兄弟二人及 W. E. Odum 都是当代著名的生态学家，从 50 年代以来，E. P. Odum 就一贯强调生态系统研究工作的重要意义，并在营养动态和能量流动方面提出了许多新思想和新方法。H. T. Odum 对美国佛罗里达州银泉（SilverSpring）生态系统能流过程的研究，是当今生态系统水平上能量流动分析的典范。E. P. Odum 所著的《生态学基础》不仅是一本现代生态学的教科书，而且是一部很有新意的著作。H. T. Odum 的《人和自然的能量基础》一书被誉为能量研究方面的经典著作。

E. P. Odum 提出了大小不同的组织层次谱系，进一步把生态系统的概念系统化，把研究对象划分为基因、细胞、器官、个体、种群和群落等几个层次。每个层次的生物成分和非生物成分的相互关系（能量和物质关系）产生了具有不同特征的功能系统。H. T. Odum（1983）创建了一整套描述能量的符号来描述复杂的生态系统过程。

生态系统包括生物群落及其无机环境，它强调是系统中各个成员的相互作用，所以几乎是无所不包的生态网络。事物普遍联系法则本是辩证唯物主义哲学的第一个基本原理，从这个意义上讲，生态系统生态学又是一种哲学。近年来，无论是国内还是国外，又把自然生态系统进一步扩展为包括经济系统和社会系统的复合生态系统（马世俊，1990）。

近几十年来生态系统研究成为生态学研究的重点，它与人类社会的持续发展有密切关系。因为人类赖以生存的地球环境、人口、生物资源已经受到严重威胁，温室效应、臭氧层破坏、酸雨、全球性气候变化等当前人类社会最为关心的问题已经影响了地球这个生命维持系统的持续存在。地球上大部分自然生态系统本来就有维持稳定、持久，物种间协调共存等的特点，这是长期进化的结果。向自然生态系统寻找这些建立持续性生态系统性的机理，以给人类科学地管理好地球以启示，是研究生态系统规律的主要目的。另外，生态系统的概念和原理，已经为许多学科和许多实践领域所接受，诸如生态学与经济学的密切结合和生态经济学的形成与发展、生态系统服务和生态系统管理的提出、农业上的农业生态系统、环保中的生态评价、生态管理和风险性估计、濒危物种和生物多样性保护、重大工程建设和自然改造项目的生态预评等等都给生态学家提出进一步要求，发展有关生态系统的理论。20 世纪 60 年代开始的 IBP（国际生物学计划）和以后的 MAB（人与生物圈）、SCOPE、IGBP、全球变化及陆地生态系统研究（GCTE）等国际合作研究规划相继出现，所有这些使生态学从生物学中一个分支学科上升到举世瞩目的地位，并发展成一门独立的生态科学；而生态学的主流也由种群生态学和群落生态学转移到生态系统生态学。

四、森林生态系统

森林生态系统是地球上迥然相异的众多生态系统中最重要的生态系统之一，森林是由其组成部分——生物（包括乔木、灌木、草本植物、地被植物及多种多样动物和微生物等）与它周围环境（包括土壤、大气、气候、水分、岩石、阳光、温度等各种非生物环境条件）相互作用形成的统一体。因此，森林是一个占据一定地域的、生物与环境相互作用的、具有能量交换、物质循环代谢和信息传递功能的生态系统，也就是森林生态系统。

森林生态系统是生态系统的一个重要类型。它是森林生物群落与其环境在物质循环和能量转换过程中形成的功能系统。简单说来，就是以乔木树种为主体的生态系统。是生物圈中面积较大、结构复杂、对其他生态系统产生巨大影响的一个系统。按照它在地域上的分布，我们又再将它分为热带林、亚热带林、温带林、寒温带林等生态系统，还可再按林型分为更低级别的森林生态系统。它们有着不同的结构特征与能流、物流过程，因因而有不同的生产力。森林生态系统是典型的完全的生态系统，生产者主要是乔木树种，通常还有灌木、草本、蕨类、苔藓、地衣等；消费者主要是昆虫、鸟类、各种动物，尤其有一些大型森林动物，种类相当丰富；还原者不但种类多而且量大，它们把森林拈落物分解释放出矿物质元素归还于土壤，使土壤越来越吧沃，不但提高森林生态系统的生产力，还推动着森林生态系统的发展（罗菊春，1992）。

第二节　生态系统的基本组成及功能

一、生态系统的基本组成成分

所有生态系统，不论是陆地还是水域，都可概括为非生物和生物两大部分或非生物环境、生产者、消费者和分解者四种基本成分。其中非生物环境包括光，热、气、水、土和营养成分等，它们是生物生活的场所和物质，是生物能量的源泉，可统称为生命支持系统。

生产者指的是绿色植物等自养生物。包括树木、草和水域中的藻类等，这些生物可进行光合作用，制造有机物质。消费者指的是各种动物，它们不能直接利用太阳能来生产食物，只能直接或间接地以绿色植物为食，并从中获得能量。分解者主要是细菌和真菌等微生物。它们的主要功能是把动植物的有机残体分解为简单的无机物，这些简单的无机物在回归环境后可被生产者重新利用，以分解者也称为还原者。三种生物成分与非生物的环境联系在一起，共同组成一个生态学的功能单位——生态系统。其组成如图 2－1 所示。生态系统一般可分为三个生态亚系统，即生产者（自养生物）亚系统、消费者亚系统和分解者亚系统。

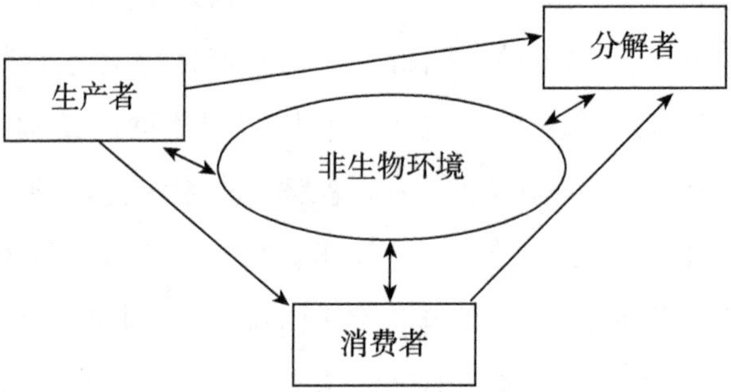

图 2－1　生态系统的组成成分

（参考尚玉昌，2000）

这里需要指出的是，生物部分和非生物部分对于生态系统来说是缺一不可的。如果没有环境，生物就没有生存的空间，也得不到能量和物质，因而也难以生存下去；仅有环境而没有生物成分也无法成为生态系统。

二、非生物环境

非生物环境（abiotic environment）包括参加物质循环的无机元素和

化合物（如C，N，CO_2，O_2，C_a，P，K），联系生物和非生物成分的有机物质（如蛋白质、糖类、脂类和腐殖质等）和气候或其他物理条件（如温度，光照，水分，风等）。

三、生产者及其主要功能

生产者（producer）是能以简单的无机物制造食物的自养生物（autotroph）。生产者包括所有的绿色植物和某些细菌，是生态系统中最活跃的因素。

对于淡水池塘来说，主要分为以下两类：

（1）有根的植物或漂浮植物通常只生活于浅水中。

（2）体形小的浮游植物，主要是藻类，分布在光线能够透入的水层中。一般用肉眼看不到。

对陆地上的森林、草地等来说，则主要是绿色植物。绿色植物利用太阳能将二氧化碳和水等无机物合成糖和淀粉等有机物，并放出氧气。这个光合作用的过程直接或间接地为人类和无数生物提供着进行生命活动所必需的能量和物质。

自然界除绿色植物外，还有绿色硫细菌、紫色硫细菌和紫色非硫细菌等能营自养生活的细菌，统称为光合细菌（photosynthetic bacteria）。这类细菌的光合作用可用下式表示：

$$H_2A + CO_2 \rightarrow (CH_2O) + A \tag{2.1}$$

H_2A 代表氢供体，在绿色植物中 H_2A 为 H_2O。

光合细菌建立起特殊的接受光的色素系统，在厌氧的生境下合成有机物质。它们多生活在水生环境，包括湿地、沟渠、池塘、湖泊、河水、泥滩等场所。

此外，还有硝化细菌和氧化硫的细菌等化能自养细菌。它们能氧化无机化合物，并以二氧化碳作为唯一碳源而生活的细菌。如氧化亚硝酸成硝酸盐：氧化氨成亚硝酸盐等取得能量，进行细胞合成。

光合细菌和化能自养细菌在大多数生态系统中所起的作用并不大，但它们对水域中沉积的某些矿质的循环或富营养化、污染水体却具有重要的作用。

四、消费者及其主要功能

所谓消费者（consumer）是针对生产者而言，即它们不能从无机物质制造有机物质，而直接或间接地依赖于生产者所制造的有机物质，因此属于异养生物（heterotroph）。

消费者按其营养方式上的不同又可分为3类：

（1）食草动物（herbivores）是直接以植物体为营养的动物。在池塘中有两大类，即浮游动物和某些底栖动物，后者如环节动物，它们直接依赖生产者而生存。草地上的食草动物，如一些食草性昆虫和食草性哺乳动物。食草动物可以统称为一级消费者（primary consumer）。

（2）食肉动物（carnivores）即以食草动物为食者，如，池塘中某些以浮游动物为食的鱼类，在草地上也有以食草动物为食的捕食性鸟兽。以草食性动物为食的食肉动物，可以统称为二级消费者（secondary consumer）。

（3）大型食肉动物或顶极食肉动物（topcarnivores）即以食肉动物为食者，如池塘中的黑鱼或鳜鱼，草地上的鹰隼等猛禽。它们可统称为三级消费者（tertiary consumer）。

消费者在生态系统中起着重要的作用。不仅对初级生产物起着加工、再生产的作用，而且许多消费者对其他生物种群数量起调控的作用。Remment（1980）指出，食叶甲虫实际上并不造成落叶林生产的下降，相反，对落叶林的生长发育还有一定的裨益。甲虫的分泌物及其尸体，常含有氮、磷等多种营养物质，落入土壤后为土壤微生物的繁殖提供了宝贵的营养物质，从而加速了落叶层的分解。如果没有这些甲虫，落叶层的分解几乎是不可能的，这就会造成营养元素的积压和生物地球化学循环的阻滞。

蚜虫与甲虫不同，蚜虫从寄主植物上吸收了大量具有糖分的液体，除了合成自身代谢的部分外，还以蜜露的形式排出体外，进入土壤后能刺激固氮细菌的活动，大大提高其固氮的效率。这就表明，寄主植物——蚜虫——固氮细菌是一个业已优化了的协同进化系统。

还有一个常见的例子，较大的摄食压力可以使双子叶植物群落为禾本科植物群落所代替，生长速度快，短期内形成高密度种群，有效地巩固着沙性土壤向有利于植物生长的土壤类型方向转化，这正是植食动物的摄食促进了植物群落类型的变化（蔡晓明，1995）。

许多土壤动物主要以细菌为食。它们控制着土壤微生物种群的大小。如果没有它们的吞食，微生物种群高速繁殖后，往往处于增长速率很低的状态下，这时微生物种群的分解作用就会大大降低。土壤动物的不断取食可使微生物种群的生长保持指数增长，从而使微生物种群具有强大的活动功能。

五、分解者及其主要功能

分解者（decomposer）是异养生物，如细菌、真菌、放线菌及土壤原生动物和一些小型无脊椎动物。这些微生物在生态系统中连续地进行着分解作用，把复杂的有机物质逐步分解为简单的无机物。最终以无机物的形式回归到环境中，成为自养生物的营养物质，其作用正与生产者相反。分解者在生态系统中的作用是极为重要的，如果没有它们，动植物尸体将会堆积成灾，物质不能循环，生态系统将毁灭。分解作用不是一类生物所能完成的，往往有一系列复杂的过程，各个阶段由不同的生物去完成。池塘中的分解者有两类：一类是细菌和真菌；另一类是蟹、软体动物和蠕虫等无脊椎动物。陆地上森林和草地中也有生活在枯枝落叶和土壤上层的细菌和真菌，还有蚯蚓、螨等无脊椎动物，它们也在进行着分解作用。

第三节　生态系统的结构

一、生态系统的空间结构

从空间结构来考虑，任何一个自然生态系统都有分层现象。当你进入森林，可以看见高大的乔木，低矮的灌木以及地表的草本植物，参差不齐。上层乔木层高大枝叶茂密，而且喜阳光；下层灌木高度要小于乔木层，较耐荫：地表的草本层分布接近在地表的空间。从地下部分看，不同植物的根系扎入土层的深浅也是差异迥然。

动物在空间的分布也有明显的分层现象。最上层是能飞行的鸟类和昆虫；下层是兔和老鼠的活动场所；最下层是蜘蛛、蚂蚁等。

各生态系统在结构布局上有一致性。上层阳光充足，集中分布着绿色植物或藻类，有利于光合作用，故上层又称为绿带或称为光合作用层。在绿带以下为异养层或分解层。生态系统中的分层有利于生物充分利用阳光、水分、养料和空间。所有生态系统，包括草地、池塘、海洋和人工生态系统，其共同的特征之一是生产者和消费者、消费者和消费者之间的相互作用和相互联系，彼此交织在一起。

生态系统还有一个特点是其边界的不确定性。草地生态系统和池塘生态系统都是个开放系统，能量和物质不断从系统外的环境中输入，与此同时，又不断往外输出。草地和池塘生态系统的边界因外界条件的影响难以明确划分。边界不确定性主要是由于生态系统内部生产者、消费者和分解者在空间的位置上变动所引起的，其结构较为疏松，一般认为，生态系统范围越大其结构越疏松。

二、生态系统的时间结构

生态系统的结构和外貌也会随时间而变化。一般可以三个时间量度来考察。一是长时间量度，以生态系统进化为主要内容；二是中等时间量度，以群落演替为主要内容；三是以昼夜、季节和年份的等时间量度的周期性变化。这种短时间周期性变化在生态系统中是较为普遍的现象。绿色植物一般在白天阳光下进行光合作用，在夜晚则进行呼吸作用。海洋潮间带无脊椎动物组成则具有明显的昼夜节律。

植物群落具有明显的季节性变化。一年生植物萌发、生长和枯黄，季节性变化十分明显。这些植物的开花决定于随季节而变化的日照长度。各种植物多在最适的光周期下开花，许多植食动物也伴随而生。蓟马每年种群数量最大值就是在玫瑰花盛开的季节，而旅鼠和猞猁种群数量周期波动分别是每隔 3 ~4 年和每隔 9 ~10 年出现 1 次高峰。

生态系统短时间结构的变化，反映了植物、动物等为适应环境因素的周期性变化，而引起整个生态系统外貌上的变化。这种生态系统结构的短时间变化往往反映了环境质量高低的变化。所以，对生态系统结构的时间变化的研究具有重要的实践意义。

三、生态系统的营养结构

（一）食物链

生态系统中各种成分之间最本质的联系是通过营养来实现的，即通过食物链把生物与非生物、生产者与消费者、消费者与消费者连成一个整体。所谓食物链（food chain）是指生态系统内不同生物之间在营养关系中形成的一环套一环似链条式的关系，生产者所固定的能量和物质，通过一系列取食和被食的关系而在生态系统中传递，各种生物按其取食和被食的关系而排列的链状顺序称为食物链（food chain），即物质和能量从植物开始，然后一级一级地转移到大型食肉动物。食物链上的每一个环节称为营养阶层（或营养级，trophic level）。水体生态系统中的食物链如：浮游植物→浮游动物→食草性鱼类→食肉性鱼类。比较长的食物链如：植物→蝴蝶→蜻蜓→蛙→蛇→鹰。中国谚语中的“螳螂捕蝉，黄雀在后”，实际上说的是一条食物链，即植物汁液—蝉—螳螂—黄雀。一个生态系统中可以有许多条食物链。根据食物链的起点不同，可以把食物链分成两大基本类型：牧草食食物链（牧草食物链）和腐屑食食物链。牧草食食物链又称捕食食物链（grazing food chain），一般是从活体绿色植物开始，然后是草食动物、一级食肉动物、二级食肉动物等。腐屑食物链又称碎屑食物链（detrital food chain），如动物尸体—埋葬虫—鸟；植物残体— + 蚯蚓—线虫—节肢动物等；有机碎屑—浮游动物—鱼类。腐屑食物链是从死亡的有机体开始的。

自然生态系统中，牧草食物链和腐屑食物链往往是同时存在的。如森林的树叶，草、池塘中的藻类，当其活体被取食时，它们是牧食食物链的起点；当树叶、草枯死落在地上，藻类死亡后沉入水底，很快被微生物分解，形成碎屑，这时又成为腐屑食物链的起点。生态系统中的寄生物和食腐动物形成辅助食物链。许多寄生物有复杂生活史，与生态系统中其他生物的食物关系尤其复杂，有的寄生物还有超寄生，组成寄生食物链。

（二）食物网

在生态系统中，一种生物不可能固定在一条食物链上，往往同时处在数条食物链中，生产者如此，消费者也如此。生态系统中的食物链彼此交错连接，形成一个网状结构，这就是食物网（food web）。如牛、羊、兔和鼠都摄食禾草，这样禾草就可能与4条食物链相连。再如，黄鼠狼可以捕食老鼠、鸟、青蛙等。它本身又可能被狐狸和狼捕食。这样，黄鼠狼就同时处在数条食物链上。实际上，生态系统中的食物链很少是单条、孤立出现的（除非食性都是专一的），它往往是交叉链索，形成复杂的网络结构。食物网从形象上反映了生态系统内各生物有机体之间的营养位置和相互关系。

生态系统中各生物成分间，正是通过食物网发生直接和间接的联系，保持着生态系统结构和功能的稳定性。生态系统中的食物链不是固定不变的，它不仅在进化历史上有改变，在短时间内也有改变。动物在个体发育的不同阶段里，食物的改变（如蛙）就会引起食物链的改变。动物食性的季节性特点，多食性动物，或在不同年份中，由于自然界食物条件改变而引起主要食物组成变化等，都能使食物网的结构有所变化。因此，食物链往往具有暂时的性质，只有在生物群落组成中成为核心的、数量上占优势的种类，食物联系才是比较稳定的。

生态系统内部营养结构不是固定不变的，而是不断发生变化的。一般地说，具有复杂食物网的生态系统，一种生物的消失不致引起整个生态系统的失调，如果，食物网中某一条食物链发生了障碍，可以通过其他的食物链来进行必要的调整和补偿。例如，草原上的野鼠由于流行病而大量死亡。原来以野鼠为食的猫头鹰并不会因鼠类数量减少而发生食物危机。因为，鼠类减少了，草原上的各种草类会生长繁盛起来。茂密的草类可给野兔的生长繁殖提供良好环境，野兔数量得到增殖，猫头鹰则把食物目标转移到野兔身上。但是对于食物网简单的系统中，尤其是在生态系统功能上起关键作用的种，一旦消失或受严重破坏，就可能引起这个系统的剧烈波动。例如，如果构成苔原生态系统食物链基础的地衣，因大气中二氧化硫含量的超标，就会导致生产力毁灭性破坏，整个系统遭灾。有时营养结构的网络上某一环节发生了变化，其影响会波及整个生态系统。又如，澳大利亚原来没有兔子，后来从欧洲引入，由于缺少了天敌，欧洲免得到大量繁殖，数量激增，它们把当地大片大片的牧草啃食一光。不但使当地的食草动物得不到足够的食物，而且由于没有植被覆盖而变成了荒地。后来为了对付欧洲兔不得不引入一种黏液病毒（myxomatosis），才控制住“兔害”。

食物链和食物网的概念十分重要。正是通过食物营养、生物与生物、生物与非生物环境才有机地联结成一个整体。生态系统中能量流动和物质循环正是沿着食物链（网）这条渠道进行的。食物链（网）概念的重要性还在于它揭示了环境中有毒污染物质转移、积累的原理和规律。通过食物链可把有毒物质扩散开来，增大其危害范围。例如从生活在北极的白熊和南极的企鹅体内都能检测出 DDT，说明食物链就是一个重要的传递途径。

生物还可以在食物链上使有毒物质逐级增大。在食物链的开初，有毒物质浓度较低，随着营养级的升高，有毒物质浓度逐渐增大，百倍、千倍，甚至可以达万倍、百万倍。最终毒害处于较高营养阶层的生物。这种现象称为生物放大（biologicalmagnification）。有研究表明 DDT 等杀虫剂通过食物链的逐步浓缩，能充分说明生态系统食物网和物流研究的理论和实践意义。有报告指出，DDT 在海水中浓度为 5.0×10^{-11}g，浮游植物含 4.0×10^{-8}g，蛤中 4.2×10^{-7}g，到银鸥达 75.5×10^{-6}g，扩大了百万倍，这个作用称为生物扩大作用。营养级越高，积累剂量越大。人往往处于食物链的顶端，所以，应十分注意这个问题。

（三）营养级

食物链和食物网是物种和物种之间的营养关系，这种关系错综复杂，无法用图解的方法完全表示，为了便于进行定量的能流和物质循环研究，生态学家提出了营养级（trophic level）的概念。一个营养级是指处于食物链某一环节上的所有生物种的总和。例如，作为生产者的绿色植物和所有自养生物都位于食物链的起点，共同构成第一营养级。所有以生产者（主要是绿色植物）为食的动物都属于第二营养级，即植食动物营养级。第三营养级包括所有以植食动物为食的肉食动物。以此类推，还可以有第四营养级（即二级肉食动物营养级）和第五营养级。由于能流在通过各营养级时会急剧地减少，所以食物链就不可能太长，生态系统中的营养级一般只有四、五级，很少有超过六级的（孙儒咏，1992）。

四、生态系统的类型

按照生态系统的非生物成分和特征，从宏观上又可把生态系统分为陆地生态系统和水域生态系统。陆地生态系统主要根据其组成成分，植被特点等；而水域生态系统主要根据地理和物理状态的情况再进一步划分，这种生态系统的划分在实际中常被采用（曹凑贵、严力蛟，2002），如表 2－1 所示。

表 2－1　地球表面生态系统划分表

水生生态系统	陆地生态系统
1. **淡水生态系统**	1. **森林生态系统**
流水水生生态系统	温带针叶林生态系统
静水水生生态系统	温带落叶林生态系统
2. **海洋生态系统**	热带森林生态系统
海岸生态系统	2. **草原生态系统**
浅海生态系统	干草原生态系统
珊瑚礁生态系统	湿草原生态系统
远洋生态系统	稀树草原生态系统
	3. **荒漠生态系统**
	4. **冻原生态系统**
	极地冻原生态系统
	高山冻原生态系统
	5. **农田生态系统**
	6. **城市生态系统**

根据能量和物质运动状况、生物、非生物成分等，生态系统可分多种类型。

（一）按照生态系统的生物成分分类

（1）植物生态系统：主要是由植物和无机环境构成的生态系统。在系统中以绿色植物为主，吸收太阳能，进行光合作用。所以，这是最基础的生态系统，如森林、草地等生态系统。

（2）动物生态系统；是由植物生态系统和动物所组成的生态系统。在系统中动物起主导作用，以动物取食植物而获得量为主要过程，如鱼塘、畜牧等生态系统。

（3）微生物生态系统：主要是由细菌、真菌等微生物和无机环境所形成的生态系统。在系统中以微生物为主，进行有机物质的分解。这是物质循环中起重要作用的生态系统，如落叶层、活性污泥等生态系统。

（4）人类生态系统：是以人群为主体的生态系统，如城市、乡镇等生态系统。

（二）按照生态系统结构和外界物质与能量交换状况分类

（1）开放系统：生态系统内外的能量和物质都可进行不断的交换。地球上绝大多数的生态系统都是这种类型。

（2）封闭系统：这种生态系统的特点是它的四周可以阻止物质的输入和输出，但不能阻止能量出入。如宇宙飞船，它在空间飞行需要利用日光的能量旭周围多是极为有害的宇宙环境。为此，人们就得设计极为密闭的，又能进行能量高效转化的封闭系统。这种系统是自给的装置，不仅需要生命所必需的全部非生物物质，而且还需要通过生物的作用，使生产、消费、分解等各种生命过程维持平衡状态。

（3）隔离系统：这种生态系统具有封闭的边缘，不仅能阻止物质，而且能够阻止能量的输入和输出，与外界处于完全隔绝的状态。这是为特殊需要而设计的。一般生态系统是开放的，用传统的科学实验方法无法进行实验。因此，就开辟了实验的微生态系统（micr – ecosystem），在隔离的状态下，进行较为深入的模拟试验，以探索建立一个完全独立、自给的生态系统。

（三）按照人类活动及其影响程度分类

（1）自然生态系统，即实际上未受到人类活动的影响或轻度影响的生态系统。自然生态系统在功能上协调一致，生物对无机环境有深刻的适应。这是在功能作用过程中形成的。正是这种适应，才决定了自然生态系统的特征——具有自行调控和不断更新的能力。

（2）半自然生态系统：由生物中或多或少有固定联系的生物群落复合体构成。其营养结构、类型或比例关系，受到人类活动影响有了变化。如果，人为影响是经常性的。那么，生态系统保持了一定自行调控和更新的能力。这种生态系统又可分为适度破坏的半自然生态系统（二级变化）和严重破坏的半自然生态系统（三级变化）。

（3）人工复合生态系统：这种生态系统主要特征是人在此系统中起主导作用，并在很大程度上生物群落已失去自行调控和恢复的能力。这种生态系统一般多是一个大的综合体，包括了一系列亚系统的大型生产复合体。只有在人的积极参与下，生物群落的生产、更新和物质的循环才有可能有秩序地进行。

随着城市化的发展，人类面临人口、资源和环境等问题都直接或间接地关系到经济发展；社会学和人类赖以生存的自然环境三个不同性质的问题。实践要求把三者综合起来加以考虑，于是产生了社会—经济—自然复合生态系统（social—economic - natural com - plexecosystem）的新概念。这种系统是最为复杂的，它把生态、社会和经济多个目标一体化，使系统复合效益最高、风险最小、活力最大。

第四节 生态系统的特征

由生命系统和环境系统所组成的生态系统具有以下四个方面的特征：

(1) 一个完整的生态系统主要由四部分组成，即初级生产者有机体、消费者有机体、分解者有机体和非生物物质构成。前三种生命成分构成食物链与后者非生命环境相联系构成一个统一体，这是一般生态系统共有的特征。生态系统是一个系统整体，其性质不同于各个因子的集合，而出现了新性质，当一个因子发生变化，其他因子都会产生链锁反应，因而，对生态系统的研究与利用必须要有“系统”观。

(2) 生态系统是一个有生命的开放式的功能系统。生态系统中的植物群落利用太阳光能与物质元素制造有机物质，动物取食植物，而动植物遗体与排泄物通过微生物分解，使结合在有机物质中的矿物元素又归还给土壤，重新供给植物利用，然后，再循环，从而不断进行着能量和物质的交换和转移，使物质和能量连续流动，保持生态系统发生功能。开放式的生态系统是指从外界取得光能、水、养分元素和大气的气体，通过生态系统肉的能流和物流把经过生物过程所制造的产品或多余的物质和能量释放回大气、土壤和水圈。

(3) 一个生态系统占据一定的空间并随时间发生演变。任何一个生态系统的分布都有着区域性，占据一定的地段。但一个具体的生态系统又很难截然与其他生态系统分开，比如，森林生态系统中的有机物与无机物质可以进入邻近的河流，同时生态系统之间还存在能量与物质的迁移。因此，地球上的各种生态系统绝不是独立存在的，它总是总的生态系统的一个组成部分，正是这种相互关联保持着生物圈发生功能。

任何一个生态系统的形成都经历了漫长岁月的不断发展、进化和演变的历史，这是种群对周围环境相适应的结果，每一个生态系统随时间的推移在发生着变化。一种生态系统将为其他的生态系统所替代而发生连续的演替过程。演替的结果是形成一种较稳定的生态系统。

（4）生态系统有自我调节、修复、维持和发展的能力。生态系统都有一定的自我校正的平衡能力和调节控制的机制，因而，可以抗御和适应外界的变化，在受到外力干扰后，系统内部能自我修复，维持稳定状态并得以发展。生态系统的稳定性是靠许多因素维持的，如生物种的多样性，它们之间的比例关系，及其相生相克的作用，环境因子的相互影响等。生态系统的调节能力是有限的，如果外力干扰太大，种群自身数量太少，外界干扰超过本身自动调节的能力，就会破坏生态系统的稳定状态。森林生态系统是以乔木树种为主体，组成复杂、结构完整，外貌高大的一种陆地生态系统，它具有一般生态系统的含义与特征，但同其他生态系统相比，在空间、时间、种群、演替上都显示了其优越性，这些优势最终决定了森林生态系统具有陆地生态系统中最强大的第一性生产力，为人类提供了最大量的物质，而在形成单位干物质时在水分和养分的消费上又是很经济的。因而，它是一个光合效率高，生物生产力高，经济而有效的生物综合体。森林的存在，特别是天然森林的存在，是维护陆地生态平衡并改变周围环境条件的最重要因素。研究森林生态系统最重要的目的就是要阐明森林的一些功能性过程，如光合作用：水分和养分的循环，以及这些过程对森林生产率的影响。

第五节　生态系统的反馈调节和生态平衡

自然生态系统几乎都属于开放系统，只有人工建立的完全封闭的宇宙舱生态系统才可归属于封闭系统。开放系统必须依赖于外界环境的输入，如果输入一旦停止，系统也就失去了功能。开放系统如果具有调节其功能的反馈机制（feedback　mechanism），该系统就成为控制论系统（cybemetic　system,）。所谓反馈，就是系统的输出变成了决定系统未来功能的输入；一个系统，如果其状态能够决定输入，就说明它有反馈机制的存在。要使反馈系统能起控制作用，系统应具有某个理想的状态或置位点，系统就能围绕置位点而进行调节。

生态系统调控功能主要靠反馈（feedback）来完成。反馈可分为正反馈（positive　feedback）和负反馈（negative　feedback）。前者是系统中的部分输出，通过一定线路而又变成输入，起促进和加强的作用，正反馈使系统偏离加剧；后者则倾向于削弱和减低其作用。负反馈对生态系统达到和保持平衡是不可缺少的。正、负反馈相互作用和转化，从而保证了生态系统达到一定的稳态，负反馈控制可使系统保持稳定。例如，在生物生长过程中个体越来越大，在种群持续增长过程中，种群数量不断上升，这都属于正反馈。正反馈也是有机体生长和存活所必需的。但是，正反馈不能维持稳态，要使系统维持稳态，只有通过负反馈控制。因为地球和生物圈是一个有限的系统，其空间、资源都是有限的，所以应该考虑用负反馈来管理生物圈及其资源，使其成为能持久地为人类谋福利的系统。

由于生态系统具有负反馈的自我调节机制，所以在通常情况下，生态系统会保持自身的生态平衡。生态平衡是指生态系统通过发育和调节所达到的一种稳定状况，它包括结构上的稳定、功能上的稳定和能量输入、输出上的稳定。生态平衡是一种动态平衡，因为能量流动和物质循环总在不间断地进行，生物个体也在不断地进行更新。在自然条件下，生态系统总是朝着种类多样化、结构复杂化和功能完善化的方向发展，直到使生态系统达到成熟的最稳定状态为止。

当生态系统达到动态平衡的最稳定状态时，它能够自我调节和维持自己的正常功能，并能在很大程度上克服和消除外来的干扰，保持自身的稳定性。有人把生态系统比喻为弹簧，它能忍受一定的外来压力，压力一旦解除就又恢复原初的稳定状态，这实质上就是生态系统的反馈调节。但是，生态系统的这种自我调节功能是有一定限度的，当外来干扰因素，如火山爆发、地震、泥石流、雷击火烧、人类修建大型工程、排放有毒物质、喷洒大量农药、人为引入或消灭某些生物等超过一定限度的时候，生态系统自我调节功能本身就会受到损害，从而引起生态失调，甚至导致发生生态危机。生态危机是指由于人类盲目活动而导致局部地区甚至整个生物圈结构和功能的失衡，从而威胁到人类的生存。生态平衡失调的初期往往不容易被人类所觉察，如果一旦发展到出现生态危机，就很难在短期内恢复平衡。为了正确处理人和自然的关系，我们必须认识到整个人类赖以生存的自然界和生物圈是一个高度复杂的具有自我调节功能的生态系统，保持这个生态系统结构和功能的稳定是人类生存和发展的基础。因此，人类的活动除了要讲究经济效益和社会效益外，还必须特别注意生态效益和生态后果，以便在改造自然的同时能基本保持生物圈的稳定和平衡。

第三章　生态经济系统

第一节　生态经济系统概述

专栏 3.1　经济系统

1. 经济系统的含义

经济系统是生产力系统和生产关系系统在一定的地理环境和社会制度下的组合。而整个社会生产力和生产关系系统的相互作用，又是通过社会再生产过程中生产、交换、分配和消费的循环运动进行的，再加上适应这种经济活动与经济运行的组织方式、方法、制度和机构体系，就构成了一个国家的经济系统。所以，经济系统可以指社会再生产过程的生产、交换、分配和消费各个环节所构成的统一体；还可以指物质生产部门和非物质生产部门所组成的国民经济的统一体。因此，一个工厂、一座矿山、一个乡镇、一座城市、一个经济区等都是客观存在的经济系统。经济系统的类别按系统所包含的范围可以划分为不同的层次，如可分为宏观国民经济系统、区域经济系统、部门经济系统、微观企业经济系统、庭院经济系统等。

2. 经济系统的组成

经济系统一般由三个分系统组成。

（1）生产资料所有制系统及相应的生产关系系统。

（2）生产力系统。任何生产都是在相应的生产力水平下进行的，生产关系的形成也是以生产力水平为基础的。

（3）经济运行系统。在商品生产条件下，经济运行系统包括生产、交换、分配、消费四个环节。这四个环节各具有不同的功能，相互之间存在着内在的必然联系和衔接关系，他们之间的转换关系组成了经济的循环运动。上述四个环节连为一体，表现为一种周而复始、连续不断的再生产循环运动。在这个循环运动中，生产是基础，生产为消费创造条件，生产水平的高低和规模大小又决定着分配、交换和消费的水平；而消费和交换对生产又起反作用，消费是生产的动力和目的，只有消费才能使产品成为现实的物品；通过交换，使生产得以畅通。分配、交换是沟通生产和消费的渠道和桥梁。

续表

3. 经济系统的结构 经济系统的结构大致分为五个方面：首先是所有制结构，然后是社会再生产过程四个环节的结构，包括生产结构、流通结构、分配结构和消费结构。其中每一个结构又包括许多具体的结构形式。如生产结构可以划分为产业结构、产品结构、技术结构、生产性投资结构等。其中产业结构是生产结构的核心，也是整个国民经济结构的核心内容。它是考察物质生产部门构成及其相互关系的基础。 **4. 经济系统的功能** 社会生产过程，归根到底就是人们通过有目的的活动，使自然界的物质形态改变为能够满足人们需要的产品的过程。而任何生产过程又都是物质循环、能量流动、信息传递的过程。因此，和生态系统相同的是，经济系统也是通过物质循环、能量流动和信息传递的过程使经济系统运转，并把经济系统内的各个组成部分连接成为一个有机整体的。和生态系统不同的是，社会生产与再生产过程不但是物质产品的生产过程，而且是产品的价值形成过程。所以，在物流、能流、信息流存在的同时，还存在着价值流沿交换链的循环与转换。因而，经济系统的功能主要体现在沿劳动交换链的物流、能流、信息流和价值流的运动之中。 在经济系统中，物流、能流、信息流与价值流的综合运动，对建立良性循环的经济系统和生态经济系统，提高经济效益和生态效益，具有重要的意义。

一、生态经济系统的含义

生态经济系统是由生态系统和经济系统相互交织、相互作用、相互混合而成的复合系统。在生态系统与经济系统之间有物质、能量和信息的交换，与此同时，还存在着价值流循环与转换。因而，生态经济系统是一个具有独立的特征、结构和机能的生态经济复合体，并有其自身运动（物质运转、能量转换、信息传递、价值转移）的规律性；是一个能利用各种自然资源和社会经济、技术条件，形成生态经济合力，产生生态经济功能和效益的单元。生态经济系统，无论同生态系统，还是同经济系统相比，都是一个结构更复杂、功能更为综合的更高层次的系统。

生态系统与经济系统相交织、耦合的必然性在于：经济活动必须在一定的空间进行，并依赖生态资源的供给。凡是人类活动可以达到的生态系统，一般也不是纯粹的自然生态系统，而是被纳入人类经济活动的范围，并打上了人类劳动的印记。因此，在生态经济系统中不仅有自然力的投入，而且有劳动力的投入，由劳动力和自然力的结合来共同创造财富，在进行自然再生产的同时进行着经济的再生产。因而，人类通常所见到的经济系统和生态系统实际上绝大多数都是复合生态经济系统。生态经济系统并不是自然的生态系统和人类社会经济系统简单的叠加体，而是由之间存在着物质交换和能量流动的这两个系统互作用和影响组成的有机体，是生态经济要素（诸多的环境要素、生物要素、技术要素和经济要素）遵循某种生态经济关系的集合体。人类的社会经济系统建立在自然生态系统的基础上，并且在依靠生态系统的同时也通过各种活动对其产生影响。

构成一个生态经济系统的条件，是系统必须具备生态经济特征，既要有生态特征，又要有经济特征，并且具有生态与经济相互交织融合的特征。生态经济特征是生态经济系统状态的描述，其关键在于分析生态经济矛盾，透过生态经济现象，揭示系统的生态经济本质。生态特征就是在生态经济系统中存在着物质循环和能量流动，并且在系统中这种循环和流动是普遍性的，即不只是在自然生态之内或者人类社会经济系统内部，主要的是在自然生态系统和人类经济系统之间存在大量的物质循环和能量流动，并且人类的经济系统是依靠自然生态系统才可以生存和发展的。

人类活动所涉及的“地球表层”领域是众多学科共同研究的客体，从不同侧面去考察，形成了生物圈、生态圈、智能圈、生态环境等范畴，它可以是生物学、生态学、地质学、物理学、化学甚至文化学等的研究对象，而只有从生态经济特征的角度去抽象，它才是生态经济学的研究对象——生态经济圈，即地球上最大的生态经济系统（整个地球系统)。相邻近的范畴则有人类生态系统、社会生态系统、经济生态系统等。依据不同的特征可以把生态经济系统划分为许多生态经济类型和子系统。

二、生态经济系统的基本矛盾

人类的经济系统是以自然生态系统为基础的，人类各项经济活动必须在一定的空间进行，并且依赖生态资源的供给。可以说目前在我们居住的星球上已经找不到没有被人类影响的纯粹的自然生态系统了，当然这些人类的影响既有正面的也有负面的，但就目前情况来看，人类的负面影响已经严重干扰了自然生态系统的正常运行和发展。总的来说，生态经济系统的基本矛盾是：具有增长型机制的经济系统对自然资源需求的无限性与具有稳定型机制的生态系统对自然资源供给的有限性之间的矛盾。这一矛盾是贯穿于人类社会各个发展阶段的普遍矛盾。早在原始社会后期，这一矛盾就已经萌芽，发展到今天，矛盾不断激化而且形成了互为因果的两极：一方面，经济发展对生态系统的需求不断增加；另一方面，负荷过重和遭到污染的生态系统的供给力相对缩小，从而使人类社会发展面临着严峻的挑战。揭示生态经济系统的变化发展规律，并利用这些规律指导人类生态经济实践活动，是生态经济学的主要任务。

生态经济系统的基本矛盾具有决定性、普遍性、复杂性的和可控性的特点。首先，在生态经济矛盾体系中，生态经济基本矛盾是最主要的起决定作用的矛盾。一旦这一矛盾得到妥善的解决，其他生态经济以及社会矛盾就会迎刃而解或者有了解决的基础。不难设想，一个社会，如果经济需求能有合理的约束，而生态供给又能源源不断地涌现，那么制约经济发展的最大问题——资源的稀缺性就将不再困扰人类，其他生态、社会问题自然也就易于解决了。其次，生态经济系统的基本矛盾是贯穿于人类社会各个历史发展阶段的普遍矛盾，是一个不分地域的世界性问题。这一矛盾是人类社会永恒的矛盾，在不同的历史时期这一矛盾又具有不同的表现形式。再次，生态经济基本矛盾比起系统的其他矛盾更具有复杂性，生态经济基本矛盾是众多矛盾错综集结而成的，因而更为复杂，它的解决要依赖于各种分门别类的生态经济问题的解决，所以也更加困难。此外，生态经济系统的基本矛盾还具有可控性，人则处于这个控制系统的中心。生态经济基本矛盾是一个对立统一体，虽然当人类经济活动对生态系统的干预方式和程度不适当时，这一矛盾会尖锐激化，但人类可以重新调节自己的干预方式，使生态系统的资源既得到充分利用，又不超越系统维持稳定状态所允许的限度，使矛盾得以缓解。

这些矛盾具体表现在以下两个方面：

第一，生态系统的资源供给不能满足人类日益增长的经济需求。生态经济系统的资源问题主要是自然资源，它是一切经济资源的基础。地球就像一只太空船，自然界（生物圈）能提供给人类的资源本来就是有限的。人类的欲望或需求有无限膨胀的趋势，经济增长在加速度进行，自然生态的供给越来越不能满足经济增长的需求，资源缺口有越来越大的趋势。这些稀缺的资源主要有化石能源、各种矿产、淡水、土地、森林、草原和野生动植物等。

第二，经济发展和保护环境以及人口增长与承载力问题。经济发展会对环境造成损害，反过来说，资源与环境的破坏又会制约经济发展，尽管这种制约作用有滞后性。为了防止环境污染和生态破坏，就要改变经济增长方式，适当减弱经济活动的强度和规模；就要进行环保工程建设投资，在一定时期内就可能放慢了经济增长和人民（经济）生活水平提高的速度，这就是经济发展和环境保护之间的矛盾。如何解决这一矛盾是人类所面临的一个重大难题。

生态系统是经济系统的基础，生态系统先于经济系统存在，经济系统是在生态系统的基础之上产生并发展的。人类所有的经济活动都是在生态系统中进行的，一方面经济系统分别从生态系统中索取生产所需的物质资源和人力资源，以保持系统内部的运行；另一方面通过人类智慧的作用，经济系统又为生态系统的正常运行提供符合其需要的物质保障或手段。但是，经济系统在发挥正面作用的同时，又向生态系统排放生产、消费中的废物，对生态系统产生负面效应，生态系统的改变又反作用于经济系统。因此，经济系统和生态系统是一个既对立又统一的整体，生态系统与经济系统之间必然在彼此互惠的原则下，才能平衡生态持续与经济发展。人们在社会实践中一定要遵循生态经济系统的运行规律，在取得社会、经济发展的同时，又能维持生态平衡，在良性的生态系统中保证社会经济的良性循环。

有些学者把这种互动关系形象地用捕食者（prey）与被捕食者（predator）的消长关系解释：经济系统被视为捕食者（或寄生者），自然生态系统则为被捕食者（寄主）。生态系统通过对太阳能的摄取、固定、能量流动及养分循环，才能提供生命支持以及资源供给的功能（例如：林木砍伐、渔种、采矿等）。但是，人类在近期文明发展的过程中，对自然资产的利用已超出了其再生能力，人类自身的利益已经受到威胁。因此，经济系统开采、自然资源的利用必须相协调，一旦自然资源未得到适度保护而趋于耗竭时，则经济系统的资产也将随着减少；自然资源得到更新且其再生能力得到增加后，经济系统则会随之复生。只有利用经济系统的反馈，保护生态系统，增强其再生力，才能使经济系统持续发展。

发展经济必须与保护生态相结合，生态可持续发展是经济可持续发展的充分条件。经济发展过程中应该确立以下原则。

（1）合理利用自然资源。经济系统必须依赖生态系统提供生产所需的原料、食物、能源等，在开采、利用可更新资源时，开采率不能超出其再生能力，以确保自然界能维持资源存量，持续地提供经济系统所需的资源。

（2）合理确定区域人口承载力。从宏观经济角度来看，区域的经济规模（总资源消耗量）不应超出该区域的承载力，否则会加速自然资产的耗竭。换言之，在不危及区域环境品质的前提下，该区域所能承受的经济成长是有限制的。区域的人口承载力主要受两方面因素的影响：一是生活水平；二是外界能量、资源供给量。

（3）生产过程废弃物的循环利用。经济生产或消费行为所产生的人类不需要或厌恶的副产品，一般称之为废弃物。这些废弃物，有的经过处理后排放，有的未经处理，直接排放回自然界。当释放到环境系统的废弃物量超过了环境的同化力时，就会导致环境系统衰退，进而影响其对经济系统的承载能力。应用生态工程理论，通过生态系统使养分循环返回自然界，促进自然环境的生命支持功能，或使废弃物通过回收而被经济系统再利用。

总之，只有改变过去视生态经济保护与经济发展相对立的错误观点，将保护生态与发展经济有机统一起来进行研究，积极探讨生态系统与经济系统间的密切关系，才有可能实现持续发展。图 3－1 所示的环境资源利用分类也同样折射出这样的事实：环境提供的产品和服务是维持人类生存和改善人类生活的必要条件。

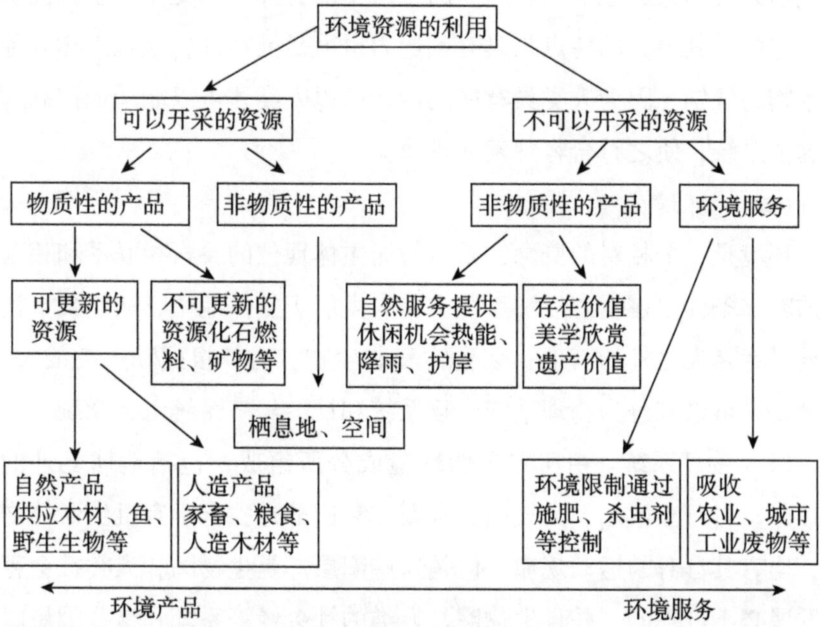

图 3－1　环境资源利用分类

三、生态经济系统的组成

生态经济系统根据不同规模可以分为全球生态经济系统和区域生态系统系统以及国家生态经济系统；根据不同产业和部门可以分为工业生态经济、农业生态经济、运输生态经济、基本建设生态经济、旅游生态经济等。生态经济系统是由生态系统和经济系统组成的一个复合系统，所以一般认为生态经济系统的组成包括人口、环境、科技与信息等三大基本要素。

（一）人口要素

人口要素是指生活在地球上的所有人类的总称。人口是组成社会基本前提，是构成生产力要素和体现经济关系与社会关系的生命实体。在生态经济系统中，人口要素属于主体地位，其他都属于客体地位。这是因为其他的自然生态系统以及环境等都是和人口相对应的，只有和人类相互作用才具有实际意义。没有人类也就谈不上什么生态经济系统和自然生态系统与人类经济系统之间的矛盾了。另外，人类作为生态经济系统的主体，其最大的特点是具有创造力也就是能动性，这是人和其他一切生物的区别。因为人类具有能动性，所以人类才可以能动地控制和调节这个系统，使之符合客观发展规律。

（二）环境要素

环境是一个相对的概念，是指与居主体地位的要素相联系和相互作用的客体条件。在生态经济系统中，人类居于主体地位，从广义上说环境要素就是人之外的其他一切生物和非生物。另外根据和人类的关系，环境要素可以细分为物理系统生物系统和社会经济系统三大系统。

（1）物理系统。由所有自然环境成分所组成，包括地球之外的太阳辐射、岩石土壤圈、大气圈、水圈，它们都是独立于有机生命体之外的，均有其自身的运动规律，但是这些圈层却是生物圈和人类社会存在和发展必不可少的，并且生物圈、人类的社会经济系统和这些圈层时时刻刻都在进行着物质和能量的交换，包括人类社会从这些圈层中获取物质和能量，同时又将人类消费过的废弃物排放到环境中。因此可以说这些物理系统是生命系统存在的基础。

（2）生物系统。包括植物、动物以及微生物等，这些生物在生态经济系统中分别扮演了不同的角色。绿色植物进行光合作用，固定太阳能，并且从土壤中吸收营养元素，促进物质循环。当然，最重要的是绿色植物可以进行光合作用，吸收太阳能，也就是进行第一性的生产，绿色植物不只是自然生态系统中的生产者，也是生态经济系统中的生产者。动物在生态经济系统中既是消费者也是生产者，各种动物和植物以及非生物环境组成了丰富多样的自然生态系统。微生物在系统中充当着分解者的角色，有了它们的分解才使得系统的物质循环能够形成一个闭环。

（3）社会经济系统。这个系统是由人类为了生存和发展而创造的，是人类文明的象征，这个系统从自然环境中获取资源进行生产和消费，并且在不断地发展和进步。

这三个亚系统都有各自的结构和功能，而且系统之间还在不断地进行着物质和能量的交换。对于人类社会经济系统来说，是以物理系统和生物系统为基础的，人类从其中获取资源，享受舒适的生态环境；同时自然环境还容纳了人类所排放的各种废弃物。总之，环境要素是人类社会经济系统的基础，同时人类社会经济系统对环境也产生了重大的影响。

（三）科技与信息要素

科学是关于自然、社会和思维的知识体系，技术是指依据科学原理发展而成的各种操作工艺和技能，包括相应的生产工具和其他物资设备，以及生产的作业程序和方法。现代科学技术贯穿于社会生产全过程，其重大发现和发明，常常在生产上引起深刻的革命，使社会生产力得到迅猛地提高和发展。

科技要素能改变全球生态经济系统中物质能量流动的性质和方向。发达国家正是借助了科技要素的这种特殊功能从发展中国家掠夺了大量的财富，造成了发展中国家生态恶化。科学和技术两者相互依赖、相互促进，都是人类在改造自然的过程中所创造的，这是人类和其他生物最主要的区别所在。信息是事物运动的状态以及这种状态的知识和情报。在系统内部以及系统之间的相互作用过程中，不仅存在着物质和能量的交换，还存在着信息的交换。在一定条件下，信息交换对系统的组成、结构和功能以及系统的演化起着决定性的作用，是人类对系统实施干预、控制的基本手段。

科学是关于自然、社会和思维的知识体系，技术是依据科学原理发展成各种操作工艺和技能，包括相应的生产工具和其他物资设备，以及生产的作业程序和方法。现代科学技术贯穿于社会生产全过程，其重大发现和发明，常常在生产上引起深刻的革命，使社会生产力得到迅速的发展。从系统论的观点来看，科学技术是一种精神创造过程，可以被认为是减熵过程，例如技术的进步使资源的利用效率提高，减少了不必要的消耗，也就减少了系统中熵的增加；科学的发展使得人类可以认识自然界发展的规律，这样在发展中的不确定性就减少了，系统的有序程度得到了提高，使熵减少。因此科学技术也是一种资源，这种资源在人类经济高速发展的今天显得尤为重要，因为在经济发展中化石燃料等一些不可更新资源日益减少，成为发展的主要限制因素，一方面科学技术的发展可以提高这些资源的利用效率，减缓资源危机的到来；另一方面可以依靠人类科学的发展来寻找新的资源作为代替品。

根据维纳的定义，信息可以看作是一种解除不确定性的量，可以用所解除的不确定性的程度来表示信息量的多少，因此信息的实质就是负熵，在生态经济系统中可以将其看作是一种负熵资源。例如对于一个生产系统（企业）来说，只有充分的信息，才有可能做出正确的决策，使得其不断地发展和进步。而对于整个生态经济系统来说，信息的充分和流动，可以使得系统中的各个子系统之间相互关联，达到协同运动，通过协同作用，可以使系统从无规则混乱状态走向宏观的有序状态。对于生态经济系统来说，信息在其中起了重要的作用。维纳等人曾强调指出，任何系统都是信息系统，他说：“任何组织之所以能保持自身内部稳定，是由于它具有取得、使用、保持和传递信息的方法。”系统各部门之所以能组合成相互制约、相互支持，具有一定功能的整体，关键是由于信息流在进行连接和控制。没有信息，任何有组织的系统都不能独立地存在。

四、生态经济系统的结构

生态经济系统是结构与功能的统一。生态经济结构是指多种生态、经济要素，按照特定的生态经济关系，组成生态经济系统，其结构如图 3－2 所示。生态经济结构对系统状态有决定性的作用。生态经济系统在某一状态所表现出来的对外界环境的输入输出以及内部转化的特性和能力，就是生态经济功能。基本的生态经济功能可概括为物质循环、能量转换、价值增值和信息传递，它们分别无限循环、定向转化、人工增殖和信息控制的功能原理。生态经济系统的这种对内对外转化能力，不仅表现在转化的数量和速率上，而且表现在质量、种类和比例组成上，表现在转化的整体是否相互适应与协调上。

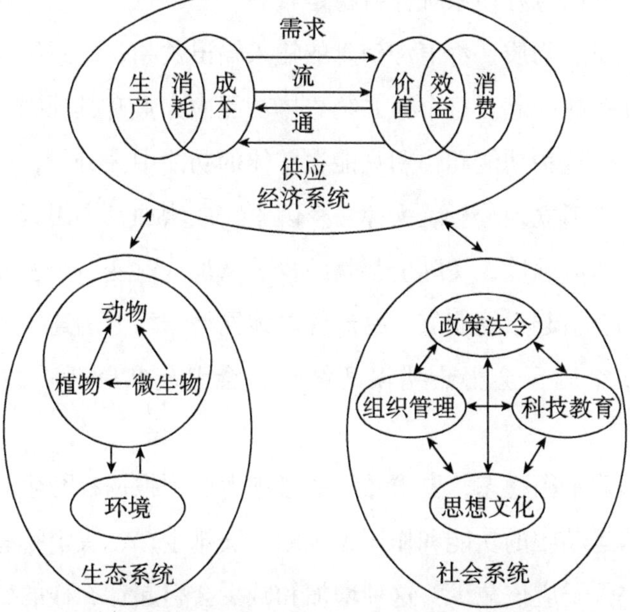

图 3－2　生态经济系统

五、生态经济系统的特征

生态经济系统，是一个由社会再生产过程和生态系统组成的“超级系统”。这个超级系统是一个耗散结构（即开放系统），其本质是人类通过精神生产和物质生产与生态系统发生物质、能量、信息交流，这种无限循环的输入、输出功能，保持了它在时间空间上的有序性和系统的各个组成部分、成分之间的有机联系及相互制约性，并遵循一定规律使超级系统不断发展、演化。

（一）非平衡稳态

生态经济系统无论其大系统与环境之间、大系统中亚系统之间、亚系统内部各成分之间，还是成分内各因子之间，时时刻刻都在进行着能量、物质及劳动量的输入与输出。这种无休止的输入输出，正是系统内还没有达到平衡的表现，愈不平衡就愈需要能量和物质的输入输出，这种输入输出的目的是使系统趋于平衡，输出输入过程是系统运动的过程，这种运动的过程使系统保持稳定状态。

这种能量、物质、价值和信息的输入输出关系，把系统各成分、各因子紧紧联系在一起。每个亚系统总体功能中亦具有其他因素所不能替代的作用，但这种功能和作用只能在整体的功能中去分析，而不能离开整体的功能去孤立地分析。去掉一个因素，或增加一个因素，或改变某个因素的性质或强度，实际上都是减少、增加或改变一个特殊的输入输出关系，都会引起系统能流、物流等总体网络结构上的连锁反应，因而孤立分析某个因子会得出错误的结论，会引起实际生产过程的恶性循环。

系统的非平衡稳态，要求系统的管理者必须根据社会生产的各因素在系统整体运动中的功能和作用去规划、安排生产，决定哪些因子应该增加，哪些因子应该减少？这种增加和减少会引起什么样的变化，应该采取什么补救措施？以及确定各自输入、输出量的大小。这样，才有可能实现国民经济的良性循环。

（二）系统的耐受性

系统的耐受性，是一切开放系统具有的基本特征之一。生态经济系统内各个层次上的大小因子，既具有差异性，即各自具有不同的功能和作用；又具有同一性，即不同的功能作用都是为着维持系统总体稳态、调节系统的进展演替。但这种调节具有一定的限度，即构成系统整体的各因子在一定限度内调节着整体的动态平衡。在自然生态系统内是自我调节过程，在社会生产的生态经济系统内是自我调节与人类反馈过程的共同效应。也就是说，社会生产系统的耐受程度，是由生态系统耐受性和人类社会系统耐受性的集合。它的结果有三种可能：一是当人类所采取的各种调节手段与生态系统耐受性基本相符合，总体耐受性限度提高，功能增强，并且大于各个成分单独功能之和；二是当社会调节手段与生态系统耐受性有部分不适应，总体功能可能在各部分功能之和上摆动；三是当社会调节手段主要部分与生态系统耐受性不适应时，总体功能小于各部分功能之和。

耐受性限度的量究竟有多大？这是一个非常复杂的问题。在生态学中，耐受性实质是指某一生物种群在特定空间的容纳量，当种群个体数量增加超过一定数量后，由于环境资源的限制，种群个体死亡率增高，个体生长率下降，使种群又恢复到一定数量，这个一定的量就是耐受限度，常用罗吉斯蒂方程来表达。

（三）系统进化的不可逆性

系统进化的不可逆性，主要是指以生命为主体的系统。对自然生态系统来讲，系统的进化演替有可能沿着裸地—地衣苔藓植物—草本植物—灌木植物—乔木植物—顶级群落循环（旱生演替），顶级，不是群落演替的终点，而是新的演替的转折和开始。不仅旱生演替，就是中生演替和水生演替都是如此。人类无论作为生态学中自然的人，还是社会经济中的人，其进化过程也都是不可逆的。

专栏3.2 生态经济系统的分类

地球上最大的生态系统是生态经济圈。依据不同的经济特征，可以把它分为农村生态经济系统、城市生态经济系统、城郊生态经济系统和流域生态经济系统四大类。

1. 农村生态经济系统

我国农村人口占全国总人口的60%以上，耕地15～21亿亩，农业在整个国民经济中具有十分重要的基础地位和作用。随着农村经济的发展，农村生态经济也在日益向多样化方向发展，农村生态经济系统大致分为以下几种类型：

（1）农业（种植业）生态经济系统。它是属于第一性生产的系统，它的最主要特点是利用绿色农作物的光合作用，将太阳能转化为化学潜能和将无机物转化为有机物。农业（种植业）生态经济系统，是农村生态经济的基础，其他各种不同形态的农村生态经济系统都要在这个基础上才能建立起来。

（2）林业生态经济系统。它是指以经营木本植物为主的林业生产系统，它可分为自然森林生态经济系统和人工营林生态经济系统两大类。林业生态经济系统在农村生态经济系统中地位十分重要，对于保障农业生产和为畜牧业提供条件，对于保持水土、涵养水源、调节气候、有利水分和其气态循环，在充分利用光能生产林产品等方面，都具独特的不可替代的作用，是衡量一国生态环境的主要标准之一。

（3）畜牧业生态经济系统。它是以牧草和农、林等植物产品为基础的再转化二级生产系统。

（4）渔业生态经济系统。它是指以水生生物生产为主的生态经济系统，它包括海洋渔业生态经济系统和内陆水域生态经济系统两大类。

2. 城市生态经济系统

城市是一个典型的经济—生态有机系统，在这个系统中还可以分为三个不同级别的亚系统，即工业经济生产系统、高密度的人口消费系统、维护城市生态平衡的分解还原系统。这三大亚系统有着内在的特殊有机联系，经济生产系统是城市存在的经济基础，也是城市人口生存的物质条件；经济生产与人口生存不可避免地排泄废弃物，这又是还原系统存在的前提；反过来，城市人口高密度集中，如果没有人口和人口集聚，也就不会有城市，更不可能有工业经济生产系统；但如果没有生态分解还原系统，城市就有可能毁于垃圾、污水和臭气之中。因此，城市工业经济生产系统、高密度人口消费系统和城市生态分解还原系统三者相互作用、相互联系构成了一个不可分割的统一的城市生态经济系统。

续表

3. 城郊生态经济系统 这是既区别于城市又不同于农村的一种特殊生态经济类型，它的最大特征就是以城市为主要服务对象建立起来的农村生态经济系统。为城市服务，不仅包括通过商品交换为城市提供蔬菜、食品等生活消费品的内容，更重要的还包括非商品交换所接纳和处理城市排放的废弃物的内容。因此，有城市就必须有城郊，有多大规模的城市就必须有相适应面积的城郊与之配合。随着城市化迅速扩展和城市“三废”污染的加剧，城郊生态经济系统也日益显示出越来越大的作用。 **4. 流域生态经济系统** 流域生态经济系统视研究的范围而定，小的系统可指小流域，是一种比较简单的生态经济系统，流域内既可是单一的某种生态经济系统，或者是包括农、林、牧、渔等几种经济生产内容的农村生态经济系统；大的系统可以是在很大范围内既包括农村经济生产，又包括城市和城郊经济生产的综合性生态经济系统，如珠江三角洲流域、长江流域、黄河流域。

第二节　生态经济系统的要素配置与结构评价

一、生态经济系统的要素配置

所谓生态经济系统的要素配置，就是人类根据生态经济系统的构成、要素作用效应，以及由此给社会经济系统或环境系统所带来的后果，通过人类自觉的生态平衡意识，遵循一定的原则，利用科学技术、上层建筑（主要是行政干预和经济政策、经济计划等）、技术措施等手段，围绕一定的社会经济目标，对生态经济系统所进行的重新安排、设计、布局的活动。生态经济系统要素配置包括以下三部分。

（一）生物要素的调控

即对一定生态系统中的动、植物时空分布、数量、品种进行的组合。如根据生态系统的容量和阈限，对森林、草地、作物、人口、牲畜等进行增减、位移、变动，使它们的现存状态有利于达到该系统的动态平衡并取得最佳的经济效益。

（二）经济要素的配置

经济要素所包括的内容很广，泛指一定生态经济系统的人、财、物和信息。经济要素的配置，即对输入、输出该生态经济系统的资金、劳动力、机械、化肥、价格、产品及经济政策、经济信息、政策等进行过滤、选择和实施的活动。

（三）技术要素配置

技术要素输入是人类对生态经济系统驾驭能力的重要标志，它包括作用于一定生态经济系统的技术措施、技术设施、技术方案和技术决定。

由此可见，生态经济系统要素配置的内容和对象包括：生物要素、经济要素和技术要素，其范围包括宏观、中观和微观方面的活动。被配置的各要素具有三个显著的特点：①要素本身依时间、地点、条件而异，具有变动性；②在人类一定阶段的认识能力和科学水平下，具有可控性；③每个要素及其变动都或多或少，或长期或短期地从不同角度作用于生态经济系统，产生有益的或有害的效果，即具有效应性的特点。所以，人类对于生态经济系统要素的配置活动是在多种因素的动态序列中进行的，是一个社会经济、技术的系统工程。

二、生态经济要素配置结构的评价

如何根据区域结构特征及功能特征来判明区域生态经济要素配置结构的优劣？显然，其最终目标必须是由配置结构决定的，生态经济区域运动的现实效果有利于人类的生存和发展，即生态经济区域必须具有良好的生态效益、经济效益和社会效益。对系统要素的配置，是建立合理的系统结构，进而体现良好的系统功能的前提，国内已有不少学者对生态经济要素配置的理论与方法进行了研究。

时正新认为，平衡、协调、节约和优化是判定要素配置结构合理性的基本准则（1984）。何乃维、李小平在全面研究复合生态经济系统特性的基础上，提出了合理的生态经济要素配置结构必须面时具备三个重要特征，即结构的稳定性、功能的高效性和发展的持续性（1988）。是否具有稳定性、高效性和持续性特征是评价区域生态经济要素配置结构优劣的依据。

（一）稳定性

稳定性是指一个具有高效性的生态经济区域，当发生内部要素的变化和外部干扰时，并不改变要素之间的同类吸收、同域匹配、同序组合和同位集聚的结构特征的能力，及同时具有消除干扰继续保持其不断增长的高效性的能力。区域生态经济要素配置结构的稳定性特征表现在均衡性、复杂性和开放性三个方面。

（1）均衡性。所谓均衡性是指区域生态经济要素之间在质态、量态、时间、空间联系和制约上的平均。评价区域生态经济要素配置结构均衡性的标准是，各个区域生态经济要素之间的属性特征、规模特征、时序特征和布局特征是否相互适应，从而达到要素之间的同类、同阈、同序、同位组合状态。①林地、耕地、草地、水域等生物群落均具有良好的地貌条件、气候条件、土壤条件等；②产业部门的种类、规模、时序、布局特征与无机环境、生物群落和质、量、时、空特征相对应。如劳动力、技术、资金的投放结构与无机环境条件及生物群落状况相对应，充分合理的光热利用率、土地利用率、水资源利用率、有效灌溉面积；采伐量与生长量相对应；饲养周期与母畜生产周期相对应；工业生产与环境容量限制域相对应等；③社会群落的规模、布局与无机环境、生物群落及产业部门相适应。如人口规模、居民点的布置与淡水、绿地、耕地、产量相适应。

（2）复杂性。它是指各个区域生态经济要素之间联系的复杂程度。生态经济区域内部诸要素之间联系的复杂程度越高，那么区域就越稳定。生态经济区域的复杂性程度可以用变异度来衡量。生态经济区域的复杂性表现在：①要素（及因子）越多、越齐备则越稳定，例如“一业为主，多种经营”；②食物链（网）和投入产出链（网）越长、越复杂，则区域结构越稳定，例如多层次开发利用、深度加工等。

（3）开放性布鲁塞尔学派领导人 I. Prigagine 指出：一个远离平衡的开放系统，在外界条件变化达到某一特定的阈值时，量变可能引起质变。系统通过不断地与外界交换能量与物质，就有可能从原来的无序状态变为一种在时间、空间或功能上的有序状态，这种平衡状态下的有序结构，就叫耗散结构。耗散结构一经形成，就具有抗干扰能力，一般性的涨落（波动）会被耗散结构本身所吸收。生态经济区域作为一个远离平衡的开放体系，客观上也具有这种不仅仅是物理学规律所支配的从无序走向有序的特征，而且形成具有抵抗一般干扰的耗散结构。生态经济区域的开放性表现在：①对外人才、经济、技术交流，外出人才培训，引进科技人才，商品进出口，引进先进技术设备；②内外交通状况、区域间的铁路、公路、水运、航空状况，区域内的四通八达程度；③区域间河流的联系，物种（新的优良物种）的引进与转让等。

（二）高效性

高效性是指生态经济区域功能的发挥具有较高的效率，具体表现在物质循环的高效性、能量转化的高效性、价值增值的高效性及信息传递的高效性等。

（1）物质循环高效性的特点：①水体、空气和土壤不受污染，土壤肥力高、土壤侵蚀不明显；②废气、废水、废渣再循环利用率及资源综合利用率较高；③优质农、林、畜、水产品产量较高；④较高的投入产出率；⑤劳动力率高，劳动生产率、资金周转率较高；⑥运力与运量相适应；⑦人口自然增长率适度。

（2）能量转化高效性的特点：①光能、生物能、风能、地热能、水能、矿石能的利用率及转化效率较高；②能量置换率较高；③人均摄入能量达到并超过规定的标准。

（3）价值增值高效性的特点：①成本利润率、投入产出率较高；②总产值、国民收入、人均产值、人均收入连年递增。

（4）信息传递高效性的特点：①社会经济统计资料及科学技术数

据科学、全面、准确；②信息决策人员素质高，决策正确、灵活。

（三）持续性

持续性是指从动态发展来看，生态经济区域高效功能的持久维持和稳步提高，并允许系统有适当波动。与稳定性、高效性和持续性的优化特征相反，区域生态经济要素配置不合理，主要表现在以下几个方面：

（1）结构失调。首先，结构不均衡。例如，某些要素突然爆发或衰退，要素在时间或空间上过分集中。资源利用不充分或开发利用过度等。其次，结构单一，甚至缺乏必要的要素，如森林覆盖率很低，受教育的人较少，二元结构明显等。再次，结构封闭，与外界交往极少甚至孤立。

（2）功能低劣。首先，物质循环不畅，如污染严重，土壤肥力衰退，剩余劳动力得不到及时转移，交通运输紧张等。其次，能量转换受阻，如能量利用率、能量转化效率低下；再次，价值增值乏力，成本利润率低，人均收入低；最后，信息传递失灵，如不能根据区域结构和功能的变化做出正确的决策。

（3）发展不稳在区域运行和发展过程中，正常的物质循环、能量转化、价值增值、信息传递功能不能维持系统稳定，或经过剧烈波动后系统不能恢复。

稳定性、高效性和持续性是区域生态经济要素优化配置必须同时具备、缺一不可的三个特征。高效性以稳定性为基础，但稳定性又必须是高效性下的稳定性，持续性是生态经济区域的稳定性和高效性在动态发展上的综合特征。因此，区域生态经济要素配置结构的优劣必须以这三个特征为依据加以评判。

第三节　生态经济系统的配置方法

区域生态经济要素的合理配置是人们实现一定配置决策的具体途径。由于生态经济系统的范围不同，社会、经济、技术条件不同，经营目标不同，以及决策水平的差异，配置方法亦不尽相同。时正新将生态经济要素配置的方法归纳为宏观配置法、食物链配置法、增减配置法和数学配置法（1985）。何乃维、李小平则根据要素的属性特征，提出了相辅相成配置法、同阈组合配置法等（1988）。要构成一个结构稳定、功能高效并持续发展的生态经济区域，必须通过一定的方法使区域生态经济要素的配置在属性关系、数量规模、时间顺序和空间地域上有所规定，才能使要素之间彼此相辅相成，合理组合在一起。

一、相辅相成配置法

相辅相成配置法是指根据区域生态经济要素的同类相吸特性，选择那些具有相辅相成、互利共生关系的要素，使之有机地组合起来的方法。

（一）生物群落与无机环境之间的相宜配置

生物群落演替的规律表明，生物群落与无机环境之间是在相互适应、相互改造的过程之中向前演进的。因此，要实现生物群落与无机环境之间的相宜配置，可以从两个方面进行：一是依据无机环境特性来选择适宜的生物群落；二是改造或恢复无机环境条件使之适合生物群落。但是，就目前人类对生态经济区域的调控程度来看，改造无机环境具有很大的困难。相应倒是可以通过适宜生物群落的选定及配置，达到改造和恢复无机环境条件的目的。例如，在水土流失区采取植树种草等措施，当森林（绿色）覆盖率达到一定程度时，不仅遏制了水土流失，保持了水土，而且改善了气候、水文等无机环境条件。因此，生物群落与无机环境相宜配置的关键是要做到适地适作、适地适树、适料适养、适水适渔。

（二）产业部门与生物群落、无机环境之间的相宜配置

一方面是产业部门适应生物群落和无机环境的特点。例如，对生物群落和无机环境有较大依赖性的农业（农、林、牧、渔）、采掘业、环保业、交通运输业等，在一定的技术手段和水平条件下，应该宜农则

农、宜林则林、宜牧则牧、宜渔则渔、宜矿则矿。另一方面是改变生物群落，使之符合产业部门的需要。例如，在对加工制造业、商业、服务业聚集的城市地区就要注意和加强绿化。在市郊发展蔬菜、畜禽、乳蛋生产，以满足这些产业部门发展的需要。

（三）产业部门之间的相关配置

如果产业部门与生物群落及无机环境之间的相宜配置使人类决定了一个生态经济区域的主导产业部门，那么产业部门之间的相关配置，就是根据部门之间的投入产出关系，产前、产中、产后关系来决定一个生态经济区域的补充产业部门和辅助生产部门的。配置好主导产业部门的旁侧结构，使产业部门形成一种互助的彼此相关的关系。产业部门之间的相关配置。一方面要根据生物群落要素及无机环境的多用性和相关性特点，进行综合开发、综合利用、综合治理和综合保护。例如，对于以矿为主的伴生矿，除了开掘，利用主要矿种之外，对其他伴生矿元素也要加以利用，对林区的木材，除了木材之外，还应对树桩、梢头、树皮、刨花、边角料等加以综合利用，做到地尽其力，物尽其用。同样，对恶化的生态经济区域，在要素重组的过程中也应注意产业部门的相关配置。例如，水土流失区工程措施与生物措施相结合，治山、治水、治林、治田、治路相结合；矿区被破坏的土地、废石填沟与植树造林相结合，对排放出的废气、废水、废渣，处理利用与消除污染源及限制排放相结合等，这是从生物群落与无机环境特点出发来围绕主导产业部门而进行旁侧结构的相关配置；另一方面，要根据主导产业部门的原料需求、产品供给等关系，来建立服务于主导产业部门的交通运输业、商业、服务业及加工制造业等具有投入产出链特征的产业。例如，对牧区，不仅要注意肉蛋奶的生产，还应加强肉蛋奶产品的加工转化的增值能力、出口的开拓能力，以提高区域的复杂度、开放性。

（四）农村、小城镇、大中城市及城市郊区的相应配置

在那些生物群落、无机环境条件优越的地区发展起来的城市、集镇是生态经济区域中物质循环、能量转化、价值增值及信息传递最活跃、

最集中的地方。大中城市通过小城镇、城郊输给农村先进的技术、设备、人才、信息，为农村注入新的活力，带动农村的发展；农村则通过小城镇为城市提供丰富的原料和剩余劳动力。在这种连为一体、结成网络的生态经济区域内，要做到相应配置。首先，城市应该向农村传递先进的技术、工艺和设备，禁止或减少落后的、陈旧的设备的转移。杜绝城市污染向农村扩散。同时，城市自身的扩展要注意保护农村的耕地、水域等资源要素。其次，农村也应向大中城市、城镇提供适销对路的农村产品。这样，城市与农村相互促进、相得益彰，共同促进生态经济区域的繁荣和发展。

二、同域组合配置法

同域组合配置法是指通过界限和规定各个区域生态经济要素的合理规模，使生产规模、社会规模、环境容量及生物量（及其生长量）之间相互匹配，使丰富资源的优势得到充分发挥，短缺资源的劣势得到有效避免的方法。

（一）产业部门的规模必须适度

从产业部门在生产过程中与生物群落及无机环境的关系来看，后者不仅为前者提供了必备的原料、劳动资料、劳动对象，而且还作为活动场所给前者提供了立足的地方，前者也将物质和能量投入后者之中，促进生物的生长、发育、繁殖。因此，站在产业部门的角度，相对于生物群落要素来说，就是提取与给予的关系。我们假定产业部门对生物群落、无机环境的提取量与投入量分别为 M 和 S，生物群落的生物生长量及无机环境的各个因子的自我更新量分别为 G 和 V，并且 G、V 一定，那么，可分以下几种情况讨论。

(1) 只取不投：即 $S=0$，$M>G$（V），或 $M\leqslant G$（V）。当 $M>G$（V）时，其现实形态是生态经济区域的产业部门只顾森林砍伐、草地放牧、牲畜屠宰、作物收获、水域捕捞、矿藏滥采、废料排泄，而不顾及用林木栽培、草地管护、牲畜饲养、培肥地力、水体养殖、换代补给、综合利用、节约利用、回收转化等来保护生态，这样就使林木、草类、畜群、鱼群的生长量小于采伐量、屠宰量及捕捞量，生产规模大于生长限制阈；地力更新量、矿产资源的综合利用水平及换代补给量小于地力耗竭量、浪费量，生产规模大于环境容量限制阈。其结果是生态经济区域中生物群落的衰退、无机环境的污染及矿藏的大量浪费（换代补给问题似乎不是那么令人担心），显然这种做法是不可取的。当 $M \leqslant G(V)$ 时，即虽然产业部门的生产不对生物群落及无机环境给予投入，但是对这些资源的耗用量小于其生长量和自我更新量，这是一种自然型的生态经济区域。

（2）取大于予：即 $M > S + G(V)$。其现实形态是，采伐量大于生长量及植物总量、捕捞量大于放养量、矿产耗用量快于发掘量等，即生产规模阈大于环境容量限制阈和生物生长限制阈。显然，这也会导致生态经济区域的退化。

（3）取予相当：即 $M = S + G(V)$。其现实形态是生态经济区域产业部门的生产，一方面要注意植树种草、培肥地力、水产养殖、饲养牲畜（并与饲料供给量相适应），寻找矿产代用品并注意综合利用、节约利用、废料利用、废料循环转化；另一方面通过上述措施，使森林砍伐量等于栽种量及原有林木生长量之和。土壤肥力的耗竭等于投入的肥料量及土壤肥力自我更新量之和，即生产规模与环境容量限制阈及生物生长限制阈相当。那么，这对于一个不是劣化的生态经济区域来说是可取的，不仅具有生态效益，而且经济上也可行，因为 $M > S$。

（4）取小于予：即 $M < S + G(V)$。其现实形态是在生态经济区域内注意恢复植被、保护土壤、加强养殖、配备防污设备等，即生产规模不超过生物生长限制阈和环境容量限制阈。显然，这对于区域生态经济要素的重组来说，虽然初期的经济效益不显著，但是这有利于生物群落中动植物的生长和无机环境条件的改善与恢复。因此，这种做法也是可取的。

综合考虑上述生产规模阈、环境限制阈及生物生长限制阈之间的四种关系，无论是在一个初建或者一个重组的生态经济区域内，都必须服从 $M \leq S+G(V)$，并且要素重组只能是 $M < S+G(V)$，才能优化生态经济区域。因此，在调控生态经济区域，进行要素配置的过程中，应该确定合理的垦殖指数、采伐量、饲养量、屠宰量、采掘量和排污量，使产业部门的生产规模不超过环境限制容量和生物生长量。

（二）社会群落规模必须适度

首先，人口的规模要加以控制，这是显而易见的。因为，在一个特定的生态经济区域内，人口的增长必须与其赖以生存、享受和发展的土地、粮食、森林、草地、淡水、能源等资源相适应。如果人口过多，那么人均资源不足，这就必然一方面导致盲目扩大生产规模，使生态经济区域更趋劣化，另一方面又限制了人类自身的生存和发展。例如，中国人口过多并且集中分布在东南部，人均资源拥有量与世界平均水平相比严重不足，并且已经体现了人口作为重要原因之一的滥垦、滥砍、滥捕的现象。有人根据中国淡水供应、能源生产、乳蛋鱼肉供应、粮食生产、土地资源、人均收入、人口老化等因素综合考察，提出中国生态理想负载能力是7亿~10亿人（胡保生、王皖尘，1981）。其次，城市的规模也应适度。城市的规模过大不仅会导致城市大气、水质污染、垃圾排放量过多、交通拥挤、噪声增多、住房紧张、就业困难及犯罪严重等一系列“城市病”，而且不利于生态经济区域内农村地区的发展。所以，应该从生物群落、无机环境条件的特点出发，控制社会群落的规模，使人口、城市规模适度。

（三）发挥规模效益与消除“瓶颈”制约

在生产规模、社会群落的规模不超过环境容量限制阈及生物生长限制阈的前提下，对区域生态经济要素调控的同时应注意扬长避短，发挥规模效益和消除“瓶颈”，这是另一层意义上的适度规模配置。

美国经济学家 Paul A. Samuelson 指出：“规模的经济效果可以解释

为我们购买的许多物品都是大公司制造的。”（Paul A. Samuelson，1976）。虽然，人们主张控制产业部门的生产规模和社会群落的规模，但是在这一前提下（尤其是当作为资源的生物群落、无机环境较为丰富的时候），对区域生态经济要素的调控仍然要注意发挥生物群落或无机环境要素的优势，使产业部门的生产规模，以及社会群落的人口数量达到一定的程度，获得规模递增的收益——成本最低、盈利最多时的最优生产规模。如果前面谈到的产业部门生产规模及社会群落聚集规模，以及社会群落的规模不超过生物群落的生物生长限制阈和地理环境的环境容量限制阈，而更偏重于从产业部门要素及社会群落要素对生物群落要素及无机环境要素的开发利用角度来考察的话，那么，发挥规模效益则要把投入和产出两个方面综合起来加以考察，即达到产业部门内部及产业部门间人力、物力、财力、量上的合理聚集，达到在合理的城市规模和全球乡村规模基础上形成合理的城市与乡村结合的规模。

事实上，生态经济区域内诸要素对区域的贡献能力不是等同的，能力较差、规模最小的要素形成区域发展的“瓶颈”。因此，在要素优化配置过程中，应该消除“瓶颈”制约，达到要素之间配比阈下合理配置的规模效益。例如，对交通运输十分落后的区域应当积极开辟这种运输渠道，为搞活区域创造条件。

三、同步运行配置法

要使具有不同生态经济序的要素同步运行，必须合理确定各个要素的时序，使之相互一致，彼此呼应。同步时序的确定有四种类型和方法，即周期性时序链条的同步配置、食物链时序的同步配置、投入产出链时序的同步配置和时序网络的同步配置。

（一）周期性时序链条的同步配置法

根据不同的生物群落对象规定不同的产业（农业）生产周期。例如，与作物的生长周期、轮作演替结构、四季交替结构相适应，规定种植业的播种期、施肥期、休闲期及采收期；与果树的大小年结果周期、林木的更新成熟周期相适应等，规定相应的林业生产周期、轮伐期（回归年）及封山育林期；与畜龄结构、家畜利用年限相适应，制订相应的畜禽生产周期及役畜使用时间（季节）计划；与草原、草地、草场的生长季节性相适应，确定相应的放牧期和轮牧期；与鱼龄结构相适应，制订相应的养鱼周期及禁渔期等。要使产业部门（农业）生产周期与生物群落中动植物生长、发育、繁殖、衰亡的生命机能节律同步协调、相互配合，就必须做到起步时点，运行速率及终止时限的一致性。

（1）起步时点的一致性。不同的动植物有不同的出生（发芽、出苗）时间、季节，产业部门（农业）生产周期的开始也必须与之适应，做到同时起步。这又包括两种情况：一是产业部门（农业）的起步时点与生物群落中动植物的生命机能活动时点的正点具有一致性（例如播种行为）；二是情况是产业部门（农业）的起步时点的超前（例如苗期基肥的施用，必须在播种之前完成，这也是起步时点的一致性）。

（2）运行速率的一致性。产业部门（农业）的劳动力投放、施肥供应、电力分配、农药使用、机械选择等的配备，也要与动植物生长、发育、繁殖的速率相适应，使得劳动时间与生物的自然生长发育繁殖相吻合。例如，南方稻区“前稳、中攻、后补”的施肥方式，就是在前期底肥充足、基本期稳定的基础上，在中期增加追肥量以促进第二枝梗分化和颖花分化，后期看苗补施“保花”“增粒”肥。浙江省嘉兴地区农科所（1974—1977）就是用此方法获得“广陆矮4号”过千斤高产水稻品种的（许昌惠等，1982），这是根据植物的前、中、后期的生长、发育状况来决定相应农业生产前、中、后期的施肥速率、方式的良好例证。

（3）终止时限的一致性。根据边际均衡原理，要素投入的适合点及最大收益值的获得是在边际收益刚补偿了边际成本的时候。因此，一旦 MR = MC（边际收益 = 边际成本），即在产业部门（农业）与生物群落相吻合的速率向其投入最后一个单位的物质、能量的成本，与其获得的增产量的收益相等时，那么产业部门（农业）与生物群落在时间上的配合运行终止，即终止时限的一致性。例如，畜禽在饲养期内随饲养时间的推移，生产函数曲线呈 S 形（即畜禽生产性能在其生长发育期内随着时间的推移呈现由低到高，又由高到低的变化）。因此，对于主要提供肉、乳、蛋等产品的畜禽，在畜禽饲养周期内就应根据边际收益与边际成本相等的原则，确定屠宰、出售的期限，至此，畜禽生产周期也告完结。又如，树木或林木在其自然生长期内，其材积平均生长量也呈 S 形，那么，用材林的砍伐就应以目的树种的平均生长量达到最高值时的时间为终止的时限。至此，也完成了一个林业生产周期。

（二）食物链时序的同步配置法

一要使生物群落的生命机能节律与无机环境的变动节律相吻合。这又包括两个方面：

一要使生物群落的生长、发育及繁殖节律适应无机环境的光照、温度、热量、降水节律。例如，高粱的播种、出苗、拔节、抽穗、开花、成熟的适宜温度分别是 12℃（地温）、20～25℃（气温）、20～25℃（气温）；马尾松的造林适宜季节是雨水至春分；水杉的造林适宜季节是立冬至大雪，雨水至春分；苹果适宜在冬季 9℃下低温有 2～3 个月的地区生长、发育等。根据这些特点就应把它们分别配置在相应的季节和地区，使人工改造无机环境的节律变化，适合于生物群落的生命机能节律。如利用温室、塑料大棚、阳畦等设施消除温度降低对植物生长、发育的影响，从而使生物生长、发育的季节延长，这也是两种不同生态经济序的要素通过人工调控，合理配置之后的时序组合达到了同步状态。由于生物生长要以无机环境的元素为养料，所以，称之为食物链时序的同步配置。

二要使具有不同生命机能节律的生物群落之间，以食物链次序进行同步配置。例如，一个湖区在要素配置的时序上，首先，发展以湖区为主体的水体农业；其次，可以利用耕地的农作物群落、林地的森林、果树群落，以及水域的鱼类和水生植物群落之间存在的供求关系、连锁关系及限制关系，相继配置防风林、防浪林、作物、畜禽等生物群落。使水域、林带、农田、牧场之间水陆结合、互利共生。

（三）投入产出链时序同步配置法

由于各个产业部门自身生产所必需的因子（如劳动者、资金、物资、技术等）有其不同的生存、组合、运行的规律，要达到产业要素之间同序组合、同步运行的目的，就要按照产业部门之间客观存在的投入产出链关系进行配置，使之同步协调。例如，在一个以农业生产为主的区域，在农业生产起步之前，就要做好产前、产后部门的准备。如农业机械、化学肥料、农机、能源等产品要及时首先供应，处于“临战”状态，当一个生产周期终结之后，又要及时地把农副产品进行加工、贮藏、运输、销售，产后产业部门的起步也要随之衔接上来。这样，就达到了产前、产中、产后产业部门之间以投入产出关系连接起来的时序上的协调运行。

（四）时序网络的同步配置法

一方面，从单个产业部门与单个生物群落及无机环境之间的时序配置来看，起步时点的一致性、运行速率的一致性及终止时限的一致性，不过是描述了单对区域生态经济要素的长期配置中的要求之间结合—运行—分离的一个短周期而已。因为区域生态经济要素之间无时不在进行着物质循环、能量转换、价值增值和信息传递，无时不是耦合在一起运行的，各个配置周期之间总是此起彼续，此止彼起、相互衔接的。因此，单对区域生态经济要素同步配置的周期性链条实际上应该是起步—运行—终止—起步—运行……。另一方面，从所有的区域生态经济要素之间的时序配置来看，不仅仅有单对要素同步配置的周期性链条的存在；而且，由于要素之间复杂的食物链（网）及投入产出链（网），从而形成了所有区域生态经济要素之间交错、叠合、复杂的时序网络，这个时序网络是起步［运行（终止）］—运行［终止（起步）］—终止［起步（运行）］—起步［运行（终止）］……。这同样要求我们搞好在周期性链条同步配置和食物链投入产出链同步配置基础上的所有区域生态经济要素长期性的时序网络的配置。只有这样，整个生态经济区域的时序网络才会有条不紊，整个生态系统区域才会有节律地运行，区域结构才会表现出在具有均衡性、复杂性、开放性基础上长期高效发展的持续性。

达到时序网络配置的关键是要以在生态经济区域优势生物群落及无机环境的生态经济基础上建立起来的产业部门、行业部门为先导，按照该产业部门的生态经济序来使其他产业的生态经济序与之组合，即先建立骨干主体，然后辅助产前、产后产业部门。

四、立体网络配置法

将各个区域生态经济要素布局在适宜的地域空间，使各个要素具有合适的生态经济位，要素之间的空间关系上呈现立体网络格局形式。

（一）生物群落之间立体配置及边缘效应的运用

一方面，在林地、耕地、草地、养殖场、水域、庭院内部进行垂直分层格局式的各个要素内部因子的配置，达到对光、热、水、气的充分利用，使各个因子互利共生。例如，在林地内部，把山区、丘陵地貌下的山顶、山腰和山脚结合起来；乔、灌、草间套作；林、茶间套作；林、药、菌间套作；林、草、畜、禽结合；平原、沙漠地貌类型下的农林套种；林、茶、药结合；林、草、畜结合，如河南农桐间作物网内的小气候较非间作区有明显改良。作物产量、林木材积及经济效益都有明显提高（李若璋，1987），在耕地内部，稻、林间套作，稻、藕、鱼套养，绿肥、秧、油菜间套作，高低搭配等；在水体内部，上中下分层养鱼，鱼虾、鱼鳖混养，藕苇混植；在庭院内部的果木、葡萄、瓜豆、蔬菜、花、牛马鸡鸭猪羊猫的立体种养业配置等。另一方面，在水平散布的平面上，根据生态经济区域的林地、耕地、草地、养殖场、水域、庭院等生物群落之间的供求关系、限制关系，将它们配置在合适的生态经济位上。进行适度、合理的聚集，达到对资源的循环利用、土地的合理利用。首先，要根据土地资源（气候、地貌、岩石、土壤、植物和水文等因子的自然综合体）的特点及生物群落的特征，使之具有合适的生存及开拓的环境。例如，在坡度大于25°的山地，就不适宜垦殖，而应该作为林地；湖泊水域，就不适宜围湖造田作为耕地，而应该建立渔场。使各个生物群落有合适的生态经济位是立体网络配置最重要、最关键的一环。其次，在各个生物群落有合适的生态经济位的基础上，使林地、耕地、牧场、渔场及庭院之间在空间和地域上相互配合，有利于物质、能量及信息在空间上的相互交换和传输，以减少空间交换和传输上的损失。将具有垂直分层格局的各个生物群落之间在水平面上纳入更为广泛的再循环、再利用、再增值的立体配置格局之中，使耕地、林地、草地、养殖场、渔场及庭院之间互相促进、相得益彰。例如，我国南方较为广泛发展的“桑基鱼塘”农业生态模式就是各个生物群落之间在空间上的立体配置模式——塘泥培桑、蚕粪喂鱼；又如，被誉为中国生态村的北京留民营村，在鱼塘、菜地、林木、果园、畜禽、加工厂、微生物（沼气）、村庄院落之间实行了立体网络配置，实行物质循环利用、能量高效转化、价值多次增值，获得了异常高的经济效益和生态效益。

在各个生物群落的交错区，不同的生物群落集聚在边缘交错地带会出现物质循环、能量转换、价值增值和信息传递效率特别高的边缘效应。因此，在生物群落要素空间配置的过程中，也应该注意发挥边缘效应的作用，使耕地与养殖场之间、林地与耕地之间、耕地、林地、养殖场、渔场与庭院之间在空间上很好地渗透、衔接，达到作物借林木之利增加产量，林木借畜禽之利增加材积，果品、畜禽因作物丰产增加肉、蛋、奶，庭院绿阴而环境优美的效果。

（二）农业（采掘业）、加工制造业、建筑业、商业、服务业之间的立体配置与集聚效应的运用

各个产业、行业部门依其投入来源和产出流向，在空间地域上有不同的布局、指向规律。按照这种布局，指向规律配置各个产业部门要素，使之有合适的生存和发展的生态经济位。例如，受资源（来源于生物群落和无机环境的动物、植物、矿藏、能源、燃料、动力等）指向约束的行业部门有林业、牧业、渔业、采矿业、冶金、石油、钢铁、化工、建材、水电、制糖、罐头、乳肉水产加工、纺织、缝纫、制药等产（行）业。将它们分别配置在动植物矿藏、燃料、动力、原料、劳

动力等资源丰富的地区；受市场（消费）指向约束的行业如硫酸、食品、日用品、家具、专业设备等，应将它们配置在消费区。虽然产业、行业部门的资源指向约束和市场指向约束并不是绝对的，还受到其他因素的修正（如行为学派、社会学派对资源和市场对产业、行业的主要特性并不以为然），但无论如何，综合考察诸多因素对产业部门指向约束的影响，是达到立体配置产业部门要素的第一步。另外，从空间位置关系上看，农业、采掘业、环境保护业、加工制造业、建筑业、商业及服务业等各大产业不过是位于生态经济区域内以开发、利用、保护、治理生物群落要素、无机环境要素的农业、采掘业和环境保护业为起点的投入产出链（网）的各个结点上，因此，也必须依据投入产出关系使各个产业、行业部门之间在空间和地域上达到立体组合状态。例如，在农业、加工业、商业具有合适的生态经济位的基础上，进行同位集聚，实行农工商一体化，产供销一条龙配置。在空间地域上的投影便是立体配置，同样也应该将开采、加工、运输、销售、能源、建筑、科研、服务等在空间上统筹安排，立体配置。

运用集聚效应的原理，以生态经济区域内的主导产业、行业为骨架，然后依照各产业的指向、区位规律及其之间的投入产出关系在空间地域上展开乘数效应，通过产业部门的立体空间配置，达到对资源从空间上充分利用、物质循环利用、能量高效转化、价值多次增值、信息迅速传递的目的。但是产业部门在空间上的集聚不能过分集中、臃肿，分散反而有利于空间结构上的均衡，有利于避免过分集中所带来的资源供给不足和环境污染严重等问题。

（三）农村、小城镇、大中城市之间的立体配置

作为大中城市、小城镇、乡村实体的建筑设施，其合适的生态经济位都应是地势高爽、绿阴掩映、交通方便、靠近水源、地质较好的地方；由大中城市是生态经济区域内社会群落要素的中心环节，它与小城镇乡村之间是点面关系，并非孤立地存在，一方面它本身在地域、空间上不断地向外扩张；另一方面，它又吸引周围地区的小城镇、乡村向它

靠拢，形成大中城市—小城镇—乡村立体组合格局。因此，在生态经济区域的调控过程中，应以大中城市为中心实行立体配置。首先应控制大城市空间的过分扩大，开发大城市的地下、地上空间。形成大城市的上、中、下垂直分层格局。同时积极地把大城市的居民、企业单位向中等城市、卫星城疏散，从而使社会群落内的各个因子（居民、企业、事业等）在生态经济区域内比较均衡地分布，这也符合边缘效应的原理，因为城镇作为大城市与乡村的纽带，事实上处于城市社会群落与农村社会群落的边缘交错地带。

（四）所有区域生态经济要素的立体网络配置

生态经济区域内的各个要素在地域空间上是相互关联的。因此，对所有的区域生态经济要素必须进行因地制宜、统筹兼顾、合理布局的安排，建立融洽的生态经济区域立体网络结构。整个生态经济区域的立体网络结构表现在：分布在地势高爽、交通发达、水源便利点上的第二、第三产业大量集中的城市社会群落，与区域内成面带片的，同林场、农场、牧场、渔场融为一体的，以第一产业为主的农村社会群落之间；依靠交通运输网，凭借中、小城镇交互进行产业部门之间、农村与城镇之间、生物群落这间、产业部门、社会群落、生物群落及无机环境之间的物质循环、能量转换、价值增值及信息传递，形成点—线—网—面一体的立体网络结构。最后通过城乡一体化出现具有均衡性、复杂性、开放性的稳定结构。配置空间立体网络结构，一方面，应依据生物群落要素与无机环境要素的地域空间的分布来配置与之相应的产业部门与社会群落。例如，应使林果业配置在山地丘陵地区，种植业配置在平原地区；而污染物质排放量大的行业、工厂不应建立在居民稠密区、水源保护区、城市上风向及风景游览区；农村、城镇居民点应配置在地势高爽、绿树掩映、交通发达、水源便利的地点（区）。另一方面，根据社会群落的空间布局来配置生物群落。譬如著名的“杜能圈”[受 $P=V-(E+T)$ 支配，其中P为利润；E为成本；V为价格；T为运费]。它反映了这一规律：以城市为中心由近及远分别配置蔬菜、奶牛、薪炭林、集约性谷物业、休闲性谷物业、农业、畜牧业。

相辅相成配置法、同阈组合配置法、同步运行配置法以及立体网络配置法，分别从区域生态经济要素的属性关系、数量规模、时间顺序和空间位置等四个侧面做了规定，然而事实上，在对一个现实的生态经济区域进行调控的过程中，必须要同时运用这四种方法。

第四节　生态经济系统的组合功能

生态经济系统是生态系统和经济系统相互作用、相互交织、相互渗透而构成的具有一定结构和功能的复合系统。它是一切经济活动的载体。任何经济活动都是在一定的生态经济系统中进行的。城市生态经济系统的组合功能如图 3－3 所示。

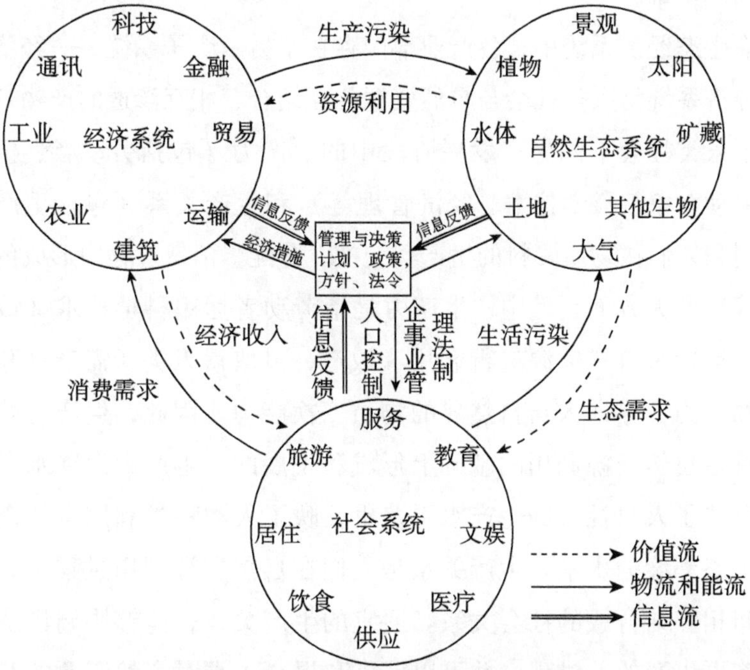

图 3－3　城市生态经济系统的组合功能

在生态经济系统中，自然资源组成其子系统——生态系统的实体。它由生物资源和非生物资源两大部分组成。其中，生物资源中的生产者，通过光合作用把无机物转化为有机物，贮存于植物体中，成为人类和动物的食物来源，也是轻工业产品的重要原料。绿色植物这种固定太阳能的过程称为第一性生产过程。由于绿色植物在进行光合作用时，又能不断地繁衍后代，并保证其生产的延续性，因此，生物资源是一种再生资源，如果用之得当，可取之不尽，用之不竭；动物（又称异养生物）是“消费者”，它可以从植物体中获取营养物质，并将排泄物归还于非生物环境，使之进入下一个再生产过程；微生物是“分解者”，它能将动、植物的残体和排泄物加以分解，还原为各种营养元素，使其回到土壤和空气中再供植物利用。自然界的植物、动物、微生物与周围环境之间所进行的生产、消费和分解的物质循环和分解的物质循环和能量转化过程，为人类社会提供了各种物质产品和生态效益，为社会生产准备了物质基础。

在生态经济系统中，各产业部门存在于另一个子系统——经济系统中。经济系统是人类社会与自然资源相互结合、相互渗透的产物，综合表现了人类社会不同生产发展阶段中的生产力（包括劳动者、生产工具、劳动对象、科学技术、经济管理等）和生产关系（包括生产资料所有制和人们在物质资料的生产、交换、分配、消费过程中形成的相互关系等）两大方面。其中，生产力是指劳动者运用科学技术（或使用生产工具）对自然资源进行利用和改造，以取得人类所需产品和生态效益的能力，亦即人与自然界的物质变换能力。因此，生产力的发展水平是在自然资源利用的基础上形成和发展的，生产力发展水平的高低既反映了人类社会的生产水平，也反映了人类科学利用自然资源和保护生态环境的水平。生产关系是人们在自然资源利用过程中，人与人之间相互结合成的社会关系。适宜的生产关系，能够协调经济系统的经济再生产的总过程，并可以促进和提高人类对自然资源的开发利用能力。总之，人类社会的物质再生产过程，就是自然再生产和经济再生产相结合的过程，是人们通过有目的的活动，改变自然资源的形态和性质，形成能够满足人们需要的产品和生态效益的过程。这就是说，任何社会的经济再生产过程，都离不开自然资源的利用（包括直接或间接利用）和消耗，也是在一定的生态环境中进行的。人们通过各种科学技术手段，直接或间接地向自然生态系统输入人力（劳动力）、物力（生产资料）和财力（资金），再通过自然生态系统的物质循环和能量转化过程，输出社会所需的物质产品；然后又通过交换、分配和消费等过程，转化成货币、资金、物质资料等，再重新输入自然生态系统以补偿其输出的物质和能量。自然生态系统的生产者、消费者、分解者与经济系统的生产、分配、流通、消费的再生产过程紧密结合，相互渗透，从而推动着行业、企业、产业部门和人类社会物质再生产的不断循环。这里，自然生态系统通道资源为经济系统提供物质基础，经济系统又为生态系统和自然资源的开发利用和保护创造条件。

由此可知，生态经济系统的运行过程，其实质就是人类有目的的开发利用生态系统和自然资源的过程，是使自然资源各要素实现合理配置、科学利用的过程。生态经济系统这一客观经济范畴的存在，使人们明确地认识到，人类社会的经济增长和物质财富的增加，并不仅仅是人类经济活动的结果，也是经济循环和生态循环综合作用的结果，是经济上的生产、分配、交换、消费和自然资源各要素的合理布局、配置、利用、消耗，紧密结合、相互渗透、相互制约的结果。生态经济系统运行客观规律的存在，要求人们在发展经济的过程中，一方面要研究制约生产发展的经济因素，并遵循经济规律；另一方面还要研究制约生产发展的生态因素，并遵循生态规律，把社会经济再生产视为社会、经济、生态的统一整体来研究，并采取综合性措施与对策。与此同时，还要充分地认识到生态平衡是经济平衡的客观基础，只有生态平衡下的经济平衡，才是社会经济效益最优的平衡。因此，这就要求人们在发展经济的过程中，不能再把生产发展建立在贪婪地索取自然资源、大量地消耗自然资源的基础之上，使自然资源长期处于被强度开采和超负荷的状态。正确的生态与经济的协调发展战略，既不是把生态凌驾于经济之上，也不是把生态置于经济之下，而是两者的相互渗透、相互作用、互为条件、互相条件、互相推动的发展，真正做到在经济发展中保护资源、保护环境，在科学利用资源，改善生态环境中促进经济发展。

第五节　生态经济系统的配置原则

由于生态经济区域的优化特征是结构的稳定性、功能的高效性及发展的持续性的“三位一体”，那么，区域生态经济要素合理配置的标准只能是稳定性、高效性和持续性三大优化标准。

人类通过要素配置对生态经济区域的调控从来不是随意的，必须遵循一定的原则。由于人类对生态经济区域的调控是通过配置合理的结构进行的，因此，从要素组合方式的四个侧面看，区域生态经济要素的配置应遵循互利共生原则、适度规模原则、同步运行原则、立体布局原则和最大功率原则。

一、互利共生原则

由于区域生态经济要素之间存在着互竞、互补及互助三种关系，区域生态经济要素之间具有同类相吸的特性。从而使生态经济区域表现出诸要素特有属性组合的结构形式和功能特征，这就说明针对生态经济区域的调控过程，必须消除要素之间的负相互作用、互竞和异类组合、趋利避害，从而使要素之间在属性上相互协调，彼此相依，形成一种互利共生的组合格局。

坚持互利共生原则的关键就是在对区域生态经济要素进行初建或重组过程中，既要考虑资源导向，又要适应市场导向；既要选择比较利益最大的产业、行业，又要做到因地制宜、因物制宜，做到综合开发、综合利用、综合保护。比较利益最大化是指在产业部门与生物群落及无机环境要素配置之后，区域具有在生态效益和经济效益基础上良好的社会效益。虽然生态效益和经济效益既有统一的一面，又有对立的一面，但是大量事实表明，生态效益与经济效益从根本上是一致的。例如，对一个水土流失严重的生态经济区域实施要素重组，植树造林、种草等措施，在短期内付出很大的代价，经济收益也不大。而某些工厂将废弃物不经过任何处理直接排入河流，虽然经济效益较高，但是从整个系统来看，不仅生态效益差，而且经济效益也低。对一个矿区进行要素初始配置，有可能开始时生态效益较低，但是如何注意在开掘矿藏时能及时地对矿区土地资源进行保护，恢复植被，那么矿区也同样具有良好的生态效益和较高的经济效益。

互利共生组合格局的形成，将会达到产业部门之间、生物群落、无机环境与产业部门之间的和谐协调，达到城市与农村，以及所有要素之间的和谐协调，使之既具有适合的丰富的生物群落及无机环境要素作为牢固的基础，又具有抵抗市场冲击的能力。从而形成一种均衡的、复杂多变的、开放的稳定结构，提高区域物质循环能量转化、价值增值和信息传递效率。

二、适度规模原则

人类不能停止生存，就不能停止消费，同样也不能停止生产。生产必须连续不断地进行。社会生产的规模是日益扩大的，这是因为科学技术在不断地发展并渗透于生产过程之中，不仅为社会生产规模在广度上的拓宽提供了可能，而且，社会生产规模深度上的深化也是以科学技术的应用为主导的；人们生活水平呈刚性的提高及人口增长为社会生产规模的扩大提供了必要性。社会生产规模的扩大表现为产业部门生产规模、社会群落的人口数量及空间体积的增长和扩大。然而，只有一个地球，任何一个生态经济区域都是有限的，既区域内部生物群落的动物、植物、微生物、无机环境的光、热、水、气、土、矿等的拥有量都是有限的。因此，在既定技术水平下的环境容量、生物生长量都是有限的。对以生物群落及无机环境为资源和生存条件的产业部门和社会群落规模的扩大与其对资源和生存条件容量、生长量的有限性之间的矛盾的处理，要求我们必须坚持适度的原则，即一方面生物群落生长量在无机环境容量一定的条件下，通过要素配置使产业部门和社会群落的规模在一定的限度之内；另一方面，要素配置必须注意扬长避短，发挥优势，消除“瓶颈”限制。

三、同步运行原则

我们知道，生态经济区域内部，生物群落的各个因子——动物、植物、微生物的生长、发育、繁殖、死亡的生命机能节律、无机环境的年循环、日循环的环境变化节律，以及产业部门的生产、流通、贮藏、空闲节律和劳动力、资金、物资的生长、运行速度是存在差别的。当这些生态经济要素组合在一起，形成具有一定稳定性结构的生态经济区域时，它们的运行节律和速率（即生态经济序）必须同步，否则就会乱套。因此，在区域生态经济要素配置过程中，时间上应坚持使各个要素的生态经济序同步的原则，即达到要素组合的同步状态。

四、立体布局原则

所谓立体布局原则就是当生态系统内各个因子之间（如光、热、水、土、动物、植物、微生物）在空间上呈现立体网络格局时，生态系统的结构稳定性最强，物质循环、能量转化及信息传递最优的原理。把它运用于生态经济区域的人工调控过程中，依照生态系统的立体网络格局来配置生态经济要素，使得各个要素之间在空间地域上相互依存、彼此协调、互利共生，做到林粮结合、林牧结合、水陆结合、乔灌草藤结合；上游、中游和下游结合，山顶、山腰和山谷结合，山区、丘陵和平原结合；农林牧合理布局；农工商运用合理布局；农村、集镇和大中城市合理规划，从而形成生态经济区域的立体网络结构。

五、最大功率原则

根据最大功率原则对生态经济系统进行设计和对要素进行配置，使系统能够满足一切所需，以产生最大功率。这就要求在构建生态经济区域时做到：①构建贮存高品质能量的系统；②由贮存能量、物质的系统研究，反馈物质、能量至外界系统以增加外界能量的流入；③使物质得到循环利用；④建立控制功能，使系统稳定；⑤与系统外交换不同类型的能量、物质，遵循能量投入的搭配原则；⑥对外界环境系统有益，使自身处于有利条件之中。

第四章　森林生态经济系统

森林生态经济系统是森林生态系统和林业经济系统共同组成的复合系统，它是人类劳动与自然资源相契的产物，是一个客观存在的实体，并有其自身发展、变化、运动的规律。认识森林生态经济系统的目的在于把握森林生态经济发展和变化的客观规律，从而为人类的生存与发展，为社会经济的持续发展创建一个永久的森林支持系统。

第一节　森林生态经济系统概述

森林生态经济系统是森林生态系统是在人类社会的历史进程中形成和日益完善的，因此，森林生态经济系统必然包含森林生态系统和以人类社会为主体的经济系统。在认识上，我们可以将组成森林生态经济系统的两个子系统加以分割，但在实际上是不可分割的整体。

一、森林生态系统

生物有机体和生活环境是一个统一体，它们彼此互相联系、互相影响、互相依存和互相制约，两者相互作用所产生的一个相对稳定的系统就是一般所说的生态系统。英国生态学家坦斯利（A. G. Tansley）基于他长期对植物群落的研究，在总结前人研究成果的基础上，并吸取了欧洲当时流行的物理学概念——“系统”来予以概括。他在 1935 年的著作中指出：“生态系统的基本概念是物理学上使用的，“系统”整体，这个系统不仅包括有机复合体，而且也包括形成环境的整个物理因子复合体。”坦斯利认为：“只有我们从根本上认识到有机体不能与它们的环境分开，而与它们的环境形成一个自然生态系统，它们才会引起我们的重视。”

所以，从系统科学的观点看，生态系统就是在一定时间、空间内，由生命系统和环境系统组成，并通过两者不断的物质循环与能量流动的相互作用而形成具有一定结构和功能的有机整体。生命系统是由植物、动物、微生物组成；环境系统就是自然界的光、热、水分以及各种无机元素相互作用所共同构成的空间；而生态系统则显然是生命系统和环境系统在特定时空条件下的结合。从这种意义上讲，地球表面的每一部分都是一个生态系统，如一片森林、一块农田、一条河流、一个城市等都是不同的生态系统类型，因此，生态系统是适用于任何范围或任一等级的一个很广泛的概念，小到只含几个藻类细胞的一滴水，大到生物圈。小的生态系统结成大的生态系统，简单的生态系统组合成复杂的生态系统。

以我国东北红松林森林生态系统为例，该森林生态系统中无机环境分为光照、温度、水分、空气和土壤等环境条件，在这里生活的植物种类主要有红松（*Pinus koraiensis*）、紫椴（*Tilia amurensis Rupr.*）、糠椴（*Tilia mondshurica Rupr.*）、槭树（*Acer L.*）等乔木，还有各种灌木、藤本和草本植物，动物中有东北虎、黑熊、梅花鹿、野猪，还有小型动物如哈氏蟆、蟾蜍、蛇、鸟和昆虫等，森林中还有许多细菌和真菌。乔木、灌木和草本等绿色植物通过叶子中的叶绿体吸收太阳能，把水和二氧化碳合成碳水化合物，将光能转变成化学能。森林中的其他成员，如梅花鹿、狍子，野兔等以草、树叶和嫩枝为食，并被狐鼬和黑熊等所捕食；昆虫以草、树汁、树叶等为食，继而被哈氏蟆、蟾蜍、鸟类所捕食；哈氏蟆、鸟类又被蛇和鹰捕食，灰鼠、松鼠等以红松种子为食，它们又成为黄鼠狼、紫貂的食物。所有这些动植物的枯枝、尸体又被细菌和真菌分解，使复杂的有机物变为简单的无机物再回归到土壤、大气中，供植物重新利用。在这个系统中，森林不仅给动物提供了食物和能量，还为动物提供了栖息地和庇护所。森林中所有生物都是直接或间接地相互联系、相互依赖的，如图 4－1 所示。

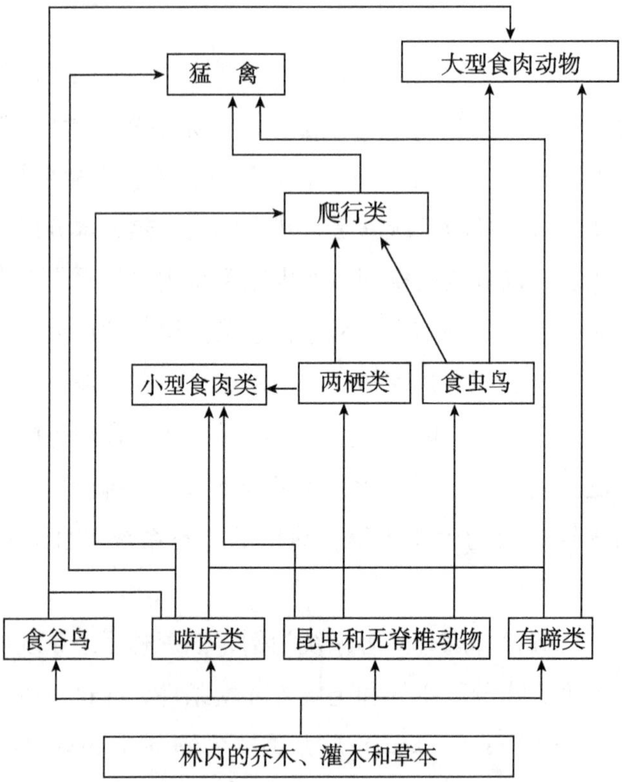

图4－1　红松林食物链关系图（参考赵惠勋等，1990）

二、林业经济系统

林业经济系统是指人们在林业生产过程中，内部各组成部分，各经济成分在各地区以及生产、分配、交换和消费和各个环节上的相互联系、相互作用和相互制约的复杂系统；是一定生产力水平和生产关系和在林业部门中的表现。这里，生产力是指人们通过科学技术或使用生产工具对森林生态系统的利用和改造，以取得人类所需物质产品和非物质产品的能力，它反映了林业的生产力水平和人类改造自然和利用自然的程度。在生产力诸要素中，劳动者是生产力的主导因素，是生产过程的主体，既是生产者又是消费者，随着科学技术的不断发展，生产力中人的因素将变得越来越重要。生产工具是人们利用、改造森林生态系统的物质条件，是社会生产力发展水平的主要标志；劳动对象是从事生产不可缺少的条件，森林资源是林业的劳动对象，随着人类智力的增长，生产工具的改进，市场的开拓，森林资源乃至于森林生态系统的开发能力将得到进一步的增强；科学技术是社会生产力发展的动力，当今世界科技进步日新月异，也推动着林业生产力的迅猛发展；林业经济管理则是通过人的智力将科学技术与林业生产力诸要素进行合理配置，以提高生产效率的手段。即是说，林业生产力的发展需要一定的条件，这些条件也就是经济系统构成的重要因素。生产关系是指人们在生产活动中，人与人之间结成的社会关系及其关系系统。而构成这种社会关系系统的要素是生产、交换、分配和消费。在社会再生产总过程中，生产是起点，消费是终点，而交换和分配则是中间环节，四者相辅相成，构成了经济系统中经济要素的重要内容。

系统内要素之间的联系可以是单向的，也可以是双向的，还可以通过第三者来传递。

林业经济系统作为统一的整体，并具有一定的功能，都是通过要素之间的联系来实现的，经济系统中各要素之间的联系可以通过计划而形成，也可以在市场机制下自发形成，计划与市场都是实现要素联系的手段。

三、森林生态经济系统的概念

森林生态经济系统是指由森林生态系统和林业经济系统相互作用、相互渗透、相互交织组成的，具有一定结构和功能的复合系统。抽象地说，森林生态经济系统是由森林生态系统和林业经济系统两大子系统组成。森林生态系统和林业经济系统在认识上可以抽象地加以分割，但实际上是不可分割的。森林生态经济系统总体结构模式如图4－2所示

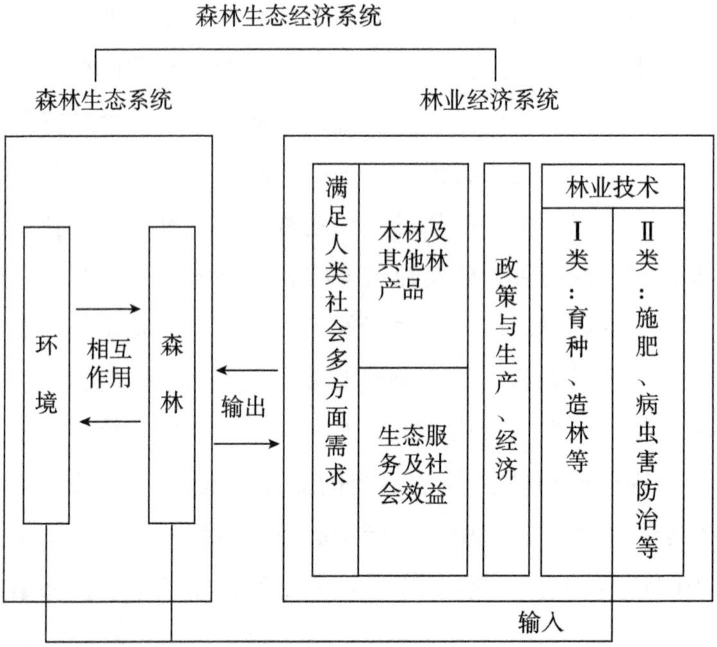

图4-2　森林生态经济系统总体结构模式图

（参考张建国，1995）

森林生态经济系统的形成是有其必然性的。林业经济活动必须在一定的自然空间进行，并且依附于森林生态资源的供给，自然为林业生产活动提供了材料，而人类的经济活动把一些材料转化为经济产出。人类具有自然的人和社会人两种属性，作为自然人是森林生态系统的消费者，而作为社会人又成为自然的主宰，主宰的含义即是在认识自然规律的基础上去驾驭它，而不是任意所为。

人类的活动不是给森林生态资源形成正面效应，就是产生负面效应。在木材利用原则指导下的林业，人类曾经仅以自然森林资源的消费者身份出现，在人类历史的长河中，随着自然对人类惩罚教训的积累，加之在市场机制的作用下，人类才开始经营森林并开始人工造林，以增加人们对森林生态系统的输入，但这种输入在人类经营森林的初始阶段是微不足道的，从而导致森林不断地被消灭，资源数量不断下降．赖以生存的各类生物资源也在不断减少。纵观林业发展史，林业经济系统作为森林生态系统的对立物而存在时，必然产生这样的结果。人类正是在这种教训以及林业建设成功经验的基础上，认识到森林生态系统和林业经济系统之间相辅相成，相互制约的关系。

人类历史发展到现阶段，具有“纯自然”特性的森林生态系统已不复存在，均已被纳入人类经济活动的范围之内。于是，森林自然力的存在与人类经济活动相融，形成了林业生产力，而且，森林生态系统在进行自然力更新和生态演替的同时，也进行着经济力创新和社会演化。因此，从这种意义上说，森林生态系统和林业经济系统已经是复合的森林生态经济系统，已融为一体。

在构成森林生态经济系统的森林生态系统和林业经济系统中，生态系统是整个系统的基础，而经济系统则对整个系统的变化起着越来越主导的作用。这里，生态系统对整个系统的基础作用表现在，生态系统为经济系统提供了物质基础，经济系统所有运转的物质和能量，都是人类通过劳动这种人与自然之间的物质转换过程从生态系统中取得的，所以，经济系统离开或脱离一定的生态系统是无法存在的。我国国有林区的“两危”及部分地区的水土流失对农业生产及人民生活造成的危害等事例则说明了这一道理。

我们强调生态系统在经济发展中的基础地位，并非表明经济系统不重要。现实中，生态系统与经济系统在决定林业经济发展，乃至于社会经济发展中不存在那个重要的问题，只能说两者具有不同的性质与作用，生态系统是基础，经济系统是主导，要使生态系统的潜在生产力变为现实生产力，并使之稳定、有序地得到发展，必须通过经济系统的主动调节、控制过程，这就是经济系统对生态系统的反馈。

生态系统的内部反馈机制受到动物因素的影响，同时更重要的是在植物与环境之间进行，是一个正负反馈交替作用的过程；经济系统内部也存在一个正负反馈交替作用的过程，由于这一采统的开放性特点，需要不断从环境中补充物质和能量，加之经济活动的主体是具有思维、主动调节等特殊功能的人类，使这一反馈过程更为复杂，因而信息量和种类也更加丰富多彩。

生态系统的反馈机制是在缓慢自发过程中实现的，没有专门的调节机构。经济系统反馈机制恰恰相反，存在着固定的调节机构和专门的调节者。正是由于这样，生态系统和经济系统的反馈机制均是一个客观过程，客观规律正是通过这一机制起作用的，因而要求人们必须按反馈机制的客观要求来从事林业活动，以达到预期的目标，否则就要受到惩罚。

林业再生产过程是自然、经济、社会过程的有机结合。换句话说，林业的生产活动，既受自然规律的制约，也受到经济规律和其他社会规律的制约，而再生产过程客观上又要求人们不断地干预生态系统，以获得再生产的物质、能量，但人们对生态系统的干预后果往往是不确定的，解决这一矛盾的关键在于是否使生态系统的反馈机制与经济系统的反馈机制相互耦合为一个机制，这一过程的实质正是经济系统对生态系统的反馈过程。

耦合是控制论中的术语，控制论所研究的系统是依靠因果关系链接在一起的因素集合，故把子系统（或元素）之间的因果关系叫作耦合。我们可以把森林生态经济系统看作是森林生态系统和林业经济系统的耦合系统，其间流动着物质和能量，森林生态系统与林业经济系统之间物质与能量的输入是双向的，通过这种流动，从而提高森林生态经济系统总的生产能力。一个良性循环的森林生态经济系统，其二个子系统必互为因果关系，也就是林业经济系统的调节手段（技术的、经济的）不仅符合经济系统的反馈机制，也符合森林生态系统的反馈机制，二者相得益彰，互相促进，在森林生态生产力稳定，持续增长的基础上，从而保障林业经济系统经济产出的相应增长。如果追求暂时的经济利益，选择掠夺式的经营手段，必然导致资源危机、经济危困等生态与经济危机，这样的耦合也只是暂时的，因其因果关系是暂时的，不稳定的。另外还有一种情形，林业经济系统使用的技术、经济手段根本与森林生态系统的反馈机制无关，这不仅不能使生态生产力稳定增长，而且浪费了各类资源。如人工林建设中的不适地适树、贻误林时、不顾土壤条件的施肥、锄草等措施与行为。由于技术与经济措施并未使两者耦合，而是使两个反馈机制发生偏离，使功能紊乱，导致生产能力下降。这种非因果关系的耦合，往往是经济、文化、技术落后和行政命令强制手段下发生的，往往形成一定的破坏力。

在现代经济生活中，经济系统对生态系统反馈的直接物质是技术系统，包括了生物技术、工程技术等，而技术系统的应用程度则取决于生态系统的内在状态和经济系统的实力。经济系统对生态系统的间接反馈手段，是各种经济措施及政策、法令等，它们也构成一个相互耦合的体系。如雨方木材市场开放对该地区资源建设的影响，较为完整地说明了这一问题。总的来说，经济系统对生态系统的反馈，是适用各种手段对生态系统生产力的控制与调节，应耦合为一个整体，以发挥整体反馈效应。

对森林生态经济系统的研究，既要以森林生态系统功能为基础，以系统功能所产生的生产率为基础，又要考虑到社会经济条件对人们认识水平和创造能力的制约，使森林生态系统按着人们期望的方向发展。要认识到，森林的开发、利用、保护等活动是森林生态系统与林业经济系统的联系枢纽，人类对森林持续增长的需求是森林生态系统和林业经济系统耦合的内在动力，而森林生态系统对林业经济系统的接纳程度则是森林生态经济系统产出能力的表象。我们的目标即是在自然环境不断得到改善的前提下，逐步增大森林资源的产出能力。

生态经济系统是一种耗散结构，耗散结构理论主要讨论一个系统从混沌向有序转化的机理、条件和规律。一个远离平衡的开放系统，当系统的某个参量变化达到一定的临界值时，通过涨落发生突变即非平衡相变，就有可能从原来的混沌无序状态转变为一种时间、空间或功能有序的新状态。这种在远离平衡的非线性区形成的宏观有序结构，需要不断与外界交换物质和能量才能维持的有序结构，称为耗散结构。一般说，一个孤立的系统自发地趋于无序，代表系统无序程度的物理量——熵自发地趋于极大，而生态经济系统通过与外界交换物质和能量从外界引入负熵流来抵消自身的熵增加，使系统的总熵逐步减少，从而使系统从无序走向有序。

生态经济系统是一个“活”的有序结构，有自己的组织能力，因而具有进化发展的现象。我们常说的系统的自我调节能力是指系统的某些变量偏离平衡点时，能通过一系列的反馈调节，使系统恢复到平衡点。如森林生态系统稳定的结构如果招致破坏，它逐能自发地重新组织新的有序结构。

从耗散结构的特性来看，生态平衡应当包括两种动态状况：一是系统处于定态，它的功能结构保持稳定不变；二是系统处于进化状态，系统的功能不断提高，结构更为复杂。耗散结构理论认为，“涨落导致有序”。所谓涨落是指系统中某个变量和行为对平均随发生的偏离，它使系统离开原来的状态或轨道。系统处于不同状态时，涨落是一种干扰，它引起了系统运动轨道的混乱，导致了无序。此时系统具有抗干扰能力，它迫使涨落逐步衰减，使系统回到原来的状态或轨道，如一般合理的森林采伐就是这种状态。但如果系统处于临界状态，则涨落可能不仅不衰减，反而会放大成“巨涨落”，使系统从不稳定状态跃进到一个新的有序状态。可见，我们对天然林的要求一般是它的定态，而对于人工林则要求的是进化，即它不断从较低水平向着较高水平发展，功能不断提高，结构更为复杂；以有序程度更高的耗散结构代替有序程度较低的耗散结构。

森林生态经济系统是林业经济系统中主导的人及其社会，不断以自身的活动根据森林生态系统的经营目标——定态，进化或退化调节着森林生态系统的变化与发展，以满足人们不断增长的需要。

四、森林生态经济系统的特性

在各种类型的森林生态经济系统中，表现出一系列共同的现象，这些现象的集合，构成了森林生态经济系统的基本特征。把握住这些根本特征，就可以把非良性循环的森林生态经济系统引向良性循环的轨道，就可以进一步掌握森林生态经济系统的规律性。

森林生态经济系统除具有一般系统所具的整体性、联系性、有序性、平衡性等特征外，还有如下 7 个特点：

（1）结构的复杂性。森林生态经济系统是生命系统与非生命系统、自然系统与社会系统所构成的整体，其结构更为复杂，能量转换与物质循环的信息更为丰富，因而这一系统在任何层次和因子上都具有两重性，从而使系统具有多层次、多水平和多类型的特征。

（2）时间连续性。森林生态经济系统是一个“活”的系统，具有生长、发育、繁殖和衰亡的过程，系统演替具有渐进中的阶段性和循时发展的连续性。这是因为：一方面人类干预下的不同林分，都处于一定的群落演替的阶段；另一方面，目前的森林生态经济系统是人类前一代留下的。而今天，我们努力为之奋斗而建立的森林生态经济系统对我们的子孙后代的生产与生活，乃至于人类文明均必然产生深远的影响。

（3）地区差异性（地域性）。因为不同地区，由于生态环境差异较大，加之社会经济条件的不同，从而形成不同特色，不同发展趋势与发展潜力的森林生态经济系统。森林生态经济系统的地域性特点要求人们必须对其进行针对性的研究，把握个性特点，因地制宜地进行系统的开发利用，采用现代科学技术和管理手段，以充分发挥不同地域森林生态经济系统的优势和潜力。

（4）内部相互作用的非线性。系统内部各个要素间存在着非线性相互作用，是耗散结构的基本条件，也是森林生态经济系统运行与发展的基本条件。由于系统的各个组成部分不存在严格意义的独立性，而各组成部分之间存在严格意义的非线性，它们是相互干扰的，非线性的，因而存在非常复杂的非线性相互作用。非线性相互作用既决定着一个系统失稳的临界点，又决定着系统失稳后的演替途径。从而使我们可以从系统发展的多种方案中鉴别、比较，采取多种对策，实现最优控制。

（5）经营的多目标性。森林生态经济系统的总体目标是生产量多、质优、品种齐全的林产品，满足国民经济和人民生活日益增长的需要，这一目标所表示的是社会效益目标。除此之外，还有两个目标：一是增加林业生产者的收入以及国家和集体的积累，不断扩大林业再生产，提高经济效益，以增强林业的经济实力；二是改善生态环境，不断提高生态效益。这三个目标（即社会效益、经济效益、生态效益目标）既矛盾又统一，必须从长远利益出发，使三者有机地结合起来。

（6）自然力作用的特殊性。目前人类社会的科学技术水平和经济能力，还不能对森林经营采取强有力的控制。一方面，天然林的比重在当今世界上仍占有优势，人们正依靠这个优势为人类提供木材及其他产品，同时也肩负着环境保护的神圣使命，而对它的利用，主要靠天然更新；另一方面，人工造林在极大程度上也靠自然力的作用，这是由自然力的经济性所决定的。由于森林生态系统的广阔性和生长的长周期性，使人们对森林生态系统的调控比较困难，适应自然，顺应自然比之人工强制的控制要经济得多，这也是自然力在森林生态经济系统中的特殊意义所在。

（7）森林生态经济系统是一个具有较高生物生产力的系统，而且森林生态系统是一个巨大的生物库。森林在自己漫长的生长周期中，每年都进行着一定的能量固定和物质循环，它周而复始地用自己的枯枝落叶进行着自身的循环，并形成自己的躯干，以巩固和发展自己。我们的目的在于遵循这一自然规律并在这一基础上合理地利用森林。

第二节　森林生态经济系统的结构

任何系统，不论范围大小，形态繁简，其内部都是由一定数量的要素并按照一定的方式排列、组合而成，即构成系统的内部结构。系统结构是系统保持整体性以及具有一定功能的内在依据。

森林生态经济系统结构，是指组成森林生态经济系统内部的自然环境、森林资源、森林产权、林业科技进步，以及对林业的调配机制等要素之间相互配合、相互促进、相互制约酌关系总和。要素作用的发挥则取决于组合的方式。本节主要讨论森林生态经济系统的构成要素及其要素之间组合方式。

一、森林生态经济系统的要素构成

森林生态经济系统是森林生态系统和林业经济系统复合而成的有机整体，这一复合系统又由自然环境要素、森林资源要素、森林产权要素、林业科技进步以及对林业的调控机制等五个部分组成。

（一）自然环境要素

环境是相对于主体而言的，是围绕主体，并直接或间接对主体的发生、发展具有影响的外部客观条件及其相互作用关系的总和。森林生态经济系统的主体是森林，而作为森林生态经济系统组成要素的自然环境则是指影响人类生存和发展的一切自然条件的集合，它包含了比较广泛的环境要素，如空气、生物、水资源、土壤等。

自然环境是按照自己固有的规律发生发展的。但它是人类生存所必需的物质条件，而作为森林生态经济系统主体的森林的存在与发展，是自然生态平衡的主体，是自然环境以及人类生存环境的绿色屏障，在自然环境的保护方面起着举足轻重的作用。

自然环境不仅是被人类利用的对象，而且也是被改造的对象。人类通过生产活动从环境中以资源的形式获得物质与能量以及信息，然后通过消费活动再以“三废”的形式排向环境。无论是人类的生产活动，还是消费活动，无不受环境的影响，也无不影响着环境。其影响的深度和广度则随环境不同而不同，随人类的发展而发展。

人类在与环境的相互影响中，达到利用和改造自然环境的目的，但自然环境的优劣又往往构成人类与生活的约束条件。

森林生态经济系统主体——森林对自然环境的影响是以本身的优势所决定的。上述森林生态系统是以乔木为主体，组成复杂、结构完整、外貌高大、生产力高的一种陆地生态系统，同时，它具有比较明显的空间优势（森林约占陆地面积的1/3，具有明显的水平空间的绝对优势，由于其外貌的高大，在陆地生态系统中也具有明显的垂直空间优势）、时间优势（森林生长周期往往数十年，甚至上百年，其生长周期性决定了该系统的稳定和对环境的影响力）、种群优势（森林中的各种生物种类成分极为复杂，除各种乔、灌、草、苔藓和地衣外，包括各种动物资源，同时层次多、结构复杂、构成了生物多种性特征）、生产优势（这是从森林的生物量和干物质生产力，以及形成单位干物质量所消费的水分、养分的经济性角度讲的）、演替优势（在没有人的干预下，森林有一种自趋成熟的演替发展趋势）。正是这样一些别于其他生态系统的优势决定了它对自然环境发生发展的重大影响。

当然，自然环境作为森林生态经济系统的要素之一，也对该系统产生着重大影响，它预示着系统的发展方向，同时也制约着其发展方向，成为从事林务活动的约束条件。因此，我们必须研究自然环境的发展规律，协调人与环境之间的关系，满足人类对环境质量的要求。

（二）森林资源要素

森林资源是森林生态经济系统中最基本、最重要的构成要素，是人类社会的宝贵财富，是林业生产的物质基础，是人类社会生存与发展的物质条件。所以，培育、保护和合理经营利用森林资源，对人类的生存，发展和经济文化的繁荣，有着极为重要的意义。

森林资源是指林木、竹子和林地以及林区范围内植物与动物的总称。

森林资源是自然资源的重要组成部分，是可再生产的资源，包括两大部分：一是本性资源，它构成森林自身，包括土地资源和木材资源，只有两者结合在一起才能构成森林；二是属性资源，它是伴随森林存在而生成的资源，它包括树木附带资源（如果实、树皮、树脂、树叶等）、植物资源（所有的森林下层植被）、动物资源（森林为野生鸟兽、鱼类等提供生息、繁殖的场所）、水资源（水不是森林生成的，但森林具有涵养水源的功能，在这种情况下的水资源与本性资源结合为一体)。

森林资源是一个复合的、多功能的开放式动态系统，具有以下特性：

(1) 森林资源是一个复合体，包括的资源种类多、范围广。

(2) 森林资源具有多种功能，可以提供生产与生活所需的原材料，又具有改善生态

环境的作用，同时又可以提供文化、游憩的场所。

(3) 森林资源具有可再生性，对森林资源的合理经营，可以实现永续利用。

(4) 森林资源再生产周期长，自然力在再生产过程中起主要作用，合理的森林资源经营标志着人们能有效地利用自然力，促进其持续增长，同时取得较好的生态经济效益。

森林资源的合理开发利用是林业经济活动的中心内容。所谓合理利用，就是要使森林资源中各种资源的分配和利用得当，以达到资源消耗量与占用量较少，而取得的产量或收益能持续增长，生态和社会效益能持续发挥。

森林资源开发利用的强度与深度涉及各种因素，但归根到底与社会经济的发展水平密切相关。原因在于，在社会发展的不同时期，由于生产力发展的不同水平，自然资源条件对社会发展有着不同的制约作用。在农业社会中生产力发展水平低下，森林成为人类生存与发展的障碍，刀耕火种、广种薄收的原始农业使毁林开荒愈演愈烈。这一时期，人类对自然界是无能为力的，只能适应、依附于自然界，有限度地利用森林资源。随着社会生产力的发展，特别是现代科技的应用，在人与自然的相互关系中，人对自然的影响及自然对人的从属程度，以及人对自然力和资源条件的利用程度与改造能力日益增强，人类对各种自然资源的利用急剧增加，这就导致自然界负荷加重和自然资源利用问题的尖锐化。在这种情况下如何合理利用森林资源，协调人与森林的关系，则愈来愈重要，森林资源在森林生态经济系统中的地位也愈来愈特殊。如何合理

开发利用森林资源，使森林生态经济系统为社会经济的发展贡献更多的有形产品和无形产品，促进整体生态经济系统的良性循环则是摆在我们面前的一个重要课题。

（三）森林产权要素

谁拥有森林资源，谁使用它们，谁管理它们和谁获得经济收益是林业经济发展必须解决的基本问题，也是森林生态经济系统良性循环的必备条件之一。

森林产权制度界定了所有者、使用者以及其他人对林地、林木的一系列权利，是决定资源配置效率以及收入分配效应的基础条件，随着林业经济的发展，森林生态经济系统的完善，产权界定，产权明晰愈来愈重要。

森林产权定义：产权持有者对森林资源的一系列权利或称为权利约束，即持有者拥有对资源利用的控制程度和享有所产生经济利益的范围。

谈及产权，人们所关心的是拥有权利的大小，其实质是占有利益的大小，而不是林地或林木本身。权利的大小或利益多寡与稳定与否是由产权要素及其特征所决定的。

任何产权都包含以下四个要素：

（1）产权的内涵或产权客体。产权的内涵代表着产权持有者对资产价值的权利范围，或者说产权所包含的具体客体有哪些。根据产权内含的不同，产权可分为完全产权和残缺产权。当某人拥有某一片森林的完全产权时，它就对土地表面、林木、地下矿藏、林内动植物资源、水、森林景观等产生的全部价值拥有所有权，作为林区的林农，当承包荒山造林时，其权利范围就被限于林木所产生的全部或部分收益，地表、林木、矿藏、林内动植物、水、景观等都称作森林产权内含的客体，产权内含的客体越多，其产权内含的深度越深，产权内含的深度反映了产权的完整性。

（2）产权主体或产权持有者。传统上，产权主体可以行使对资产所有、使用、收益以及处置的全部权属。当今社会化大生产条件下，产权主体分化成所有者和使用者两个对立面，资产的所有、经济、收益、处置等权属便在二者之间分配。一般所有者占统治地位，而使用者必须在服从所有者利益的基础上去使用资产，通常没有对资产任意处置的权利。

（3）产权持续时间。代表产权延续的长度，完全产权包含着永久的权利，而租赁、承包等形式则只含有限的期限。产权持续时间的重要性在于它使所有者必须考虑其行为影响的长度，特别是林业投资常常有跨代效应，如果权利持续时间长，持有者就可能考虑当前采伐与将来采伐之间的相对优势，考虑土地改良及造林投资收益。因此，持续时间是保障持有者收益稳定性的基本因素。

（4）产权的利益分享规则。产权要素中的一个重要问题就是授予持有者分享资产利益的比例。这里有两个方面：一是资产收益中有多少转向公共目的；二是扣除用于公共目的部分后，剩余部分在所有者与使用者之间如何分配。产权利益分享规则应当明确、稳定、合理。

上述产权要素的不同组合便形成不同的产权制度安排，这些不同制度安排在不同环境下又呈现出不同的特征，即产权的可交换性、产权的排他性以及对资源的控制程度。

从产权要素包含的内容中不难看出，模糊的产权关系，不能生成森林产权的激励功能，同时使用者缺少对提高森林资源利用效率的动力。混乱的产权关系，由于失去了产权的排他性经营，也就不能形成森林产权制度的约束机制，乱砍滥伐，过度使用森林产权的行为则应运而生。由于产权不明确，森林资产流动不起来，资产经营受到抑制，资源配置效率无法提高。因此，理顺森林财产关系，创立合理的森林产权制度是优化森林生态经济系统，并使其良性发展的关键所在。

（四）林业科技进步

科技进步的概念是近40多年来在经济文献开始使用的。这一概念的实质是对第二次世界大战以来的科技革命的高度概括。一般认为，科学是人类的知识结晶、知识体系，其主要功能是揭示自然与社会的本质及其发展规律，又是人们积累这些知识并将其系统化的活动。技术是人们根据生产实践经验和自然科学理论相结合，所创造的劳动手段和劳动对象，是指人们创造和应用工具的技能。

先进的科学技术一旦应用于生产，就可提高社会生产力，创造出更高的劳动生产率，从而促进生产的发展，改变劳动者的技能，以致整个社会经济面貌，决定着国民经济的发展水平和速度。因此，经济振兴必须依据科学技术进步，只有把国民经济建立在高度现代化与技术基础上，用先进的技术手段武装工农业各行业，社会生产力才能进一步提高。所以科技进步是国民经济发展的关键。

世界各国实现现代化的成功经验证明，一个国家只要注重科学技术的发展，普及科学知识才能使一个国家，一个民族自立于世界民族之林。而离开科学技术进步和科学知识的普及，则是无法实现的。同样道理，要解决我国的森林生态经济问题，提高资源的使用效率，如果离开林业科技进步，也是一句空话。

林业的科技进步是同林业的现代化相一致的，表现为林业的生产技术，林业的生产手段以及经营管理诸方面。

林业生产技术的科技进步表现在以下几方面：

（1）遵循森林自然演替规律，培育高生态经济效益的森林，使人工林顺应自然，缩短生产周期，改善林木质量，提高森林生产力水平。

（2）科学整地，利用土壤科学的成就，采用合理的整地方式，改善土壤结构，提高土壤肥力。

（3）科学施肥，针对土壤的物理、化学特性，根据不同土壤、树种等的要求，实行科学施肥，以延缓土地报酬递减率的速率。

（4）防治病虫害，把药物防治和生物防治方法结合起来，逐步由治标转治本。

近二十多年来，我国在上述诸方面的科技进步水平及速度非常快，对于促进林业现代化的进程，改变林业的落后状况都是举世瞩目的。

林业生产手段的科技进步则表现在机械化、电器化，以极大地提高林业的科技含量。生产手段的科技进步包括了采种、育苗、造林整地、木材采伐、运输，直到林产品加工诸方面。我国在林业的集约化经营方面使用先进的机械设备，森林资源清查和管理方面使用遥感技术和地理信息系统，同时在病虫害防治方面的预测预报，火灾的监控等方面的成就，充分说明了林业建设必须依靠科学技术进步的力量，必须用现代科学技术和现代工业的成就武装林业，用现代经济管理科学来管理林业，把传统林业逐步转化为具有当代科技水平和观念的现代林业。

（五）调控机制

对森林生态经济系统的调控机制在市场经济条件下则表现为市场对资源的有效配置和政府对林业活动的干预两个方面。

市场对森林资源的有效配置依赖于完善的市场条件。在完善的市场条件下，不存在控制经济体系的主体，完全依靠市场这个“看不见的手”的引导，以实现资源配置的有效性。因为在完善的市场条件下，资源会朝最有效利用的行业或产业转移，企业以利益最大化为目标而组织生产。

当然，市场机制要有效地发挥作用是有条件的，这个条件就是市场的完善性。如果市场是完美无缺的，市场机制则可排斥其他任何于预经济的力量而有效地发挥其职能。但实际上市场体系本身存在许多缺陷，如经济的外部性、公共物品、不完全竞争或垄断、信息偏差和风险等，如果不采取一些措施来纠正市场失灵，市场机制非但自身无法有效地发挥作用，而且还给整体经济带来严重后果。

市场经济是法制经济，为了发挥市场在森林生态经济系统良性循环方面的作用，森林产权制度的清晰，市场体系及市场运作规则和建立则是当务之急。

政府对林业的宏观调控在于市场的不完善，这并非森林生态经济系统的自然属性所致，只是市场的诸多缺陷在林业中的表现更为突出，对政府干预的程度和干预的有效性要求更高。

在林业经济活动中，市场失灵的原因主要在于以下几个方面：

（1）不完全竞争和垄断。林业行业从某种意义上讲是一个高度垄断的行业，表现在土地及森林流转以及对木材的垄断性经营上，其根源在于有关政策法律的限制。如果再加上地方保护主义所导致的加工企业小型化趋向、土地所有权的单向流动、政府对森林采伐诸多限制政策等，直接影响到林业市场的发育，同时也影响到市场在资源配置基础作用的发挥。

（2）外部效应（外在效益，外生效益）。林业中大量外部正效应的存在，意味着其他经济主体可以不支付任何费用而受益。林业外部正效应主要表现在森林的生态效益和社会效益上，随着社会经济的进一步发展，人类对环境质量的要求会进一步增强，林业外部正效应也具有进一步增大的态势。

（3）公共物品（公共商品）。林业中有许多森林类型属公共物品或准公共物品，如防护林体系、水源林、自然保护区、森林公园、狩猎区、绿化带等，一般意义上的用材林在未采伐前也具有上述特性。

公共物品对于社会来讲是必需的，但在市场机制下，个人或企业无法保障公共物品的完全供给，要求政府的参与，以满足公共物品的需求。

（4）风险。森林生长周期长，同时又是在自然环境下生存，火灾等自然灾害以及病虫害的危害在所难免，加之林业市场价格反应的滞后性，也增加了林业的经营风险。而风险的存在使林业经营者处于十分不利的地位，直接影响到对林业的激励机制。

上述原因形成了政府对林业干预的客观要求。政府对林业的干预，首先是保证市场机制的有效发挥，以实现森林资源最佳利用的要求，同时也是发展林区经济，提高人民生活水平促进林业长期稳定发展的要求。市场经济愈发展，政府对林业的调控机制要求愈高。

政府对林业的调控机制主要表现在政策法令上，而市场对林业的调控机制主要表现在经济手段上，而森林生态经济系统运行的正常，生态、经济、社会三大目标的实现，取决于健全有效的市场机制和政府机制的发挥。

在不同的森林生态经济系统中，上述要素的组合，比例均呈现较大差异，由于要素的组合方式的差异则形成千差万别、形形色色的森林生态经济系统类型。

二、森林生态经济要素的连接媒介

由于森林生态经济系统的结构是由森林生态系统和林业经济系统各要素之间相互作用而构成，而要素之间相互连接、相互融合必借助于科学技术链和投入产出网这两个连接媒介，以促使要素间融合为一个有机整体。

（一）科学技术链

科学技术作为森林生态经济要素的连接媒介，主要是指人们在对林业生产的自然规律和经济规律认识基础上，充分运用已经获得的科学技术知识，使其物化到生态经济要素中的过程。

林业生产不同于工业生产的一个最本质的特征，就在于一定的林业生产不仅以一定的生态系统作为它的环境，而且还以一定的生态系统作为它的生产资料，即林业从来就是利用一定的生态系统进行物质生产的。这种利用一定生态系统中的绿色植物的光合作用生产有机产品的系统，就构成一定类型的森林生态系统。

林业生产的一个特点就是自然再生产过程和经济再生产过程相互交错地连接在一起，这里的自然再生产过程就是森林生态系统的物质循环和能量转换。而经济再生产过程，就是林业经济系统内的劳动转换、资金周转、经济物质和能量的循环。这两种再生产的交织形成了森林生态经济系统的运转。科学技术的媒介作用体现了对系统运行的认识水平，生产要素科技含量的提高，以及要素配置的水平及其效率。

由于科学技术是森林生态经济要素的连接手段，因此，林业科技进步必然导致森林生态经济系统结构的转换，有时甚至会使系统内部的生产效率发生质的飞跃，如生物遗传工程的应用。由此可见，一个持续发展的森林生态经济系统的创立，必须以先进的科学技术作为手段和必要条件。大力推进林业科学技术进步，促进科技转化为林业生产力的速率，为建立高效运行的森林生态经济系统创造条件成为林业持续发展的必然。

科学技术链在森林生态经济系统中作用的发挥，是通过贯穿于该系统的投入产出网络而实现的。科学技术水平的高低，以及转化为林业生产力的效率，决定了森林生态系统要素与林业经济系统要素相互联系的广度和深度，同时也决定着投入产出的规模效率。

促使科学技术在森林生态经济系统功能的完整实现就是在掌握自然规律，正确认识人类对自然过程干预所引起的后果，有计划有目的地调节和控制人类改造自然的活动，顺应自然规律，防止和消除人类对自然干预的有害后果，创造一个适合于人类生存与发展的自然环境。

（二）投入产出网

森林生态经济系统各要素之间的相互衔接离不开投入产出网。所谓投入是指林业生产部门所拥有的林地、劳力、资本、技术，或从其他部门获得的经济产品，作为必需的生产要素进行的投入，实质上是经济系统、生态系统对森林生态经济系统的输入。所谓产出，则是指森林生态经济系统输出的林产品或为社会生产的各种效益。投入产出网不仅把林业生产过程中的自然再生产和经济再生产紧密地连接在一起，形成牵一发而动全身的生态经济投入产出网络。因此说，投入产出网络既连接着森林生态系统的内部要素，又连接着林业经济系统的诸要素，同时也是林业同国民经济各产业部门的重要媒介。

三、森林资源的永续利用

森林生态经济系统的时间结构是一个长时间的纵向延续过程，从经营的角度看，逐渐形成了森林资源永续利用的观念和理论，当前又把它上升为与持续经营发展相适应的高度。森林资源永续利用是人们经营森林的目标。早在二百多年前德国林学家就按照这一原则建立了“法正林”学说。尽管这学说有它一定的历史局限，但其立论的基本观点，是有一定的客观依据的，这一功绩是应该肯定的。由于历史和经济社会条件的限制，这些论点既有其缺陷也是不容易实现的，在发展中也出现过某些致命的危机。

在科学和工业高度发达的今天，人们对森林资源有了更为全面的认识，使我们有可能在更加科学的基础上，探索森林资源的永续利用问题。建立在生态平衡基础上的森林经营，必须实现森林资源利用最优化。在保持良好生态条件下的最佳经济效益，即最佳生态经济效益。这就必须对森林资源永续利用的若干基本概念，有一个全新的认识。

第一，必须搞清森林资源的概念。从生态系统的观点看，森林资源应是以林木为核心的森林动植物和环境的统一体。

第二，森林资源永续利用的量与质的界限。过去长期使用的量的标准是面积和林产品产量（包括蓄积和产出量）。面积对少林国来说是现实的，但个别地区不确定。至于说林产品产量，从生态利用的观点看，则应用生物量（总量和单位面积产量）。因为，用生物量才能体现森林的双重功能（产品生产和保护性作用）。森林资源的成熟，必须以林分为单位，建立初始成熟期和最终成熟期两个时限概念。森林资源的质的概念，要按林种有所区别，应该说结构越复杂的林分，其功能也越多，综合功能也就越大，也才能实现持续利用和发展的要求。

第三，对森林资源的利用水平，必须有历史观点。利用水平与一个社会各该时期的生产力水平是相一致的。因此，谋求我国森林资源利用合理化水平要有一个循序渐进的思想，不能操之过急，否则欲速则不达。

第四，森林资源永续利用，必然是螺旋式上升而不断发展的。不仅每一个生长周期的完成必须带来质与量的发展，就是在一个周期中，也必须体现逐步上升的过程。任何向退化方向的发展，从经营上都必须防止。人工控制、人的主观能动性的发挥就在于此。

目前各种绿色植物光合作用所能利用的太阳辐射能量，只占地球上单位面积总能量的2% ~3%，而叶绿素本身的效率可达35%以上。因此，如何充分发挥叶绿素的效率，是当前森林经营中如何在不断增强森林防护效能同时，大幅度增加林产品产量的重大课题，而这一任务是和永续利用的问题密切联系在一起的。

现代林业要求对森林的多效益进行计量，以便探索综合效益条件下的永续利用问题。

20世纪80年代，我国由单一林业走上多效益经营的广阔道路。目前，我国森林资源对国民经济的贡献主要还在木材和经济林产品方面，随着经济事业和林业自身的发展，这一比重会有所变化。

当前，森林过伐是全球性的，但主要是第三世界各国。一些发达国家，历史上曾经有过过伐，现都在采取措施，保护和发展林业。实践证明，实现永续利用只能在长期规划中逐步实现。因为现实森林，尤其是森林的年龄结构是不均匀的，需要一个较长的过渡时期即调整时期。通过规划逐步解决合理调整采伐量、合理布局，动员全国人民造林绿化、积极建设新林区，绿化祖国，改变集中过伐的局面，制止一切形式的森林破坏。

第三节　森林生态经济系统的功能

系统在特定环境中发挥作用的能力叫作系统的功能。系统的结构与功能是系统两个方面，我们把系统内部各要素相互联系和作用的方式称为系统的结构，与此相适应，我们把系统与外部环境相互联系和作用过程的秩序和能力称为系统的功能。结构是从空间和静态的角度分析系统；功能则是从时间和动态的角度来分析系统。结构是功能的基础，功能在一定的结构基础上才能发挥作用。因此，系统的功能是系统结构的表现即有什么样的结构就有什么样的功能。研究系统的功能，有利于人们合理调整系统的结构，反之，一定的系统功能又保证了系统结构的稳定性。明确系统结构与功能之间相互依存、不可分离的关系和理论，就能为人们合理配置生态经济系统要素提供可行的途径。

森林生态经济系统的功能，是在森林生态系统和林业经济系统之间所进行的物质流、能量流、信息流、价值流的活动，森林生态经济系统的演进，正是通过其物流、能流、信息流、价值流的运动过程体现的。

一、物质流

物质流是指构成客观世界的物质处在不断的运动和周而复始的循环之中，其运动形式包括分解、合成、组合、渗透、运转等。其循环可使物质被多次重复作用，它可从一个系统中“消失”，又可在另一个系统中以某种形式出现，从而可使物质在不同系统之间反复利用、循环利用。物质的这种不断运动和周而复始的循环，我们称作物质流或物流。

同理，森林生态经济系统的物质也是处于不断运动和周而复始的循环之中的，物质循环运动机理正是森林永续利用的本质原因，我们的任务就是保证这种运动的通畅和效率，从而达到资源的合理配置。

构成森林生态经济系统的物流，由自然物流和经济物流所组成。

（一）自然物流

自然物流是森林生态系统的物质循环，是森林生态系统自身作用所形成的自然物质循环运动。

自然物流是在生态系统中通过生产者—消费者—分解者再到生产者的序列进行的。

生态系统中所需要的物质，最初来自于环境，当这些物质进入生态系统后，就在系统内部各功能单位或组分间进行传递，最后仍归还给环境。

生态系统中的生产者（绿色植物）吸收存在于环境基质中的营养元素，在光合作用下合成植物有机物质。植物有机物质被动物取食，营养元素进入食物链，在各营养级上不断转化。每一次转化都有新的有机物质合成，但同时也伴随着废弃物的丢失。所丢失的物质或进入大气，或进入水体，参与五大自然圈的地球化学循环，或进入土壤，再一次被绿色植物吸收利用，参与生物小循环。大小循环相辅相成，构成生物地球化学循环，这是物质循环的基本形式。物质循环的周转率高，周转期短，所提供的生产量就会增多。

在物质循环过程中，植物、腐生生物、空气和水起着重要作用，调控好这三个组分才能使生态系统有正常的物质循环效率和畅通的循环途径，从而提高物流周转率。

（二）经济物流

经济物流是指社会经济活动中的生产—分配—交换—消费过程，或指生态物流在社会各经济部门之间的循环流动。自古以来，人类总是以各种方式参与生态物流循环，使生态系统为人类社会经济发展服务。因此，生态物流的演变，标志着人类与自然界关系的变化，标志着人类的技术进步和社会福利的增长。

经济物流可以分为

（1）生产过程中的物流。在流动过程中改变自然物的形成或性质，被加工成人们所需要的物质产品，同时又有废弃物返回自然界，参与生态系统的物质循环或回收利用，再参与另一个经济物流过程。

（2）流通过程中的物流。即用来交换的产品流。

（3）消费领域的物流。主要指生活消费和最终产品的消费。它既是分解过程，又是还原过程。通过消费，一方面满足了人类生存和发展，乃至于社会发展的需要；另一方面消费后的废弃物直接进入自然界，参与生态系统的物质循环。

（三）自然物流与经济物流的关系

自然物流和经济物流不是孤立存在的，自然物流是经济物流的前提和基础，离开了生态系统的自然物流，就没有经济物流的产生。参与经济循环的物质，都是直接或间接地来源于生态系统。

自然物流和经济物流在生态经济系统中是相互促进、相互转化，是同时进行的，并推动着生态经济系统的正常运转和高速发展。

经济系统不断向生态系统输入经济物质，促进生态系统物流的高速转化和物质积累，从而提高生态系统的产出率。

这些产品在经济系统中通过经济活动，又转化为经济产品和经济物质，再输入生态系统，以维持和扩大自然物流，从而为社会扩大再生产提供源源不断的物质基础。

生态经济系统的自然物流与经济物流相互促进、相互转化的意义在于人们可以通过顺应自然规律和经济规律的手段干预生态经济系统，以充分发挥生态经济系统物质循环的基本功能，提高周转速度，缩短周转时间，以推动社会再生产的全面发展，满足人类生存与发展的各类需求。

二、能量流

任何物质运动都伴随着能量的流动，能量流与物质流密切联系，构成生态经济系统功能的重要组成部分。能量流不同于物质流，物质是可以循环的，而能量则是不断耗散的。

生态经济系统中的能量流由两部分组成，即自然能流和经济能流。

（一）自然能流

能量的传递与转化是自然界物质运动的基本规律。自然生态系统中的能量主要来自太阳的辐射。绿色植物通过光合作用，将吸收的太阳能转变为化学潜能，贮存在植物合成的有机物质中，成为地球上所有生物生命活动所需要的食物能源。植物物质中的化学潜能沿着食物链各营养级传递，在每次传递过程中，只有小部分的化学潜能转变成构成新原生质的化学潜能，大部分转变为热能消耗于环境之中。因此，能量的转化效率是不高的。林德曼的 1/10 定律说明，当一个营养级的生物潜能传递给下一个营养级时，1/10 用于有效的转化，9/10 用于呼吸、排泄和食物的选择。因此，合理利用由于食物选择所消耗掉的生物潜能和由于排泄而未被消耗的生物潜能，增加生物产品的产出，可以提高能量的转化效率。

（二）经济能流

经济能流是指自然能流被开发或投入经济系统中，从而沿着人们的经济行为所规定的方式或方向传递和变换的过程。自然能流被开发或被投入经济系统中去的能力和水平，代表了人类对自然界的利用水平。

人类社会经济活动的维持和演变必须依靠外界能量的输入，自然能流是人类社会经济系统的生命之流。首先，人类和其他生物一样，需要获取、储存和利用食物能量来满足人类自身机体的需要，人类的衣、食、住、行以及社会经济活动都需要能量，而这些能量的本源在自然生态系统之中。其次，人类物质资料生产的动力和能源是社会经济发展和技术进步的主要标志之一。这些动力和能源的本源也来自于自然生态系统之中。

人类的从事物质资料生产活动除利用自然能外，还需要能量的投入。以林业生产为例，人们从事林业生产活动除了向森林生态系统索取外，还需要以人力、畜力、种苗、有机肥、无机肥、机械动力、农药等的投入，这些投入主要地为了促进和提高树木对辐射能的吸收和利用效率，以及动物、微生物对生物能的转化。林业生产实践证明，增加对森林生态系统的投入，可以较大幅度地提高系统的物质生产力，增强系统的功能。但能量的投入，受到土地报酬递减规律和森林生态系统以及环境系统自身规律的制约，过量的投入会导致经济效益的降低。

森林生态经济系统的能量传递与转化是森林生态系统的自然能流和林业经济系统的经济能流有机结合的结果，自然能流是经济能流的基础，经济能流是自然能流的演化和升级。二者的密切结合和相互转化构成了森林生态经济系统能量体系。

三、信息流

当今世界，信息已成为一种重要的社会资源和社会动力源，引起了社会职能、结构、价值、产业及生活方式的变革，也给人们的观念、方法和行为带来了一场革命。目前我国已处于向市场经济发展的时期，信息和信息交换的重要性越来越显示出来，并逐步被人们所认识。

信息流是指空间和时间上同一方向运动过程中的一组信息，是物流、能流、价值流的外化形式。人类对生产活动的调控是依靠生产中物流、能流、价值流所发出的各类信息进行的，信息流的特点之一是信息流以物质流与能量流为载体，双向性传递，既有从输入到输出的信息传递，也有从输出向输入的信息反馈。人们按着这些反馈信息来改变输入的内容或数量，以对控制对象产生新的影响。信息流的畅通是保障生产活动正常开展的必要条件。因此，加强对信息的组织管理是管理水平的重要保证。

信息是物质存在和运动的一种形式，是物质客体之间相互联系、相互作用的一种特殊表现的特征，是物质的特殊属性。信息广泛存在于自然界和人类社会，在森林生态经济系统中同样存在着信息和信息过程。森林生态经济系统的信息包括自然信息和人工信息。自然信息存在于森林生态系统中，是森林自然物质属性之间的内在联系、相互作用的表现。而人工信息则存在于林业经济系统中，是人们通过把握林业生产的本质与规律，利用一定的物质与技术手段，以达到一定经济目的。由森林生态经济系统的自然信息和人工信息组合而成的信息在时间和空间上，向着人类林业经济活动的方向运动的过程，就是森林生态经济系统的信息流。

存在于森林生态经济系统中的信息流，体现了生态系统与经济系统之间的内在联系和相互作用的运行规律及其特征，因而信息传递反映了森林生态经济系统的重要特征，同时信息的畅通状况及流速、流量影响人们对系统的认识、调控。从这种意义上讲，扩大信息流量，确保信息通畅，是增进森林生态系统功能和效率的关键。

四、价值流

与物流、能流、信息流不同，价值流是一个纯经济学上的概念，因而价值流不具有自然形态。经济系统中的价值流是在一个纵横交错的价值流网络上进行的。在具体的生产过程中，劳动者运用一定的技术手段和劳动技巧消费着各种生产要素，并把这些元素以物化劳动和活劳动的同度量形式“劳动时间”凝结在产品之中，从而形成价值流。

森林生态经济系统的价值有其特殊性，森林价值是由森林自然价值与森林资本价值耦合而成的，森林自然价值由森林自然物和自然力产生的森林自然生产力所决定，森林资本价值即是凝结在森林中的资本、劳动所生成的价值。因此，与一般商品价值相比，森林价值并不是完全由人类劳动创造的，它含有人类过去和现在的劳动结晶，也具有自然形态的价值。森林价值不仅在商品生产中体现出来，并且在商品交换中得以实现；它还在商品生产的公共福利中体现出来，并以特殊的形式实现其价值。

在经济系统中，价值流是以物流、能流为基础的，它们之间的关系表现为相互融合、相互分离的过程。

生产是物流、能流、价值流的相互融合过程。典型的融合过程是农林业，由于自然再生产过程和经济再生产过程相互交织，一方面表现为自然物流与能流的融合；另一方面又表现为自然物（能）流与经济物（能）流的融合；同时还存在一个劳动者在劳动过程中分解自身积蓄的生物能与自然、经济物、能流的融合。这一切都表现为物质与能量的输入，这些输入经过生物群体所特有的自身组织能力，把各种物质与能量转化力各种农林业产品。

但是，通过交换使物流，能流与价值流分离，在森林生态经济系统中存在两种状态：交换在木材和林产品生产过程中，使生产者与使用者实现了使用价值和价值的换位，从而实现了物流、能流与价值流的分离，而在森林生态服务的过程中则是另外一种情况。这是因为，这种交换表现为隐蔽和曲折的形式实现，其中介于国家的税收，补偿方式为国家拨款或专项基金。而且交换过程表现为多次重复，因为过程是比较复杂的，并表现为核算的复杂性，也是迄今尚未解决森林生态效益计量和收费的主要原因。

第四节 森林生态经济系统的运行目标与机制

森林生态经济系统是森林生态系统与林业经济系统耦合而成的复合系统，其耦合过程中所表现出来的系统特性、结构、功能都是森林生态经济系统运行的特征，换句话说，系统的特性、结构、功能都是在森林生态经济系统的运行过程中产生的。因此，必须弄清森林生态经济关系，掌握森林生态经济系统的运行规律，凭借森林生态经济系统的运行机制，实施对系统调控的有效性和合理性，从而实现森林生态经济系统的运行目标。

一、森林生态经济系统运行目标

所谓运行目标，是森林生态经济系统内在规律的集中体现，也同时包含了人类对森林生态经济系统运行的期望与顺应这种期望所进行的各种干预活动的总称。

运行目标不是单一的、静态的，而是复合的、动态的、随着社会经济的发展，以及人类需求内容的变化和对森林生态经济系统内在机制认识的提高，目标的外延及内容也会发生相应的扩展与延伸。

在目标的定义中，有以下几点应该明确：

（1）目标意味着人们希望达到的满意点，这个满意点总是由森林生态经济系统所产生的产品和服务所构成的，这些产品和服务所形成的效益是生态、经济、社会效益的有机结合，是一个相互联系、相互制约的集合体。

（2）目标是从社会角度，而不是从林业行业，更不是从林业生产单位或生产者角度对系统运行要求的归纳与总结。

（3）运行的总体目标只有一个，是运行目标的高度抽象与概括。构成总体目标的分项目标则是人们对系统经营与管理的目标集。分项目标不是单一的，而由目标群构成。分项目标在实际中往往是矛盾的，如生态平衡目标与为满足人类对系统所产出的经济目标可能是冲突的。因此，在实际运用中，必须抛弃某个目标的一些部分，甚至全部来换取别的目标。

（4）实际中的运行目标，往往是几种分项目标的混合，同时没有一个符合一般准则的混合，而是取决于社会经济发展中所确定的目标，及其系统运行目标的相对重要性。

据此，我们将森林生态经济系统运行的总目标定义为：在社会主义市场经济条件下，建立以结构合理、功能高效、良性循环、不断进化为标志，以最大限度地满足人类社会经济发展的需求为目的的森林生态经济协调、持续发展的系统模式。其中协调、持续是核心，平衡是基础，结构、功能、效率是前提，满足需要是目的。

分项目标为：①生态经济平衡目标；②资源配置效率目标；③协调、持续发展目标；④满足需求目标。

这四个目标构成了相互制约、相互促进的目标集，构成了森林生态经济系统运行的目标体系。

（一）森林生态经济平衡目标

生态平衡是指在一定时间内生态系统中人类和生物与环境之间，以及生物各种种群间相互制约，维持某种协调关系，在系统内能自我调节，并遵循动态平衡法则，使物质循环、能量流动和信息传递达到系统结构相对稳定的状态。可见，环境系统和生物结构组成的稳定性乃是生态平衡的基础。森林生态系统，一般说达到演替顶极群落的时期，是系统最稳定，处于最佳平衡的状态。但是，人们对森林使用价值多样性的要求不同，因而从使用价值来说不等于森林达到顶极群落才是最优。然而一致的是只有森林处于进展演替的过程中，森林的各种使用价值，才能得到最好的效益，所以，人们对森林经营管理的要求是使森林处于进展演替状态，不能使森林向退化演替发展。

经济平衡是指林业生产的各产业部门、各环节之间，适应扩大再生产的要求，按比例地分配人、财、物资源，实现生产与社会需求的平衡。

由于森林生态系统和林业经济系统都是与外界环境有物质、能量不断交换的开放系统，所以生态平衡与经济平衡都不是绝对静止的平衡，而是由永无休止的物能输入输出，使系统达到相对稳定状态，系统的这种稳定正是系统进化、发展和良性循环的先决条件，生态经济平衡就是生态经济系统所呈现的生态平衡和经济平衡相统一的、相对稳定的动态平衡状态，或生态经济综合平衡状态。它是生态经济要素的协网作用所产生的结构有序，功能协调的动态平衡。

经济平衡与生态平衡是对立统一关系。统一性表现为生态平衡是经济平衡的基础，经济平衡又反过来影响生态平衡的实现。一方面，自然生产力是社会生产力的基础，生态系统的生产力（物质和能量的转化效率）是劳动生产率和价值增值率的基础。生态系统的动态平衡为经济系统源源不断地提供了物质和能量，使经济平衡成为可能。生态系统各组成部分之间的平衡在实际上为林业经济平衡，乃至于国民经济平衡提供了基础。另一方面，经济平衡对生态平衡又有影响和调节作用。经济平衡不是被动地去适应生态平衡，而是主动地运用经济力量去保护、改善、重建生态系统的平衡，经济平衡对生态平衡构成一种主体关系。随生产方式的进步，人类需求的增长，生态系统的平衡越来越取决于人类的干预方式，而适当的干预往往只能在良好的经济秩序下，即在经济平衡和持续增长的条件下做到。

经济平衡与生态平衡之间的矛盾，主要表现为经济增长对资源需求的无限性与自然生产力的供给（生态系统的供给能力）有限性之间的矛盾。经济增长对生态平衡的破坏作用主要表现为资源的过度耗损，生态系统结构破坏超出了自身修复能力，系统生产力下降，使生态、经济、社会发展关系失调，森林的过度消耗所造成的危机则属此例。

生态经济平衡的基本要求，就是在实践中使经济平衡与生态平衡不断地协调、统一起来，使生态系统的动态平衡与经济系统的持续稳定增长同时得以实现。生态平衡与经济平衡都有自己不同的形式和水平，二者又相互制约，耦合而成的生态经济平衡会有数种方式，人类的目标不是单纯从最优的经济目标或生态目标出发的二者的统一，而是特定自然环境与社会条件下经济、生态平衡有机联系的最佳组合，即寻求使二者达到满意的生态经济平衡最适度。

（二）资源配置效率目标

资源通常包括：①人力资源，即劳动；②土地、矿藏、森林、水域等自然资源；③由这两种初级资源生产出来的为生产所必需的机器设备，原材料等资本。

资源通常具有两个显著特点：

（1）资源的稀缺性。指在一定的时间内，与人们的需要相比较，资源的供给量是相对不足的。通常我们比较容易观察到产品供给不足，但产品供给不足正反映了资源供给不足。

（2）资源的多用性。这是指同一种资源可以用于多种生产领域。资源配置则是指一定量的资源按某种规则分配到不同产品的生产中，以满足不同的需要，资源配置的概念是建立矛值稀缺这一假设基础之上的，包含二方面内容：①稀缺资源应用于生产消费者最需要的产品；②稀缺资源应尽可能多地由生产效率高的生产者使用。

在任何一个依靠市场力量导引经济活动的社会，都有一个在一定程度上合理的假设，即经济活动的主要目标是最大限度地满足消费者需求。利用有限的资源生产满足这种需求的程度，是一个衡量经济体系效率的指标。

从宏观经济学角度看，如果被某个部门使用的某种资源在被另一个部门使用时能创造出更大的价值，那么就可以通过某种重新配置增加总产出的价值并提高整个系统的效率，从微观经济学角度看，如果某个生产者没有使用某种可以用同样投入生产更多产出的技术，低效率则不可避免。

因此，效率涉及投入产出关系。产出相对于投入的比值越高，效率就越高。在经济分析中，效率常被表现为用相同的货币价值衡量的效益

（产出）和成本（投入）的比率。从整个社会角度看，经济分析应包括无市场价格的效益和成本（森林的生态、社会效益）和有明显市场价格的效益成本的分析。

从森林的各种各样需求中找出最佳利用森林的方法，是林业经济效益的一个重要问题。

市场经济条件下，要取得最有效的资源配置必须满足的条件有以下几点：

（1）利润最大化。生产者追求利润的最大化，是市场体系的一个基本规则，对利润最大化追求的刺激使生产者选择最有效的或成本最小的生产方式和边际收益与边际成本相等时的产量。

（2）完全竞争产品市场。为刺激生产者在社会最有利的水平上进行生产，他们所生产的产品和所提供的服务的市场必须是完全竞争性的，其条件是边际产品价值等于边际产品收益。

完全竞争的一个条件就是进入市场无阻碍。如部分林产品（木材、纸和纸浆等）市场存在的对新来者的阻碍则会影响到效率。

（3）完全竞争性要素市场。相应地，市场体系的有效运作要求所有生产要素市场也是完全竞争性的，其条件是边际要素成本等于边际要素价值。

（4）投入产出的可分割性。最佳的资源配置要求在生产决策上很好地运用边际调节，这意味着所有投入和产出是可以高度分割的。

（5）投入酌控制。一个有效的市场体系必须能使每个生产者完全有效地控制其投入和产出，必须能够获得他所需要的投入，并用最有效的方法使用它们，并用最实惠的方式处理所生产的商品和服务。

（6）最佳时间偏好。生产决策必须引用时间价值的概念，要使市场按整个社会的利益对资源在不同时间内进行分配，生产者在决策中所使用的利率必须反映整个社会的现值偏好将来值和程度，也即市场利率必须反映社会折现率。

（7）没有外差因素。要使市场体系顺利进行，生产决策者必须考虑他们的行动所带来的所有收益和成本。

（8）收入公平分配。其条件是边际产品收益等于边际社会收益。

要使资源在市场经济条件下得到最佳配置，必须满足上述条件。因此，当可以从森林中生产多种林产品和效益时，或如土地、劳力和资本能够被用于多种类型的森林培育或其他生产活动时，生产者的注意力必然要集中于各种生产形式的边际成本和效益。

资源配置效率由于森林经营的特点而具有特殊性：

第一，森林资源受制于自然条件，其配置必然与各地的气候、土壤等条件相适应，同时森林的生态功能，使之一方面满足全民的需要，又与其经营价值的实现具有极大的不一致性，并产生严重矛盾。

第二，森林多效用性，较之其他资源更为广泛，而由于历史和经济原因形成的资源耗尽，增加了满足需要的矛盾。

第三，森林资源从一定程度来说是一种共享资源，由此而产生的拥挤、污染和枯竭问题更显突出。

第四，森林是可再生资源，毫无疑问，它可以通过人力的保护和更新来恢复和发展，使资源永续利用，但这碰到诸多政策问题和技术的现实性问题，需要协调解决。

一般来说，可再生资源的量是现有林的蓄积量与生产量之和，生长当然包括当年的新增资源。由于森林资源的生态功能是不同生态区和生态位的量的对应效益，并不是在一个地区栽上树就可以解决了的，这就为新资源配置效益增加了难度，因此必须根据林业区划（当然是根据自然和经济条件而定的）要求科学地布局森林才能得到较好的效果。与此同时，由于森林做为公共资源的特点，它的过量使用带来的外部负经济效果也是明显的，这就必须由国家的政策来加以调节，包括行政的、法规的和经济的方法。只有这样，才能体现森林生态经济效益的最大化。

（三）满足需求的目标

最大限度地满足人类日益增长的森林生态经济需求，既是社会经济发展的要求，也是森林生态经济系统的运行目标。

人类的需求是多方面的，既有各种物质生活需求，又有各种精神生活需求。而生态需求是人类对生态环境和生态系统状态的要求，如对生产生活环境清洁、美化的要求，对系统生产力的要求等。经济需求是人类以不同层次物质资料的需要，如生存资料、享受资料、发展资料等。这两种基本需求实际上是难以分开的，对生态和经济两方面的综合要求，构成了人类生态经济需求的内容。生态经济需求被重视，在于人类面临日益恶化的生态环境，也在于随社会经济的发展，人类在基本经济需求得到满足的情况下，提高了更高层次的要求。因此，生态经济需求代表着真正文明社会的需求，其权重的变化正是人类经济社会发展水平的重要标志。

人类的生态经济需求受到生态经济供给的制约，首先是生态供给的制约。生态供给是人类社会为满足其成员的全面需求，而不断从生态系统输入的物质和能量，这种供给是有一定数量限制的，维持生态系统动态平衡所需要的系统各成分的量的规定性，就是生态供给阈。它是生态系统对经济系统可能的供给量，突破了阈值，就会产生生态失调现象。生态供给阈是可以扩大的，在合理的人工干预下所得到的新阈值，叫做生态经济供给阈。但是，自然生产力更新周期长与社会生产力更新周期短之间的矛盾通常要造成生态滞后效应。即是说，就是生态资源的更新量赶不上经济发展中以这种资源为原料的某生产部门的经济增长量。在林业中表现为资源供给不能与社会需求相适应。当然，如果生态资源的自我更新能力能满足并明显大于社会经济对这种资源的需求，则是一种生态丰裕现象，或生态超前现象，不过随着相应经济需求的增长，这种情形通常很快消失。

（四）协调、持续发展目标

在我国的森林生态经济理论体系的建立中，经济社会与生态环境协调、持续发展目标始终处于核心地位。其宗旨就是要探索在我国现代经济社会条件下生态经济协调、持续发展的道路。目前，我国经济社会已步入社会主义市场经济发展的新时期，实现生态环境与经济社会的协调、持续发展应该是指导社会主义市场经济发展的一个最基本的指导思想。

森林生态经济协调的形式表现在以下几方面（从微观角度看）：

（1）质态协调，是生态系统与经济系统在微观层次上互相协调的一种关联状态。这种关联状态的表现形式是技术、经济、生态联系的统一，物质流、价值流、信息流的统一，从此形成能够自我调节、自我修复的自组织能力。质态协调，旨在协调和加强生态系统与经济系统之间的循环增殖功能，促进生态经济系统内部的良性循环。

（2）量态协调，指生态经济系统各构成要素之间在数量配比上的协调。生态经济系统的投入产出物，都是系统在特定属性组合方式下共同作用的结果，只有系统诸要素组合有序，结构合理，才能保持生态经济系统的持续生产力，这是量态协调的第一层含义；第二层含义是指人们对生态系统的干预调控，对于自然资源的开发利用也必须有一个数量界限，即适合度问题。生态经济管理的目标则是通过调整经济主体的生态经济行为，达到或逼近生态经济的最适度。

（3）空间的协调，主要指生态经济系统在地域空间上的分布与协调。不同地区由于自然条件、生产力水平、资源状况、社会发育程度等方面的差异，形成功能各异的区域生态经济系统，而不同区域的生态经济系统，其管理的方式、手段、措施等不尽相同，因此，就要根据生态经济区划原理和要素配置方式变化规律的要求，科学地选择和控制生态经济系统要素的空间组合方式，加速要素位置的合理转移，以获得经济上的互补和生态上的共生。

（4）时间协调，主要指生态、经济效益的同步运行与协调。由于生态效益与经济效益被激发的条件不同，各自遵循的运动规律也不同，加之形态特征上的差异，在时序上二者往往是不同步的，或者是不一致的。时间协调，一方面要在生态经济管理中，正确运用生态经济规律，处理好生产过程中生态、经济效益的辩证关系，并使之相互促进，内向增长；另一方面就是要在兼顾生态效益和经济效益的基础上，不断弱化生态效益阻滞经济发展的负效应。减少经济效益的衰落性递减被动，强化生态效益促进经济发展的正效应，保持生态经济效益的持续稳定提高。

从宏观层次角度看，森林生态经济系统的协调与持续发展是一致的，是从不同角度论述的科学的发展观。

二、森林生态经济系统运行的限制因素

制约森林生态经济运行的主要因素有：林地与生物生产力的相对有限性、科技进步，市场经济与经济发展。

（一）林地与生物生产力的相对有限性

林地的有限性表现在两方面：一是林地数量的有限性，直接制约着森林生态经济系统扩展的边界；二是林地的肥力所表现的林业生产力增殖的有限性也限制着森林生态经济系统的运行。

我国的有林地面积占林业用地面积 40.72%，全国尚有无林地 8661 万公顷，占林业用地面积的 33.10%，其中宜林荒地占 87%。此外，还有一些疏林地、灌木林地，均可改造成有林地，从数字上看，扩大森林面积，扩展现有森林生态经济系统的外延边界潜力是比较大的，但考虑到我国人口数量及其经济增长对土地的需求，这一数字（林业用地）只会呈递减的态势，同时即使不减少，现有的林地中适合发展森林资源的林地资源自然形成了森林生态经济系统扩展的外延边界。

与此同时，林地肥力所表现的林地生产力增殖的有限性也制约着森林生态经济系统的运行。

林地的生产力是依靠土壤具有的潜在肥力作为它的基础的，土壤所具有的潜在肥力可以转化为生物所能吸收的养分，土壤的潜在肥力经过不断使用会逐渐减少，如果没有恰当的物质投入土壤，就会存在逐步贫瘠的趋势。林地土壤的肥力具有自然特性，在天然林正向演替中，其肥力是可以保持，且在一定条件下会使肥力逐步增强的。但也有限度。而

人工林地区，由于人的活动频繁介入，其土地肥力则存在衰减的态势，许多地区的土壤酸化等反映了这种状态。因此，林地也存在用地与养地问题，对林地的掠夺式经营，对林地肥力只用不养，林地肥力衰竭，失去森林生产力持续增长的自然基础。

林地投入的边际效应规律既影响到森林在地域上分布的不均衡，成为森林覆盖率提高的经济界限，也成为森林生态经济系统扩展的经济边界。

森林生产力的增加同样是受到限制的，即使是森林生产量的稳定增长，也受到某些环境要素的影响，如营养元素、光照、水分等，致使森林生产力的提高受到制约，从而也直接影响到森林生态经济系统的产出水平。

（二）科技条件的制约

科学技术是社会现象，它作为一种特殊的生产过程，是社会的活动。它像其他一些社会活动一样，同样对森林生态系统运行发生重大作用。

科学技术是人的一种努力，用科学技术的力量改善生态环境是人类实现对自然界利用的一种手段。科学技术作为认识和利用自然的手段，存在把天然的自然界变为人工化自然界，或者从一种人工化的自然界发展为另一种人工化自然界的动态过程之中。科学技术活动的上述特性从功能的观点看，不断实现人的体力和智力的解放，增强人的创造能力，产生控制自然过程的新技术，和影响自然过程的新方法，开辟改造自然、创造巨大物质财富的可能性；另一方面，由于人类认识自然水平和改造自然能力的局限性，技术进步也会造成不良甚至是意想不到的后果。同时科技发展的迟缓，也会影响到生态系统的合理开发利用和保护。林业中的纯林化倾向，以及森林生态系统的人工控制能力的不足正是作用的结果，影响着森林生态系统的开发与利用，制约着森林生态经济系统的运行。

因此，必须大力研究、开发、推广有利于森林生态系统结构和功能进展演替的技术手段，推进森林生态经济系统的健康、协调、持续发展。

（三）市场经济与经济发展的制约

市场经济条件下，如何协调生态环境与经济发展的关系，是当今世界各国普遍面临的问题，而此问题在我国更为突出。一方面，我国要实现国民的普遍富裕，需要较高的发展速度；另一方面，我国的生态环境破坏得非常严重，因此，如何在这种极为脆弱的生态环境中实现经济的高速发展，而又保持一定状态的生态平衡，使其不损害经济的持续发展和威胁人类的生存，已成为目前最迫切的需要解决的问题。

市场经济是利润经济，在这种体制下，微观经营者的目的是为了取得尽可能多的利润，资源配置受到利润率调节。市场经济的这种特性，使得在其支配下的经济活动与生态环境的关系既矛盾又统一。也就是说，只有有利于生态环境完善的产品生产，能提供较高的利润率时，生产者会去促进这方面的生产，从而改善生态环境。否则就会排斥这种产品的生产，使生态环境恶化。这种结果就森林经营来说，会影响到森林的空间分布以及森林结构在地域上的合理化。再加上林业经营存在的外部经济性；“公用品”的存在；对木材的垄断性经营和采伐、运输的许可证制度，使林业经营缺乏资源优化配置的条件，尽管这些不利因素可以通过“看得见的手”的调控，纠正市场失败对林业的影响，但毋庸置疑，在社会主义市场经济发展的初级阶段，保护的滞后性具有存在的必然性，势必影响到林业的发展，乃至于森林生态经济系统的运行。而经济发展对森林生态经济系统运行的制约也是存在的。

经济发展对森林生态经济系统运行的正面效应表现在，经济发展需要良好的生态环境作基础，良好的生态环境可促进经济的发展，因为它可为经济发展提供价廉物美的生态经济资源，降低其生产成本，提高劳动和资本的边际产出，而不断恶化的生态环境对经济的作用则完全相反。

经济发展对森林生态经济的负面效应则表现在：一是经济发展使生

产要素投入变得更加稀缺，加之优化资源配置的要求及时间偏好的影响，必然影响林业经营的供给水平；二是经济发展所追求的增长率对木材需求的急剧增长，导致价格的大幅度上升，对森林管理带来一定压力，加之企业、地方政府对利润、财政收入的追逐，无形中更加剧了这种压力；三是经济增长的硬指标和生态保护的软指标的客观存在，使森林生态经济系统的运行存在偏向短期经济利益最大化的倾向。

经济发展与生态环境之间的偏好程度在经济发展的不同阶段，其表现是不同的。其偏好程度往往是从人的福利角度去评价，并以取得最大福利为目标，人们在经济发展的不同阶段，对它们各自评价是不同的，这种不同，会使社会为达到自身最大的福利，对它们进行不同的组合。在经济发展水平较低阶段，追求温饱是社会主要目标，所以在该阶段，社会对生态环境的社会评价值会较低，而对经济增长的评价值会较高。随着经济的发展，其评价也会逐步递转，社会往往通过用经济发展的利益去弥补生态环境的损失，这是世界经济发展的基本过程。在当今世界，尽管众多发展中国家已经意识到这种道路的历史局限性，但还是在沿着这个轨迹走下去。而林业正是在经济发展中扮演着一个“资本原始积累”的角色，以森林破坏为代价，支持着经济发展战略。

我国是社会主义国家，政府对宏观经济的调控是强有力的，同时也将经济发展战略建立在生态环境协调、平衡的基础之上的，但由于林业所处地区的限制，上述经济发展对森林生态经济系统运行的负面效应及制约是一种客观存在，这种制约将随贫困的逐步解决而使这种负面影响越小，但经济发展对环境的负面影响（工业活动的“排泄物”）将越来越大，这种负面影响也制约着森林生态经济系统的运行方向。

对森林生态经济系统运行的制约因素还有许多，如交通运输条件、产权清晰程度、政策法规的完善等，均对其运行产生一定影响，因此，消除或弱化影响系统运行的不利因素是完善森林生态经济系统运行的有效途径，也是实现森林生态经济系统协调、持续发展目标的保障。

三、森林生态经济系统运行机制

森林生态经济系统的运行机制是动力机制、关联机制和保障机制的融合。机制规定着运行的方向，是森林生态经济系统规律的体现。

森林生态经济系统运行机制包括以下内容：

（一）动力机制

任何系统的运动都需要动力，动力作为事物发展变化的基本作用力是普遍存在的。森林生态经济系统运行也需要动力，这种动力就是推动森林生态系统向着稳定、有序化方向发展变化的各种本质力量，它既包括有生态学的规定，也隐含着经济学的解释。据此，我们把森林生态经济系统运行的动力机制抽象为自然动力机制和经济动力机制。

（1）自然动力机制。自然动力是指对森林生态经济系统构成影响的一切自然条件或自然因素所形成的促使生态经济协调、持续发展的力量。自然动力是人类赖以生存的基本条件，是自然界的再生动力，是一种自我调节机制。

自然动力机制的核心是自然生产力，自然生产力就是由自然形成的各种自然要素相互作用所产生的一种对人类经济活动的作用能力。自然生产力包含两层含义：一是各种自然因素及其相互关系本身具有的对人类有价值的生产能力；二是各种自然因素及其相互关系的运动所形成的对社会生产过程的助动器作用，是一种条件性的生产能力。自然生产力作为社会生产力的物质承担者，是维系森林生态系统和林业经济系统正常运转的原始动力。

（2）经济动力机制。谋求生存与发展是人类的生物进化本能，而人类生存与发展的最基本条件，是要有可供人类生存发展的、以物质资料为主要内容的经济利益。这一常识表明，经济利益有其自然基础，追求经济利益是不以社会经济形态为转移的人类必然动机和行为，这种以人类自身需要为目的，对经济利益的追求，构成生态经济系统运行的经济动力。

经济动力机制在物质上表现为在该种动机驱使下的生态经济行为，即生态经济系统的现实矛盾运动过程。

心理学的研究表明：动机支配着人们的行为，而动机又是由于某种需求而引起。这里的需求是指人类生存与发展的全面需求，不仅包括物质需求，而且也包括生态需求。森林生态经济系统正是以自身所能提供的产品和服务来满足着人类的这种需求，随着人类对森林所能提供的产品和服务需求的日益增长，这种需求所导致的对森林生态经济系统运行和推动力也愈强。

（二）关联机制

森林生态经济系统作为一个开放的系统，各组成部分之间存在互相依存、互相联系的关联性，这种关联机制，通过森林生态经济系统的有关规律表现出来。如能量守恒和转化规律、物质循环规律、生态平衡规律、森林演替规律、森林资源永续利用规律等。

（三）保障机制

市场经济是我国经济发展的必然选择。市场经济的实质是资源配置经济，依靠市场的力量配置资源，使资源得到合理利用，生态环境得到改善。但市场对资源配置，由于市场不完善状况的存在，又必然会对生态环境形成一定的负面影响，为了使这种负面影响降到最低，加强政府的宏观调控、运用经济和法律手段，解决市场调节对生态资源合理使用失败的弊端，成为经济社会发展的必然。

森林生态经济系统运行中较之其他生态经济系统类型，市场经济的负面效应更为突出，因此，建立顺应森林生态经济系统运行的保障体系更为必要，更为迫切。

森林生态经济系统的保障体系包括以下内容：

（1）法律制度保障。法律作为遏制企业和个人为了自身利益而损害公众利益的有效手段，一方面为企业和个人的生态经济行为提供了规范和准则；另一方面对破坏资源，破坏生态平衡的企业和个人起着一种威慑作用。因此，把森林资源的保护与发展，促使森林生态经济系统的良性运行纳入法制轨道，用严格的法律规范控制人们对森林生态经济资源的行为，是森林生态经济系统运行的重要保障。

（2）经济政策保障。任何生态经济问题，从根源上分析，无不源于利益关系的支配，是经济利益作用的结果。因此，从根本上解决生态经济问题，必须贯彻经济利益原则，运用利益激励机制，促使人们从物质利益上关心保护生态资源。

生态经济政策就是运用经济手段来疏导，调节经济利益关系，为保护生态资源提供行动准则。

生态经济政策的内容很多，但从层次上，就森林生态经济的特点看，主要有：①森林生态经济资源利用政策，其核心是要建立森林生态经济效益的补偿机制，消除对资源的无偿使用所带来的资源浪费，资源发展受挫的影响；②优惠鼓励政策，其核心是林业扶持政策。政策的目标旨在通过财政、信贷、税收、价格等杠杆，以及收费、基金等手段，鼓励从事林业的各项投资事业，消除或弱化林业中的“市场失败”。

（3）监测体系保障。森林生态经济系统是一个开放系统，系统中的各构成要素无不处于运动变化之中。随系统的发展变化，其质量状况、组合方式及生产能力均会发生改变，这就必须对代表系统质量的各种标准及数据进行经常性监测，以掌握和判断其状态及发展趋势。

第五章　森林资源资产评估

森林资源是陆地生态系统的主体，它具有生态效益、社会效益和经济效益，是人类生存必要条件。森林资源又是人类社会极为重要的财富，林业企业赖以生存和发展的物质基础。森林资源的资产化管理是森林资源管理的一个飞跃，是从计划管理到经济管理，从资源产品经济到资源商品经济的必由之路。森林资源资产评估是森林资源资产化管理的一项重要工作。它对维护森林资源资产所有者、经营者的权益，提高森林资源资产的使用效益，深化林业改革，发展社会主义林业建设，实现林业的可持续发展具有重要意义。

第一节　森林资源资产及其评估

一、森林资源资产概念及特点

资产是指企业或经济组织拥有以货币计价的、在未来能够带来经济利益的、具有稀缺性的经济资源，它是由财产物资、债权和其他各种权利构成的。它可以是货币性的，也可以是非货币性的；可以是有形的，也可以是无形的；可以是企业经营使用并归企业所有的，也可以是非企业所有，但归企业使用的。总之，只要它们具有价值和使用价值，有助于企业的经营，企业有权利用它们但一般不需要再负担额外费用的一切财产物资、债权和各种权利。

物资资料的生产是人类生存的条件，也是人类社会存在的基础。物质资料生产的发展，又是人类社会各方面发展的前提。在整个物质资料的生产过程中除了人的劳动，无论是劳动资料（生产工具、管道容器、运输工具、厂房、道路及其建筑物）还是劳动对象（包括未经人们加工的天然物，如原始森林、矿藏、水域以及经过加工的劳动产品，如钢铁、棉花、开采出来的石油等），都是企业和经济组织拥有的或长期控制的各种财产、债权及其他权利。

森林资源是地球生态系统的主体，它具有生态效益、社会效益和经济效益。森林资源是以森林资源为物质内涵的资源，它仅是森森资源中具有资产性质的一部分经济资源，它是林业企业赖以生存和发展的物质基础、生产资料的主要来源。森林资源是自然资源资产的主要组成部分，是一种具有再生能力的自然资源资产。

森林资源资产主要可分为林木资产、林地资产、景观资产、野生植物资产、野生动物资产；在林木资产中根据其收获形式的不同还可分为用材林林木资产、薪炭林林木资产、经济林林木资产和竹林资产等。

森林资源资产与一般资产一样具有以下特性：

（1）获利性。作为森林资源资产是林业企业及其他经济组织所拥有的能够获得预期经济收益的森林资源。企业盈利过程是以生产的价值量形成和实现为前提的。不能给所有者带来经济利益的森林资源，不能作为森林资源资产，只能作为潜在性的森林资源资产，待条件改善后，能获得经济利益再转化为资产。

（2）占有性。作为森林资源资产必须为某一经济主体排他性地占有，也就是产权的归属必须明确并能实施有效的控制。无法实施有效控制的森林资源不能作为资产，如现阶段大部分的野生动物和植物资源，由于无法对其实施有效的控制，因而不能作为资产。

（3）变现性。从市场经济角度考察，任何资产由于具有价值和使用价值，因而应该都有可以变现的，森林资源资产也不例外。虽然森林资源资产的生长周期较长，不同的森林资源资产变现的方式可能不同，但都应受制于价值规律，都应具有变现的能力。

（4）可比性。根据资产的价值分析，资产功能同成本有着内在的联系。所以，资产的合理价值应体现为生产功能的重要性系数和成本系数的一致性上。虽然森林资源资产由于经营的周期长，成本对市场价值反映较为滞后，但从长时间看成本仍然对其功能发生影响。因此，在评估中可以通过资产功能的对比，确定其调整系数，评估资产的成本价值。

由于森林资源资产是再生性的自然资源性资产，它还具备以下特点：

（1）经营的永续性。森林资源资产属于可再生的资源性资产，森林资源资产消耗可以通过合理的经营，根据森林生长的规律和再生能力的特点，采用科学的森林经营利用措施而得到补偿，因而森林资源资产在没有受到自然灾害和人为破坏时，在科学、合理的经营下，是不发生折旧问题，而且每年都出售部分资产（林产品），其森林资源资产的总量保持不变，或略有增长，长期永续地实现其保值增值的目的。

（2）再生的长期性。森林资源资产是再生性资产，但根据森林生长的规律，它的产品要有很长的时间后才能出售，通过投入某一森林资产经营的资金少则数年，多则数十年，上百年才能回收，因为一块林地造上林木，要到数十年后，林木成熟并进行采伐时，才能将其资金收回。

（3）分布的辽阔性。森林资源是陆地上最大的生态系统。森林的分布极为广泛。由于森林再生的长期性，经营的永续性，要求森林资源资产的经营部门要拥有较大面积的森林资源资产。通常森林资源资产的经营实体都有成千上万公顷的森林资源资产，否则，它将无法永续。由于分布的辽阔，使这一地域的森林资源资产与另一地域的森林资源在结构内涵与功能发挥上都有不可比之处，各具特色。例如，南方的森林资源资产与北方的森林资源资产不同，山地的森林资源资产与平地的不同等。不同地域的森林资源资产有着不同的经营属性不能对其采取同一的经营模式。分布的密集程度也直接关系到森林资源资产的价值与功效，由地域性派生出来的分布不均衡性使森林资源资产的价值评估复杂化。

（4）功能的多样性。森林资源资产结构复杂，形态各异，决定了它功能的多样性，森林资源资产的某些成分，除了有价值可以变换的商品属性外，还具有一些价值难以度量的生态公益效能，这些效能通常自动外溢，受益者无须付费，即可得益。造成森森资源资产的评估价值偏低。

（5）管理的艰巨性。与其他资产相比，森林资源资产的安全管理任务十分艰巨。森林资源资产漫山遍野地定位在广阔的林地上，既不能仓储，又难以封闭，使其安全保卫十分困难，火灾、虫灾、盗伐等人为或自然的灾害很难控制。就是说，森林资源资产容易流失，增加了风险损失的可能性。森林资源资产的经营必须引入风险机制，才能使其适应社会主义市场经济的发展。

二、森林资源资产的界定

森林资源资产评估首先要解决的问题是森林资源的资产界定。森林资产界定主要包含两大方面的内容：一是界定森林资源资产的物质内涵，即哪些是森林资源资产，哪些不是森林资源资产；二是界定森林资源资产的所有权，即要确定森林资源资产的占有权、使用权、收益权和处分处。

（一）森林资源资产界定的基本原则

森林资源资产的界定是我国林业经济管理体制的变革，是为建立具有中国特色的社会主义市场经济体制服务的。其界定应遵循以下基本原则：

（1）以法律为依据的原则。森林资源资产的界定是一种法律行为，其界定必须以有关法律、法规为依据。无论是森林资源资产物质内涵的界定，还是森林资源资产所有权的界定，都必须有法律依据。没有法律依据的界定是无法接受的。

（2）国家所有权受特殊保护的原则。国家是特殊的经济主体，唯有国家的利益最能反映全体人民的共同利益和社会的长远利益。因此，在界定中国家所有权必须受到保护。根据《民法通则》规定：无主财产归国家所有；继承法规定，无人继承的财产归国家所有。就森林资源资产而言，凡没有法律依据为集体所有或其他经济成分所有的森林资源资产均应界定为国家森林资源资产。

(3) 维护其他非国家经济主体合法地位的原则。在森林资源资产的界定中，由于森林资源具有定位性，与林地是不可分割的。而我国的土地所有制只有全民所有和集体所有两种，其他经济只拥有土地的占有权和使用权。故保证非国有经济主体对森林资源资产的合法占有与使用对于林业的发展具有重要意义。

(4) 谁投资谁占有谁受益的原则。在商品经济的条件下，资产及其收益最终都归投资者所有，收益的分配也由投资者来控制；森林资源资产在其形成中有较多的自然力的因素，但也离不开资金的投入。鼓励多种经济成分积极投资林业是振兴我国林业的重要举措。因此，在森林资源资产的界定中要特别注意林地资产与林木资产的归属。谁投资谁占有谁受益就是这一政策的最好体现。但必须注意，林地资产的归属不因林权的改变而随意变动。

(二) 森林资源资产界定的依据

森林资源资产的界定在内容上分为两个层次：

(1) 界定森林资源资产的不同财产构成。森林资源资产财产构成界定的依据主要有：①有关的自然资源法规，如《中华人民共和国森林法》《中华人民共和国土地管理法》《中华人民共和国草原法》《中华人民共和国水土保持法》《中华人民共和国野生动物保护法》《中华人民共和国渔业法》等法规中关于资产构成的条款是资产构成界定的基本依据。②当地生产力发展的水平。资产的财产构成是随着生产力发展水平的提高而丰富的。如森林景观资产在20世纪80年代中期前，人们对它的认识是有限的，没有人将其作为资产。随着时代的进步与科学技术的发展，森林旅游已成为旅游热点，森林景观资源就理所当然地成为森林资源的重要组成部分，也成了重要的森林资源资产。

(2) 界定森林资源资产所有权的各种权能。所有权的各项职能的界定就是对资产占有、使用、处分、受益的界定。森林资源资产的占有权要依据县（市）以上人民政府的具有法律效力的法律文书来确定归属。如县政府签发的土地证、山林权证等。森林资源资产的使用权界定除了依据县以上人民政府的法律文书外，通常还可依据森林资源资产占有者具有法律约束力的契约性文件来界定。例如通过签订合同、协议的方式将森林资源资产交由其他经济主体使用。森林资源资产受益权主要根据谁投资谁受益的原则，依据法定或约定的经济管理文件来界定。如合同书等。森林资源资产的处分权则必须由原占有森林资源资产的经济主体的上级主管部门的具有法律效力的文书来界定，因为森林资源资产的处分权涉及产权的流转，必须得到上一级主管部门的确认才有效。

（三）森林资源资产的认定

森林资源资产的界定就是要界定哪些森林资源属于资产，哪些不属于资产，以及属于资产的各项权能的归属。在界定中必须对各项森林资源资产的内部构成进行仔细的分析与认定。对这些资产进行分类分析的主要依据是价值论。森林资源要界定为资产必须满足以下要求：①产权归属明确，为某一经济主体所占有，并实施有效控制的森林资源；②具有使用价值，可作为经营对象；③数量明确，可以用货币进行度量，可作为商品在市场中进行交换的森林资源。

1. 林地资产认定

除根据《中华人民共和国森林法实施细则》第二条规定外，《林业部森林资源规划设计调查主要技术规定》对林地（林业用地）做了更为具体的划分。

根据有关法规，我们可以认定哪些属林地资源，哪些不属林地资源。在林地资源中哪些应认定为林地资产，哪些暂时不能定为林地资产，则应以目前生产力的发展水平来定。也就是要以该块林地在当前生产力的水平下，它可拥有的价值以及其经营和权属状态来认定。不满足上述要求的林地，在目前只能作为资源或潜在的资产存在，而暂时不能列入资产，不能进行评估。但随着经营条件的改变，它们可以转入资产。

2. 林木资产认定

林木资产是具有资产属性的林木的总和。根据《中华人民共和国森林法》，林木资源按其功能主要可分为：用材林、防护林、经济林、薪炭林和特种用途林五种。

在这五大林种中，经济林一般应全部认定为森林资源资产。因为它的产权通常较明确，并可实施有效的控制，而且它以生产果品、油料、饮料、调料、工业原料和药材为目的，通常有较多的投入和较高的经济效益。

用材林和薪炭林的大部分应认定为森林资源资产。不能认定为资产的主要有：

（1）产权关系不明确的用材林和薪炭林；

（2）经营主体无法进行事实上有效控制的用材林，如不可及林；

（3）生产条件恶劣或林分质量极差，无法产生经济效益，不能作为经营对象的森林。

防护林的情况较为特殊，相当一部分的防护林虽然以防护效益为主要目的，但仍可产生较大的直接经济效益，水源涵养或由于防护效益带来了间接的经济效益为某一特定经济主体所占有，如农田牧场防护林、护路林等。这类防护林产权关系明确并能产生经济效益，其效益为某一特定的经济主体所占有，则应认定为森林资源资产。其他的防护林，由于其产生的生态效益为社会所共有，且难以用货币计价。它们暂时只能作为潜在的资产而不能直接认定为资产。

特殊用途林的情况也很复杂，它的经营目的是多种多样，它们中间有一部分即使产权关系明确也不能作为森林资源资产。如以保护军事设施和军事屏障为主要目的的国防林、自然保护区内的禁伐林等。但有些特有林以培育优良种子为目的的母树林，教学、科研实验林场的实验林，城镇、医院、疗养院、工业区等以净化空气、改善环境、防止污染、减低噪音为主要目的环境保护林，在风景游览区内以美化环境、吸引游人的风景林等森林虽然有其特殊的经营目的，但在实现该目的的前提下，仍可产生较大的经济效益，可以作为资产经营。这类森林只要产权关系明确，为某一经营主体所占有并实施实际上的有效控制，则应认定为森林资源资产。

3. 林区野生动植物资产认定

林区野生动植物是森林资源的重要组成部分，但野生动植物的产生不是人类劳动的产物，如何确认它们的数量及价值一直是学术界研讨的题目。传统的认识是将其作为资源来管，而不认为是资产。但随着社会的进步，野生动植物的价值发生了巨大的变化，而且森林资源的经营方式也朝着多样化与综合利用方向发展，在林区中对野生动植物采取管护和经营利用措施并实施有效控制，如狩猎场等，这类野生动植物应认定其为森林资源资产。其他的野生植物资源仅能作为潜在性资产。

4. 森林景观资产认定

景观是一个系统概念。森林景观是森林生态系统的组成部分。林区中的山、水、土、石、大气、光照、动物、植物等各种生物和非生物要素的组合称为森林景观。森林景观的开发利用随着森林旅游的兴旺而兴旺起来的。森林景观的开发、经营是以森林旅游为目的、以林地的开发为基础。森林景观被界定为森林环境资产，除了其产权要求外，关键是看当地的旅游业发展水平。交通条件较好、森林环境优美、可以吸引游客的景观资源应认定为森林景观资产。地处边远、交通困难、虽然环境优美，但无法吸引游人前往的森林景观资源，在当前仅能是资源，而不能作为资产。

三、森林资源资产评估

资产评估是市场经济条件下客观存在的经济范畴，随着商品经济的发展，越来越多的不同所有者和不同的利益主体，在社会经济主体资产的指导下，通过市场纽带，建立起由社会分工、社会必要劳动所规范的社会联系，越来越多地把生产成果及生产条件纳入交换、流通、竞争和价值规律制约的范围。这样既适应了生产社会化的发展，又强有力地发展了社会化大生产，成为社会经济繁荣的有效动力机制。为了将生产成果和生产条件共同纳入商品经济的约束范围内，维护不同所有者和经济利益主体的权益，就必须合理地估计和判断这些生产条件和生产成果的现时市场价值，这就要对这些生产条件和生产成果（资产）进行评估。

所谓的资产评估，就是在市场经济条件下，由专业机构和人员，依据国家有关规定，根据特定的目的，遵循适用原则，依照法定程序，选择适当的价值类型，运用科学方法，对资产的价值进行评定和估算的行为。资产评估的实质是一种对资产价值的判断。它是评估者根据所掌握的市场资料和资产资料并对现在和未来市场进行多因素分析的基础上，对资产所具有的现时市场价值量进行估算。

森林资源资产的评估是整个资产评估的重要组成部分，它是以森林资源中具备资产条件的部分资源（森林资源资产）为对象，进行市场价值的判断。

森林资源资产评估是一项技术性、政策性很强的工作，从业者不仅要掌握一般资产评估的理论和技术，而且还要了解森林资源本身特殊的生长变化规律、森林的经营技术和调查技术等，其知识结构既涉及林学、采运的专业知识，又涉及经济学、法学、管理学等方面的知识，要求多学科的协同工作。

森林资源资产评估与一般资产评估一样，是一种动态的、市场化的社会经济活动。森林资源资产作为一种能带来收益的商品，其本身的价值量是由特定时期创造该资产的社会必要劳动时间所决定的。它的货币表现形式——价格，却要受到市场供求关系等客观因素所影响。因此，特定时间、特定地点条件对某一森林资源资产进行评估的结果与其价值量不可能完全相符。森林资源资产的评估是为了特定的目的服务的，同样的森林资源资产因评估的目的不同，所采用的评估标准和评估方法就有所不同，所得的结果也就不同。在某种意义上，森林资源资产评估的结论只能是一种判断性意见，通常是建立在外部环境，按技术上的可能性、经济上的合理性而进行充分分析的基础之上的，它会随各种因素的变化而变化，这构成了森林资源资产评估的特殊性质。

四、森林资源资产评估的特点

森林资源资产评估与一般的资产评估一样具有以下特点：

（一）政策性

根据我国的国情对森林资源评估国家有一定的政策规定，当前最主要的有国务院发布的《国有资产管理办法》《森林资源资产评估技术规范》等。对资产占有单位在什么情形下应当进行资产评估，以及评估的范围、评估的组织管理、原则、程序、方法及其法律责任都做了明确的规定，这是对资产评估工作的政策要求。还有资产评估价格，由于我国生产力水平还比较低，生产资料市场还不完善，某些生产资料背离价值的情况还不能完全改变过来，有些产品还离不开国家的补贴、扶持。特别是某些与国计民生有重要关系的产品，某价格的制定还不可能按照商品经济那样完全按价值规律的要求，同一产品有不同的价格，有些产品特别是林产品的价格在很大程度上受国家规定的税费影响，这就使之更具有政策性。

（二）技术性

要对森林资源资产价值评估出一个相对准确的数字，必须经过一系列复杂而细致的技术工作。对每一项森林资源资产，在评估其价值之前，评估人员必须先到现场进行勘察，不仅是查对数量，而且要勘察其质量，详细了解该森林资源的树种组成、林龄、郁闭度、树高、胸径、蓄积量以及生产成本、生产条件等情况，才能正确计算其评估值，具有严格的科学和技术要求，这就不是一个人或者一般人能完成的，必须是具有一定水平的各类专业技术人员才能胜任的。

（三）专业性

所谓专业性首先要求森林资源评估机构的专业性，评估机构必须是具有一定条件并经注册登记和资格审查取得森林资产评估资格的中介机构；其次还要求参与资产评估的人员应该有一定的林学专业技术素养和丰富的财务会计、统计、审计的实践经验。

（四）综合性

森林资源资产评估最后的结果将以货币量来体现，加之资产评估的范围包括多方面，因此这一工作是一项十分复杂而细致的工作，从而要求评估人员的知识和经验必须具有全面性。对一项资产的评估，我们不仅要了解它的自然属性、使用价值，而且需要了解它的社会属性、价值及其表现在货币形态上的价格。此外还要了解被评估资产同外界的联系，要预测它的日后效能。在评估中，对资产的诸多因素大部分要用确切的数据进行计算、分析和综合。因此评估人员应具有相应的知识。一名评估人员不可能完全具备与资产评估工作相适应的全面的技术和知识，但必须要有一个具有多方面的群体，做到优化组合，相互取长补短，评估人员不仅要具有多方面的知识，还要有较高的智力水平（如观察能力、思维能力等），丰富的经验和较强的工作能力。

（五）时效性

作为一个林业企业来说森林资源资产的数额和结构都不可能是静止不变的，一方面物价经常变动；另一方面森林资源本身也在不断生长。评估结果只能说明一个林业企业在某一时点的森林资源资产状况，随着时间的推移，必然会发生变化，并产生较大的差距，因此确定了评估结果只能在一定期限内有效（我国规定是从评估基准日起一年内有效）。

（六）规范性

资产评估是一项复杂而严肃的工作，决不能具有主观随意性，为了确保评估结果的真实性，要求评估结果的全过程都要按照一定的规范进行，比如评估的组织管理、原则、程序、方法以至评估报告书的内容都有具体的要求，必须严格按照规定的要求进行。

（七）公正性

公正性是指资产评估行为对于评估当事人具有独立性，它服务于资产业务的需要，而不是服务于相互矛盾的资产业务当事人中任何一方的需要。公正性表现在两方面：①资产评估是按公允法定的准则和规程进行的，具有公允的行为规范和业务规范，为公正性奠定了技术基础；②评估人员应当是与资产业务没有直接的经济利害关系的第三者，这是公正性的组织基础。当然，资产评估也有内部评估形式（如清产核资），但它并不能在资产业务中取代第三者评估即外部评估的作用（之所以不可取代，是由于它不具有公正性）。

（八）权威性

评估结果将作为资产经营和产权变动底价的依据，作为一个企业来说，经确认的评估结果可据以调整账务，这就从客观上要求评估具有权威性。评估不是任何单位所做的估测都具有法律效力，而只有经省以上林业主管部门和国有资产管理部门授予森林资源评估资格的机构才有效，这也就是评估机构的权威性；另外，评估的权威性还体现在从业人员的权威性（经过严格考试的注册评估师）、测算所依据的权威性和计算方法的科学性。

（九）责任性

资产评估结论应当是真实可靠的，无论在什么情况下，都要经得起检验和推敲，而且还得承担法律责任。因而来不得半点马虎，否则将受法律制裁。如 1995 年第八届全国人大常务委员会第十二次会议通过的《关于惩治违反公司法的犯罪的决定》第六条规定："承担资产评估、验资、审计职业的人故意提供虚假证明文件，情节严重的，处五年以下有期徒刑或者拘役，可以并处 20 万元以下罚金。"

（十）风险性

森林资源资产评估是根据有关资料的可靠性，对森林资源资产价值做出的一种模拟价格。这种模拟价格是评估人员主观对被评估资产的客观反映。其估价的准确程度如何，取决于所搜集到的资料情况，以及评估人员的道德素质和业务水平的高低，可以做到尽可能准确，但不可能做到绝对准确。但评估机构要对评估结果负法律责任，具有很高的风险性。

在我国，随着社会主义市场经济体制的确立和发展，资产评估作为社会性和公正性活动，在产权转让、企业重组、资产流动等方面发挥了重要作用，成为社会经济活动中不可少的组成部分。

第二节　森林资源资产评估的估价标准

所谓森林资源资产评估的估价标准是指对森林资源资产的作价标准。即对森林资源资产进行评估所适用的价格准则。由于价格是商品价值的货币表现，价值量不同的商品，其价格也表现为不同的货币量，这种货币量就是价格标准。而森林资源资产评估的价格标准则是依据森林资源资产估价所适用的价格标准，要求估价类别与森林资源资产业务相匹配。森林资源资产评估的估价标准是森林资源资产评估价值形式上的具体化。森林资源资产在价值形态上的计量可以有多种类型价格。目前国际通用的价格标准有：历史成本、重置成本、收益现值、现行市价、清算价格等。这些不同类型的价格分别从不同角度反映森林资源资产的价值特征，这些价格不仅在质上不同，在量上也存在较大差异，而作为森林资源资产业务所要求的具体估价标准却是唯一的。否则，就失去了正确反映和提供价值尺度的功能。因此，必须根据森林资源资产业务的行为，即评估目的，明确所要求的价值尺度的内涵，从而确定森林资源资产业务所适用的价格类别。

我国在总结森林资源资产评估实践经验基础上，借鉴国际惯例有五种类型的估价标准，即：历史成本标准、重置成本标准、现行市价标准、收益现值标准和清算价格标准。

一、历史成本标准

历史成本即评估森林资源资产在购建时所支付的货币资金或其他等价物。历史成本标准在“不变币值”的假定下，对森林资源资产的计价特别是对新造的森林资源资产（如未成林造林地上的林木资产）计价具有普遍适用性，同时也是会计核算的重要标准。它反映森林资源资产在取得全过程中实际支付的费用总值，具有较强的客观性和可靠性。由于在林业会计核算中营林成本及生产消耗的计算均以历史成本为依据，所以森林资源资产评估在幼龄林采用历史成本标准还具有较强的查证性和计量性，评估比较方便，费用相对较低。在物价比较稳定的情况下，按历史成本进行评估也不会影响森林资源资产的足额补偿，如果在物价变动的情况下，按历史成本进行评估，补偿基金的形成难以在实物形态上保证森林资源资产的简单再生产。所以，按历史成本进行森林资源资产评估的适用性受到较大的限制，在我国《森林资源资产评估技术规范》中规定，在会计核算基础较好，账面资料比较齐全，且账面历史成本与行业或地区平均成本较为接近时，可采用历史成本调整法，用物价指数将历史成本调整为现实成本。

二、重置成本标准

重置成本是指在现时条件下，按照被评估森林资源资产的功能重置森林资源资产，并使资产处于在使用的状态下所耗费的成本。即按照被评估森林资源资产的重置成本减去有形损耗、功能性损耗和经济损耗来确定森林资源资产的重估价值的一种计价标准。重置成本的构成和历史成本一样，也是反映森林资源资产建造过程中全部费用的价格，只不过它是按现有技术条件和价格水平来计算的。

重置成本可分为复原重置成本和更新重置成本两种。复原重置成本是指用与被评估森林资源资产相同的材料、相同的营造标准、相同的设计和技术条件等，以现时价格营造相同的森林资源资产所需的成本。更新重置成本则是指利用新技术、新材料、新标准营造与被评估森林资源资产相同或类似功能森林资源资产的成本，决定重置成本的两个基本因素是：重置完全成本及其损耗（即贬值）。重置成本标准适用的前提是森林资源资产处于在用状态。一方面反映森林资源资产已经投入使用；另一方面反映森林资源资产能继续使用，对所有者具有使用价值。

选用重置成本标准，在评估操作上，难度远比选择历史成本标准要大得多。它不仅要考虑森林资源资产购进时的历史成本资料，同时还要考虑森林资源资产现行重置成本，确定森林资源资产成新率、功能系数等参数，评估工作量大，费用也较高。但它可以确保森林资源资产的足额补偿，在物价大幅度上升，森林资源资产严重账实不符时，按历史成本标准评估较难准确反映森林资源资产价值，而采用重置成本标准评估，则能较准确地反映森林资源资产价值。

重置成本标准主要适用于以森林资源资产足额补偿为目的的森林资源资产评估和抵押贷款经济担保等经济活动中的森林资源资产评估。在幼龄林和未成林的森林资源资产评估中也常常使用重置成本标准。重置成本标准在用于企业评估时，应当用收益现值标准进行验证和调整。

三、现行市价标准

现行市价是指森林资源资产在交易时市场上通行的价格。现行市价标准则是以森林资源资产在目前情况下的市场变现价格为基础来估算被评估森林资源资产价值的一种计价标准。采用现行市价标准必须具有该项森林资源资产的公平交易市场。这种公平交易市场又称为公开市场。公开市场是指一个竞争性的市场，交易的各方进行交易的唯一目的在于最大限度地追求经济利益，交易的各方掌握必要的市场信息，具有较为充裕的时间，对被评估资产具有必要的专业知识、交易条件公开并且不具排他性。所以委托方因某种原因在森林资源资产快速变现或森林资源资产专用性很强而没有潜在买主时，就不适宜用现行市价标准来评估。

（一）现行市价标准与重置成本标准的区别

现行市价标准和重置成本标准所依据的现行价格，都是要求资源资产的公平市价，但二者都有着显著的不同：

（1）计价的角度不同。重置成本标准是从投入的角度来评估森林资源资产的价值，即假定被评估森林资源资产在全新时，按照现行市场价格，要花多少钱才可以获得该项森林资源资产，以此来重估森林资源资产价值；而现行市价标准则是从收入的角度来评估森林资源资产的价值，即假定被评估森林资源资产按现行市价变卖能获得多少收入，以此来计算价值。

（2）受市场条件制约程度不同。现行市价标准的运用，需要以发达的市场机制为前提，并且森林资源资产变现值要受市场条件的制约；而重置成本标准则是从买者的角度来参照市场价格，因而市场机制对重置成本标准的制约相对较弱。

（3）价格包含的内容不同。现行市价标准估算的森林资源资产价值是一个变现价值，要从公平交易市场价格中扣除变现费用；而重置成本标准估算的森林资源资产价值则不仅包括公平交易市场价值而且包括一些附加费用等。

（4）运用的条件不同。现行市价标准可脱离森林资源资产的原始记录而运用，它可在森林资源资产原始记录不完备或对原始记录的真实性产生怀疑的情况下采用；而重置成本标准的某些计算方法则必须利用原始记录（成本）资料来估算森林资源资产的价值。

（二）决定现行市价的基本因素

（1）基础价格：即森林资源资产的生产成本价格。在一般情况下，一项森林资源资产生产成本的高低，决定其价格的高低。

（2）供求关系：森林资源资产价格与需要量成正比的关系，与供应量反成比例关系。当一项森林资源资产在竞买时，森林资源资产价格会上升，在竞争拍卖时，森林资源资产价格则会下降。

（3）质量因素：这是指森林资源资产本身功能、精度等技术参数；优质优价是市场经济的法则，在森林资源资产评估中，质量因素对森林资源资产价格的影响必须予以充分考虑。

四、收益现值标准

这是在继续经营的情况下，根据被评估森林资源资产合理的预期获利能力的大小，按照“将本求利”的逆向思维——“以利索本”，以适当的折现率（即社会基准收益率）或资本化率，计算出森林资源资产未来收益折成的现值，并考虑其他相关因素，确定森林资源资产重估价值的一种计价标准。可见，收益现值是指为获得森林资源资产以取得预期收益的权利所支付的货币总额。收益现值标准适用的前提条件是森林资源资产必须投入使用，同时，投资者投资的目的是为了获得预期收益。收益现值标准具体运用时，可分为以下两种情况：

（1）将森林资源资产在某一特定时期的预期收益折现后确定待评估森林资源资产的重估价值，对于那些经营寿命周期并非永久性的森林资源资产，如经济林、用材林的林木资产，必须要把资产经营寿命期内的预期收益作为确定森林资源资产交易的底价的依据。评估时应将森林资源资产在经营寿命期限内的收益折算成现值，并以此作为确定森林资源资产的重估价值。

（2）假定持续经营情况下的预期收益折现及森林资源资产价值重估。在这种情况下需要根据前几年的经营状况和市场条件，对森林资源资产未来的若干年内收益做出预测，并假定在以后的收益率保持不变的情况下，将森林资源资产的预期收益经过折现和资本化处理，计算出森林资源资产的重估价值。收益现值标准主要适用于企业承包、租赁、股份经营、联营、兼并、中外合资、中外合作等产权变动森林资源资产业务的森林资源资产评估。以收益现值标准评估企业森林资源资产，意味着不是将森林资源资产作为商品简单地定价买卖，而是将森林资源资产为收益能力买卖，它实质上评估的是森林资源资产的资本化价格。

五、清算价格标准

清算价格是指在非正常（企业停产、破产、解散）市场上限制拍卖时可得到的变现价值。清算价格标准就是以森林资源资产的清算价格为依据来计算森林资源资产价值的一种计价标准，即是一种拍卖价格。由于它受到期限限制和买主限制，其价格一般低于现行市价。清算价格标准主要适用于破产企业处理中的森林资源资产评估，企业破产之后，森林资源资产应进行必要的处理。此时应区分不同情况，考虑评估标准：①某些森林资源资产完全丧失原有使用价值。这类森林资源资产在清算中，可按残值变价处理；②因企业破产而停止使用，但有完好的使用价值的森林资源资产，可以作为生产要素投入市场，应以现行市价标准定价作为买卖的基础；③从整体上看企业已经破产，无继续经营之可能，但从长远看，企业的某些森林资源资产对今后部分或整体恢复经营较为有利，故存在着将这部分森林资源资产作为收益能力处理的可能。对这部分森林资源资产可以用收益现值标准估价作为交易的计价基础。对破产企业的清理无论是哪种情况、哪种评估标准的选择，都是在短时间内强制实行的，所以这就决定了破产清理的森林资源资产交易不同于充分、正常的市场交易。出让森林资源资产的变现价值、出售森林资源资产收益能力的现值只能作为交易的计价基础，所收森林资源资产价款往往低于它的上述计价基础，这是清算价格标准与其他评估标准的一个重要区别。

上述五种评估计价标准，不仅在质上不同，在量上也存在较大差别，运用不同的计价标准，评估的结果是完全不同的。评估时必须根据评估的具体目的和市场条件，采用合适的计价标准。否则不能达到森林资源资产评估的特定目的。

森林资源资产评估的计价标准是客观的、公正的，对于估价标准的选择，必须与森林资源资产经济行为的发生密切结合，如果不区分森林资源资产经济行为（不同的经济行为，所要求森林资源资产评估价值的内涵也是不同的），确定评估的价值类型——估价标准或者笼统地确定森林资源资产评估值，就会失去评估价值的科学性。由于森林资源资产评估的经济行为是多种多样的，我们必须充分理解森林资源资产评估估价标准的含义和适用前提，分析、选择科学合理的估价标准。

通过上面对五种评估计价标准的分析，可知森林资源资产评估价值的内涵，具有质的规定性，而评估方法则是森林资源资产评估量化的过程，它们之间既有联系又有区别。估价标准对评估方法的选用具有约束性，在估价标准确定的前提下，尽管各种方法之间具有替代性，但千万不可以以方法的可替代性，模糊估价标准的唯一性，更不能以评估方法替代估价标准。遵循森林资源资产评估估价标准，是森林资源资产评估具有科学性和有效性的根本前提。在评估实务中，由于森林资源资产业务本身的性质和市场条件，为了便于操作，有时也可依据多个评估标准，从不同角度对森林资源资产价值进行衡量，互相验证和调整，以提高评估工作和森林资源资产业务质量，使得森林资源资产评估结论更公正、科学合理。

我国在森林资源资产评估业务操作中，根据国务院颁布的《国有资产评估管理办法》的规定，主要采用现行市价、重置成本、收益现值和清算价格等四种估价标准。由于不同的标准有不同的价值尺度的内涵，通过上面的分析，不难看出，过四种估价标准不仅在质上是不同的，而且在量上也有很大的差别。所以，在特定森林资源资产业务性质及其特定的评估条件下，必须以特定的估价标准和与之相匹配的基本方法相对应。其匹配原则如表 5－1 所示。

表 5－1　森林资源资产业务、估价标准和基本方法的匹配原则

	适用前提条件	适用资产业务	决定因素
重置成本标准	投入前提 续用前提： 在用续用 转用续用 移用续用	资产保全： 价值补偿 实物补偿 财产保险	重置全价 损耗： 实体性损耗 技术性损耗 经济性损耗
收益现值得标准	投入使用 续用前提 预用前提	企业整体资产产权变动中、近成熟森林资源资产	收益额 本金化率： 行业风险、市场条件、经营风险
现行市价标准	公平市场 资产具有公平市场	单项资产买卖	再生产价值、供求关系、损耗
清算价格标准	非公平市场	抵押典当清算	变现时限 资产变现条件

表5－1中所述各项森林资源资产业务与估价标准的匹配并不是绝对的，实际操作时应本着“因事制宜”的原则，做必要的替换，特别是在遇到：①对特定的森林资源资产业务适用的估价标准和方法所需要的真实可靠的信息无法收集取得时；②在市场上找不到可与之比较的参照物时，必须做替换。

第三节　森林资源资产评估的基本方法

森林资源资产主要分为林木资产、林地资产、森林景观资产、森林野生动物资产和森林野生植物资产。在现阶段进行评估的主要是林木、林地和景观资产。根据《国有资产评估管理办法》的规定，资产评估的方法主要分四大类即现行市价法、收益现值法、成本法和清算价格法。根据各类森林资源资产的特点，四大类方法中针对不同的森林资源资产又可分出若干具体测算的方法及相应的测算公式。

一、林木资源资产评估测算方法

根据《森林资源资产评估技术规范》的规定，林木资源资产评估测算的方法主要有：

现行市价标准：市场价倒算法、现行市价法；

收益现值标准：收益净现值法、年金资本化法、收获现值法；

成本标准：重置成本法、序列需工数法、历史成本调整法；

清算价格标准。

（一）市场价倒算法

市场价倒算法又叫剩余价值法，它是将被评估森林资源资产皆伐后所得木材的市场销售总收入，扣除木材经营所消耗的成本（含税、费等）及应得的利润后，剩余的部分作为林木资产评估价值的一种方法。

其计算公式为

$$E = W - C - F \tag{5.1}$$

式中：E 为评估值；W 为木材销售总收入；C 为木材生产经营成本；F 为木材生产经营利润。

市场价倒算法是成熟龄林木资产评估的首选方法。该法所需的技术经济资料较易获得，各工序的生产成本可依据现行的生产定额标准，木材价格、利润、税、金、费等标准都有明确的规定。立木的蓄积、胸径和树高无须进行生长预测，财务的分析也不涉及利率等问题。计算简单，结果最贴近市场，最易为林木资产的所有者、购买者所接受。

该法测算时关键的问题有：

（1）准确确定待评估林分的各材种的出材率。立木资产不是规格化的产品，不同林分的立木由于胸径、树高、形数和材质的不同，其各材种的出材率有很大的差别。材种出材率的差别直接影响了木材总的售价，税、金、费的测算，使评估的结果发生较大的变化。

（2）合理确定木材的平均价格。在木材市场上，木材的交易是按口径、长度确定的，是规格化的产品价格。而在林木资产的评估中，这种规格化的产品价格必须转化成非规格化的材种的平均价格，由于不同的林分所产出的同一材种的规格不同，其同一材种的平均售价将发生很大的变化。在单片的成熟龄林分的评估中，必须根据待评估林分的胸径、树高、形数、材质单独确定材种的平均价格，而不能直接采用当地的材种平均价格。

（3）合理计算税、金、费。在木材的交易中虽然税、金、费的标准有明确的规定，但各地的计税基本规定的可能不同。税、金、费收取的项目，幅度都可能不一样。因此，其税、金、费的数量必须利用当地调查的实际资料，而不能参照其他地区的标准进行。

市场价倒算法主要用于成、过熟林的林木资产评估，但在一般的收益现值法、土地期望价法、收获现值法中其林分主伐的预期收获的计算，均是采用该法进行。

（二）现行市价法

现行市价法也称市场成交价比较法。它是将相同或类似的森林资源

资产的现行市场成交价格作为被评估森林资源资产评估价值的一种评估方法。其计算公式为

$$E = K \times K_b \times G \tag{5.2}$$

式中：K 为林分质量调整系数；K_b 为物价调整系数，可以用评估日工价与参照案例交易时工价之比；G 为参照物的市场交易价格；其余字母含义同前。

现行市价法在评估时应取三个以上参照物进行测算后综合确定。

现行市价法是资产评估中使用最为广泛的方法。它可以用于任何年龄阶段、任何形式的森林资源资产。该法的评估结果可信度高、说服力强、计算易，但主要取决于收集到的参照案例的成效价。采用该法的必备条件是要求存在一个发育充分的公开的森林资源资产市场，在这个市场中可以找到各种类型的森林资源资产评估的参照案例。

使用现行市价法时关键的问题是

（1）合理选择评估的参照案例。现行市价评估时，其评估的结果主要取决于所收集的参照案例的评估价格，因此，选定几个合适的主评估案例是使用该方法的关键所在。案例的林分的状况应尽量与待评估林分相近，其交易时间尽可能接近评估基准日。

（2）正确地确定林分质量调整系数与物价指数调整系数。森林资产由于不是规格产品，其林分的质量差异极大，各参照案例的林分不可能与待评估林分完全一致，必须根据林分的蓄积、平均直径、地利等级等因子进行调整。此外，由于森林资源资产的市场发育的不充分，要找近期的评估案例十分困难，而利用过去不同时期的评估案例必须根据当时的物价指数以及评估基准日的物价指数进行调整。

（3）合理地综合确定评估值。根据《企业国有资产评估管理暂行办法》进行评估。应用不同评估案例测算的结果可能存在一定的偏差。因此，必须根据待评估林区的实际情况，以及它与各个参照案例的林分的差异综合确定一个合理的评估值。

（三）收益净现值法

收益净现值法是通过估算被评估的森林资源资产在未来经营期内各年的预期净收益按一定的折现率折算成为现值，并累计求和得出被评估森林资源资产评估值的一种评估方法。其计算公式为

$$E_n = \sum_{i=n}^{u} \frac{A_i - C_i}{(1 + P)^{i-n+1}} \tag{5.3}$$

式中：E_n 为 n 年生林木资产评估值；A_i 为第 i 年的收益；C_i 为第 i 年的年成本支出；u 为经济寿命期；P 为折现率；n 为林分的年龄。

年净收益现值法通常用于有经常性收益的森林资产，如经济林资产、竹林资产。这些资产每年都有一定的收益，同时每年也要支出相应的成本。年净收益现值法的测算需要预测经营期内未来各年度的经济收入和成本的支出，其预测较为困难，这是无法使用其他方法进行评估时才适用的方法。选用该方法时必须注意：

（1）各年度的收益和支出预测。各年度收益和支出的预测是年净收益现值法的基础，它们决定了评估的成败。因此，必须尽可能选用科学、可行的预测方法来进行预测以，满足评估的要求。

（2）折现率的确定。收益现值法中折现率的大小对评估的结果将产生巨大的影响。一般来讲折现率中不应含通货膨胀因素，一则因为通货膨胀率变化不定，确定困难；二则在未来收益的预测中直接用评估基准日的价格较为方便，预测未来的价格较预测实物量更为困难。但如果在未来各年的收益预测中已包括通货膨胀的因素，则其折现率也应包括通货膨胀率。

（四）年金资本化法

年金资本化法是将被评估的森林资产每年的稳定收益作为资本投资的收益，再按适当的投资收益率求出资产的价值。其计算公式为

$$E = \frac{A}{P} \tag{5.4}$$

式中：A 为年平均纯收益额；P 为投资收益率。

年金资本化法主要用于年纯收益稳定的森林资源资产，如花年毛竹林资产，有明确的年地租收入的土地资产、龄级结构均匀的经营类型的整体森林资源资产的评估。该测算公式稍作改变也可用来测算大小年明显的毛竹林资产的评估。该方法公式简单，要测定的因素少，计算方便，但它的使用有以下两个严格的前提条件：

(1) 待评估资产的年收入必须十分稳定；

(2) 待评估资产的经营期是无限的，它可以无限期地永续经营下去。

该方法的合理应用必须注意两个问题：一是年平均纯收益测算的准确性；二是投资收益率必须是不含通货膨胀率的当地林业投资的平均收益率。

（五）收获现值法

收获现值法是利用收获表预测的被评估森林资产在主伐时纯收益的折现值，扣除评估后到主伐期间所支出的营林生产成本（主要是管护成本）折现值的差额，作为被评估森林资源资产评估值的一种方法。其计算公式为

$$E_n = K \times \frac{A_u + D_a(1+P)^{u-a} + D_b(1+P)^{u-b} + \cdots}{(1+P)^{u-n}} - \sum_{i=n}^{u} \frac{C_i}{(1+P)^{i-n+1}} \qquad (5.5)$$

式中：A_u 为参照林分 u 年主伐时的纯收入（指木材销售收入扣除采运成本、销售费用、管理费用、财务费用及有关税费和木材经营的合理利润后的部分）；D_a 、D_b 为参照林分第 a 、b 年的间伐纯收入（ $n > a$ 、b 时，D_a 、D_b $=0$）；P 为投资收益率；C_i 为评估后到主伐期间的营林生产成本；K 为林分质量调整系数。

收获现值法是评估中龄林资产经常选用的方法。收获现值法的公式较复杂，需要预测和确定的项目多，计算也较为麻烦。但该办法是针对

中龄林的造林的年代已久，用重置成本易产生偏差，而离主伐又尚早，不能直接采用市场价倒算法的特点而提出的。该方法的提出解决了中龄林资产评估的难点，将重置成本法评估的幼龄林资产与用市场价倒算法评估的近成熟林资产的价格连了起来，形成了一个完整系统的立木的价格体系。该法的使用必须注意：

（1）标准林分 u 年主伐时的纯收入预测。主伐时纯收入的预测值是收获现值法的关键数据，其预测通常先按收获表或其他方法预测其主伐时的立木蓄积量，然后再接木材市场价倒算法计算出主伐时的纯收入。其采用的技术经济指标木材价格、生产定额、工价等均按评估基准日时的标准。

（2）投资收益率的确定。由于收益和成本测算中均按评估基准日时的价格标准，因此，其投资收益率必须扣除通货膨胀因素。

（3）评估后的主伐期间的营林生产成本。评估后到主伐期间的营林生产成本包括直接成本和间接成本。在一般的生产实践中间伐的成本在间伐纯收入计算时已扣除了，这阶段的营林成本主要是按面积分摊的年森林管护成本（V），这样

$$\sum_{i=n}^{u} \frac{C_i}{(1+P)^{i-n+1}} = \frac{V[(1+P)^{u-n}-1]}{P(1+P)^{u-n}} \tag{5.6}$$

为便于计算，可将上式简化为

$$E_n = K \times \frac{A_u + D_a(1+P)^{u-a} + D_b(1+P)^{u-b} + \cdots}{(1+P)^{u-n}} - \frac{V[(1+P)^{u-n}-1]}{P(1+P)^{u-n}} \tag{5.7}$$

（4）主伐时间 u 的确定。主伐时间 u 通常取林分所属森林经营类型的主伐年龄的龄级上限。即主伐年龄为 V 级，龄级年限为 5 年时，$u=25$ 年。

（5）间伐时间及间伐纯收入的确定。林分的间伐时间通常按该林

分所属经营类型或经营类型措施设计表所规定的间伐时间，其间伐的纯收入按当地该类型 a 年或 b 年生林分间伐的平均水平，根据木材市价倒算法计算。

(6) 调整系数 K 的确定。在收获现值法中调整系数 K 主要是对主间伐的收益值进行调整。其确定的依据是待评估林分的蓄积和平均胸径与参照林分在同一年龄时的蓄积和平均胸径的差异来综合确定。

(六) 重置成本法

重置成本法是待评估资产按现有技术条件和价格水平计算的现时重置成本扣除各项损耗价值来确定资产价值的方法。

在森林资产的评估中，重置成本法是按现时的工价及生产水平重新营造一块与被评估森林资源资产相类似的资产所需的成本费用，作为被评估资源资产的评估值。其计算公式为

$$E_n = K\sum_{i=1}^{n} C_i(1 + P)^{n-i+1} \tag{5.8}$$

式中：C_i 为第 i 年的以现行工价及生产水平为标准的生产成本；P 为投资收益率。

在森林经营过程中，成本的投入在短期内得不到回报，成本的不断投入，所营造的林分在不断生长，木材在积累，资产的价值在升高。在用材林的经营中在其主伐以前，这长达一二十年以至数十年的时间内，森林的经营基本上没有收入，直到主伐时才一次性得到回报。根据用材林的经营特点，其重置成本法与一般资产的重置成本法有三大区别：

1. 森林资产的重置成本法必须计算复利

在用材林经营中其资产的建造期长达数十年，在这期间经营基本上没有收益，仅有支出。资金占用的时间很长，资金的占用必然要求支付资金的占用费—利息。在市场经济的条件下长期的资金占用必须计算复利。

2. 用材林资产的重置成本法不存在成新率的问题

用材林的经营过程中，资产的使用仅形成资本的累积，使用过程中

没有收益，要到主伐时才一次性收回。因此，在用材林的重置成本法中一般不存在着用材林资产的折旧问题，也就不存在成新率。

3. 用材林资产重置成本法中的调整系数

用材林的林分差异较大，其重置成本是指社会劳动的平均重置值。其林分的质量是以当地平均的生产水平为标准。但各块林分由于经营管理水平的不同，与平均水平的林分存在差异，因此，各块林分的价值必须用林分质量调整系数进行调整。

在森林经营中经济林经营的状况又与用材林不同，经济林在营造成林进入盛产期后，其每年均有一定的产出，而且存在着经济寿命期。因此，经济林资产评估中的重置成本法又与用材林资产评估，以及一般资产评估不同。其主要区别是

（1）经济林资产评估中的重置成本法必须确定重置期限（营造的年限）。经济林进入盛产期后，开始大量产出其经济林产品，其年度的收入大大超过年度的成本投入，但在这个阶段前成本投入很多，收益很少，甚至没有收益。因此这一阶级前可以认为是该项资产的营造期（即重置期）。其重置成本的计算最多仅能计算至营造期末。由于经济林营造期也长达数年，因此，其重置成本的计算也要计算复利。

（2）经济林资产评估中的重置成本存在着成新率问题。由于在盛产期中经济林有较高的产出，过了盛产期其产量就明显下降，以致收不抵支。它存在着经营寿命问题。因此，经济林资产存在着各种类似的实体性贬性，功能性贬值，可以也应当测算其成新率，其成新率计算公式为

$$\text{成新率} = 1 - \frac{\text{已收获的年限}}{\text{盛产期的年限}} \tag{5.9}$$

在森林资源资产的评估中，重置成本法主要适用于幼龄林阶段资产的评估。

（七）序列需工数法

序列需工数法是以现行工价（含料、工、费）和森林经营中各工

序的需工数估算被评估森林资源资产的评估值。其计算公式为

$$E_n = K\sum_{i=1}^{n} N_i \times B \times (1+P)^{n-i+1} + R\frac{(1+P)^n + 1}{P} \quad (5.10)$$

式中：N_i 为第 i 年需工数；K 为林分质量调整系数；i 为投资序列年份；B 为评估时的日工价（含管理费及材料损耗费用）；P 为投资收益率；R 为年林地使用费。

序列需工数法是林木资产评估中特殊的重置成本的方法。因为林木的培育是劳动密集型的行业，林木培育的投入主要是劳动力的投入。将少量的物质材料费和合理费用计入工价中，直接用工数来求算除地租外的重置成本，这较一般的重置成本法计算更为简单、方便。

在部分地区，林地的地租不是每年交纳，而是在主伐时根据林地上所生产的木材和数量按照规定的林价比例交纳地租，这时采用重置成本法无需考虑地租成本（经营者在经营过程中未付出地租，待主伐时一次付清）。这种情况下采用序列需工数法计算重置成本更为简单。

采用序列需工数法关键问题：①确定各个工序的工数；②确定工价。在确定工价时必须包括各种物质的耗费、管理费和人工费，而不是单纯的工人日工资，而这些费用都是按评估基准日时的物价水平确定的。

（八）历史成本调整法（物价指数调整法）

历史成本调整法是以投入时的成本为基础，根据投入时与评估时的物价指数变化情况，确定被评估森林资源资产评估值的一种方法。该方法适用于历史成本资料比较齐全的森林资源资产。其计算公式为

$$E_n = K\sum_{i=1}^{n} \frac{C_i \times B \times (1+P)^{n-i+1}}{B_i} \quad (5.11)$$

式中：C_i 为各年度投入的实际成本（含地租）；B 为评估时的物价指数；B_i 为投入时的物价指数；P 为投资收益率。

二、林地资源资产评估的基本方法

根据《森林资源资产评估操作规范》的规定，视不同的情况、不同的要求，林地资产评估主要有以下几种方法：

（一）现行市价法

现行市价法又称市场成交价比较法，是以具有相同或类似条件林地的现行市价作为比较基础，估算林地评估值的方法。其计算公式为

$$B_u = K \times K_b \times G \times S \tag{5.12}$$

式中：B_u 为林地评估值；K 为林地质量调整系数；K_b 为物价指数调整系数；G 为参照案例的单位面积交易价格；S 为被评估林地的面积。

现行市价法要求取三个以上的评估案例进行测算后，综合确定。

该法是林地资产中常用的方法。该方法的关键是评估参照案例的选择，要求选定几个与被评估的林地条件相类似的评估案例。但在实际评估中寻找与被评估资产相同的案例几乎不可能，每一案例的评估值都必须根据调整系数 K 进行调整。林地评估中主要是用林地质量调整系数 K_2 和林地地利等级调整系数 K_3 来进行调整。

（二）林地期望价法

林地期望价法以实行永续皆伐为前提，并假定每个轮伐期（u）林地上的收益相同，支出也相同，从无林地造林开始进行计算，将无穷多个轮伐期的纯收入全部折为现值累加求和值作为被评估森林资源资产的评估值。其计算公式为

$$B_u = \frac{A_u + D_a(1+P)^{u-a} + D_b(1+P)^{u-b} - \sum_{i=1}^{n} C_i(1+P)^{n-i+1}}{(1+P)^{u-1}} - \frac{V}{P} \tag{5.13}$$

式中：B_u 为林地的评估价值；C_i 为第 i 年投入的直接营林费用；A_u 为现实林分 u 年主伐时的纯收入（指木材销售收入扣除伐区设计费、采伐运输成本、销售费用、管理费用、财务费用、有关税费以及木材经营的合理利润后的部分）；D_a 为现实林分第 a 年的间伐纯收入；D_b 为现实林

分第 b 年的间伐纯收入；V 为平均营林生产成本及间接费用（包括森林保护费、营林设施费、二类调查设计费以及营林段应分摊的生产单位管理费、场部管理费和财务费用等）。

林地期望价法又称土地期望价法，它是评估用材林同龄林林地资产的主要方法。该法是按复利计算将无穷多个轮伐期的收入和支出全部折现值累加求和得到。其各项收入和支出的计算过程如下：

（1）主伐收入（A_u）。每隔 u 年收获一年，永续作业时各轮伐期的主伐收入的前价为

$$\frac{A_u}{(1+P)^u},\frac{A_u}{(1+P)^{2u}},\frac{A_u}{(1+P)^{3u}},\cdots$$

这形成一个无穷等比递缩的级数，因此，根据无穷等比递缩级数的求和公式 $\left[s=\frac{a_1}{1-q},\quad a_1=\frac{A_u}{(1+P)^u},\quad q=\frac{1}{(1+P)^u}\right]$，将参数代入后，求和公式变为

$$s=\frac{A_u}{(1+P)^u-1} \tag{5.14}$$

这就是定期 u、定期的利息为 A_u、年利息为 P 的无限定期利息总的前价合计式。

（2）间伐收入。设每个轮伐期都有若干次间伐，分别发生在 a，b，$\cdots$ 年度，在永续作业时每个稳定年度的间伐，每隔 u 年发生一次，则其前价的合计为

$$\frac{D_a}{(1+P)^a},\frac{D_a}{(1+P)^{a+u}},\frac{D_a}{(1+P)^{a+2u}},\cdots$$

$$取\ a_1=\frac{D_a}{(1+P)^a},\quad q=\frac{1}{(1+P)^u}$$

代入公式求和得

$$\frac{D_a(1+P)^{u-a}}{(1+P)^u-1}$$

其余各次间伐的求解方式相同。

(3) 支出。各年的支出如都不相同，则整个轮伐期的支出的后价为

$$\sum C_i(1+P)^{u-i+1}$$

各轮伐期的支出前价为

$$\frac{\Sigma C_i(1+P)^{u-i+1}}{(1+P)^u}+\frac{\Sigma C_i(1+P)^{u-i+1}}{(1+P)^{2u}}+\frac{\Sigma C_i(1+P)^{u-i+1}}{(1+P)^{3u}}+\cdots$$

求和结果为

$$\frac{\Sigma C_i(1+P)^{u-i+1}}{(1+P)^u-1},\quad\left[a_1=\frac{\Sigma C_i(1+P)^{u-i+1}}{(1+P)^u},\quad q=\frac{1}{(1+P)^u}\right]$$

在森林经营是各年的管护费用基本相等，而且每年发生一次，这样，管护费用的合计为

$$\frac{V}{1+P}+\frac{V}{(1+P)^2}+\frac{V}{(1+P)^3}+\cdots$$

求和结果为

$$\frac{V}{P}=\left(a_1=\frac{V}{1+P},\quad q=\frac{1}{1+P}\right)$$

将上述各项求和结果合并后，得：

$$B_u=\frac{A_u+D_a(1+P)^{u-a}+D_b(1+P)^{u-b}+\cdots-\Sigma_{i=1}^{n}C_i(1+P)^{n-i+1}}{(1+P)^{u-1}}-\frac{V}{P}\tag{5.15}$$

如果森林经营中仅第一年进行造林投入，而以后各年仅支出管护费用，则公式简化为

$$B_u = \frac{A_u + D_a(1+P)^{u-a} + D_b(1+P)^{u-b} + \cdots - C_i(1+P)^u}{(1+P)^u - 1} - \frac{V}{P} \quad (5.16)$$

林地期望价法在测算时必须注意以下几个问题：

（1）主伐纯收入的预测。主伐纯收入是用材林资产收益的主要来源，在本公式中主伐收入是指木材销售收入扣除采运成本、销售费用、管理费用、财务费用、有关税金费、木材经营等的合理利润后的剩余部分，也就是林木资产评估中用木材市场价倒算法测算出的林木的立木价值。在按倒算法计算 A_u 时，除了必须注意测算的材种出材率、木材市场价格、木材生产经营成本、合理利润和税金费（参阅林木资产评估）外，在本法应用时关键问题是预测主伐时林分的立木蓄积累和平均胸径。林分的主伐时的立木蓄积一般按当地的平均水平确定。单块林分评估时必须按现实林分与标准林分的差异情况确定。

（2）间伐收入。林分的间伐收入也是森林资产收入的重要来源。在培育大径材、保留株数较少、经营周期长的森林经营类型中更是如此。间伐材的纯收入计算方式与主伐纯收入相同，但其产量低、规格小、价格低，在进行第一次间伐时常常出现负收入（即成本、税费和投资应有的合理利润部分超过了木材销售收入）；间伐的时间、次数和间伐强度一般按森林经营类型表的设计确定，间伐时的林分蓄积按当地同一年龄林分的平均水平确定。

（3）营林成本测算。营林生产成本包括清杂整地、挖穴造林、幼林抚育、劈杂除草、施肥等直接生产成本和护林防火、病虫害防治等按面积分摊的间接成本（注意在本公式的使用中地租不作为生产成本），管理费用摊入各类成本中。直接生产成本根据森林经营类型设计表设计的措施和技术标准，按照基准日的工价，物价水平确定它们的重置值；按面积分摊的间接成本必须根据近年来营林生产中实际发生的分摊数，并按物价变动指数进行调整确定。

（4）投资收益率确定。投资收益率对林地期望价测算的结果影响很大，投资收益率越高林地的地价越低。在本公式的测算中，由于采用的是重置成本，其投资收益率中不应包含通货膨胀率，而且由于投资的期限很长，其投资收益率应采用不含通货膨胀的低收益率。具体参阅第二章第二节。

（三）年金资本化法

林地资产评估中的年金资本化法是以林地每年稳定的收益（地租）作为投资资本的收益，再按适当的投资收益率求出林地资产的价值的方法。其计算公式为

$$E = \frac{A}{P} \tag{5.17}$$

式中：A 为年平均地租；P 为投资收益率。

年金资本化法的计算简单，仅涉及年平均地租和投资收益率。在确定年平均地租和收益率时必须十分注意：在确定年平均地租时用近年的平均值，并尽可能将通货膨胀因素从平均地租中扣除。在确定投资收益率时也最好将通货膨胀率扣除。如果在地租中无法将通货膨胀扣除，则采用的投资收益率应包含通货膨胀率，但通货膨胀的变幅较大，这种计算可能产生较大的偏差。

（四）林地费用价法

林地费用价法用取得林地所需要的费用和把林地维持到现在状态所需的费用来确定林地价格的方法，其计算公式为

$$B_u = A(1+P)^n + \sum_{i=1}^{n} M_i(1+P)^{n-i+1} \tag{5.18}$$

式中：A 为林地购置费；M_i 为林地购置后第 i 年林地改良费；n 为林地购置年限。

林地费用价法主要用在林地的购入费用较为明确，而且购入后仅采用了一些改良措施，使之适合林业用途，但又尚未经营的林地。该法在一般的土地资产评估中较常使用，而在林地资产中，由于林地购入后仅维持、改良，而不进行经营的情况极少，因此该法在林地资产评估中用的较少。

在该法的应用中，由于林地的购置年限一般较短，各项成本费用大多比较清晰，其利率 p 一般采用商业利率，而各年度的改良费一般也采用历史的账面成本，而不用重置值。如林地的购置费和各年的林地改良费均采用基准日的重置值，则其利率用不含通货膨胀的低利率。

三、森林景观资源资产评估方法

森林景观资源资产评估主要选择下列几种方法，并同时结合景区评价等级和相关设施等进行综合评定估算：

（一）现行市价法

现行市价法是以相同或类似森林景观资产的市场价格作为比较基础，估算评估对象价值的方法。其计算公式为

$$E = K \times K_b \times G \times S \tag{5.19}$$

式中：E 为森林景观资产评估值；K 为景观调整系数；K_b 为物价指数调整系数；G 为参照物单位面积的市场价格（元/公顷）；S 为被评估森林景观资产的面积。

式中森林景观调整系数（K）的调整因子的有很多，如树种、林相、水质、空气质量、距离等，但要综合考虑这诸多的因子在操作上相当不易，在实际操作中，我们可以把游客人数和门票两个综合性因子作为调整系数。物价指数调整系数可以通过查阅资料获得。

需要强调的是，运用现行市价法评估森林景观价值需要慎重。我们前面谈到森林景观资产除具备一般资产的属性外，还具有本身的特殊性如不可移动性和不可复制性。本质上讲，任何两个森林景观资产都是不可比的，现行市价的参照很难选择，但有时为了操作上的便利，在两处森林景观资产各方面特性极为相似时，我们也可以采用现行市价进行评估，或作为其他评估方法的参照。

（二）年金资本化法

年金资本化法主要适用于有相对稳定收入的森林景观资产的价值评

估。其计算公式为

$$E = \frac{A}{P} \tag{5.20}$$

式中：E 为森林景观资产评估值；A 为年均纯收益；P 为投资收益率。

运用年金资本化法评估森林景观资产关键问题在于确定年均纯收益（A）和投资收益率（P）。一般而言年均纯收益不仅仅是门票收益一块，它通常还包括经营森林景观资产的其他收益，如饭店、娱乐设施等。这要求我们在确定年均纯收益前，需要进行较为深入的调查，最后通过预测确定其真实数值。

在评估林木、林地资产时，P 值一般不超过 6%，这是考虑林业行业的实际情况的经验值。但在评估森林景观资产时，我们不能固于这一标准，必须根据森林旅游行业的实际情况，参考银行存款利率和证券投资收益率等综合确定投资收益率的值。

（三）条件价值法

条件价值法是通过对游客进行调查，获得森林景观资产评估值的评估方法。评估操作过程中需考虑以下两种情况：

（1）评估对象为整个森林风景区。运用条件价值评估整个森林风景区的价值时，主要步骤如下：①进行游客调查，得出游客对该景区门票的平均愿意支付值。②以该平均愿意支付值作为合理的门票价格，计算出景区的年门票收入，加上其他经营项目的年预计收入，得出该景区的年总收入；年总收入扣除各种成本费用即得景区的年纯收益。③以年均纯收益除以适宜的投资收益率得出该森林风景区的评估值。

（2）旅游风景区中某一森林景观资产的评估。森林景观资产仅为风景区的一部分时，运用条件价值法评估森林景观资产的主要步骤如下：①计算出该风景区总的评估值；②进行游客调查，计算在没有某一森林景观的情况下，游客对门票的平均愿意支付值；③以该愿意支付值作为合理门票价格，计算出风景区的评估值；④风景区总资产评估值减去在没有该森林景观下的风景区评估值，即为该森林景观资产的评估值。

该方法和年金资本化法颇为相似，也可以说是年金资本化法的一个特例。在计算年均纯收益时，采用了游客调查的办法，并且引进了平均愿意支付值的概念，这和一般的收益预测方法差异较大，故把它单列为一种方法。

需要说明的是，采用调查方法预测未来景区门票收益时，所选样本必须具有代表性，符合完全随机抽样要求。同时，样本数也要满足要求，这样得出的平均愿意支付值才较为准确。

（四）重置成本法

重置成本法是用现有条件下重新取得与被评估对象相类似的森林景观资产所需的成本费用，作为被评估森林景观资产价值的评估方法。其重置价值主要考虑林木、林地和旅游设施的重置价值。其计算公式为

$$B_u = K\sum_{i=1}^{n} C_i(1+P)^{n-i+1} + Q \tag{5.21}$$

式中：E 为森林景观资产评估值；K 为森林景观调整系数；C_i 为第 i 年的营林投入（主要包括工资、物资消耗、管护费用和地租等）；Q 为旅游设施重置价；P 为利率。

式（5.21）中森林景观调整系数（K）和林木、林地资产评估中林分质量调整系数的含义是不相同的。

运用重置成本法评估森林景观资产时我们必须清楚，我们所计算的对象仅是林木资产价值与旅游设施价值之和，这是相当保守的一种估计。因为，森林景观资产价值除包括实体性资产的价值外，还应包括无形资产的价值。在这种方法中，无形资产的价值被忽略了。但这种方法有一个明显的优点，它可作为其他方法的验证。运用其他几种方法评估同一森林景观资产的价值应大于该方法评估的值，否则，说明其他方法可能有误。

第四节　森林资源资产评估操作程序

一、概述

（一）森林资源资产评估操作程序概念

森林资源资产评估操作程序是指评估机构及其评估人员，从评估项目委托洽谈起至完成评估项目、建立项目档案止的全部工作过程和步骤。广义上讲，还包括收集被评估单位在评估目的实现后对评估报告的反馈信息。制订操作程序的目的，就是为了使评估机构在承办各评估业务的具体操作过程中，达到规范化、制度化、科学化的要求。

（二）森林资源资产评估操作程序的主要内容

（1）明确评估目的、评估范围和对象；

（2）森林资源资产评估申报立项，并获得批准；

（3）选定评估基准日；

（4）签署森林资源资产评估业务委托协议书；

（5）确定评估项目编号，拟定评估方案；

（6）组织培训，指导森林资源资产占有单位清查森林资源资产、填报有效的森林资源资产清单表，搜集有关资料。

（7）检查核实森林资源资产清单，验证委托单位提供的证件和资料；

（8）检测鉴定森林资源资产；

（9）确定评估价格标准，选择评估方法和计算公式；

（10）搜集市场价格资料及相关的技术经济指标；

（11）针对具体评估对象逐个进行评定估算，拟定评估值；

（12）评估项目负责人初步复核；

（13）分析拟定评估结果、撰写评估说明；

（14）编写森林资源资产评估报告、汇集森林资源资产评估工作底稿；

（15）评估项目总复核人进行全面复核；

（16）评估机构负责人进行最终审核；

（17）在三级审核的基础上，提交森林资源资产评估报告书及有关材料；

（18）根据审核、确认委托单位的合理意见，对森林资源资产评估报告书进行调整、补充或修改；

（19）搜集被评估单位实现评估目的时对评估报告的反馈信息；

（20）建立评估项目业务档案。

二、评估目的

（一）概念

森林资源资产评估目的是根据委托森林资源资产评估单位的需要，为实现其即将进行的特定经济行为而服务的。

（二）评估目的所服务的主要经济行为类型

（1）森林资源资产转让。森林资源资产转让是指国有森林资源资产占有单位有偿转让其超过百万元的或占全部森林资源资产 20% 以上的非整体性森林资源资产给另一单位的经济行为。

（2）企业兼并。企业兼并是指一个企业以承担债务、购买、股份化和控股等形式有偿接收其他企业的产权，使被兼并方丧失法人资格或改变法人实体的经济行为。

（3）企业出售。企业出售是指独立核算的企业或企业内部的分场及其他整体性森林资源资产所有权的出售行为。

（4）企业联营。企业联营是指不同的森林资源资产占有单位之间以彼此的森林资源资产投入组成各种形式的联合经营实体的经济行为。

（5）股份经营。股份经营是指不同的森林资源资产占有者之间将彼此的森林资源资产投入组成股份制或股份合作制经营实体的经济行为。

（6）中外合资、合作。它是指国内企业投资者与外商在国内举办合资或合作经营企业的行为。

(7) 企业清算。它是指依据《中华人民共和国企业破产法(试行)》的规定，宣告企业破产，并进行清算；或依照国家有关规定对改组、合并、撤销法人资格的企业森林资源资产进行的清算；或企业按照合同、契约、协议规定终止经济活动的结业清算。

(8) 森林资源资产租赁。它是指森林资源资产占有单位在一定期限内，以收取租金的形式，将企业全部或部分森林资源资产的经营使用权转让给其他使用者的行为。

(9) 森林资源资产抵押。它是指森林资源资产占有者以拥有的森林资源资产作为物质保证进行抵押而获得贷款的经济行为。

(10) 森林资源资产担保。它是指森林资源资产占有单位以其拥有的森林资源资产为其他单位的经济行为承担连带责任的经济法律行为。

(11) 实物验资。它是指以森林资源资产作为投入的实收资本，委托审计机构、评估机构进行审验的经济行为。

从广义上讲，还包括纳税评估、经济责任评估、保险理赔评估、工程审价评估、森林资源资产保值增值评估等类型。

三、评估范围和对象

(一) 概念

评估范围是指为实现评估目的而涉及的全部森林资源资产，评估对象是指评估范围内的各种具体的森林资源资产和权利。

(二) 表述

评估范围一般表述为某森林资源资产占有单位委托评估的整体或部分森林资源资产。评估对象一般表述为委托评估的林木资产、林地资产、林地使用权和森林景观资产等。

(三) 评估范围和对象的界定原则

一般有下列四条：

(1) 以实现评估目的为限制条件；

(2) 以森林资源资产的产权关系为区分标准；

(3) 以评估委托方的要求为基本依据；

(4) 以森林资源资产清查结果确认。

四、森林资源资产评估业务委托协议

(一) 概念

森林资源资产评估业务委托协议是指评估机构与需要进行森林资源资产评估的委托方对各自权利、责任和义务的声明和约定，是一种经济合同性质的契约。

(二) 签订原则

森林资源资产评估业务委托协议的签订原则有四条：

(1) 评估人员应对被评估单位的基本情况进行了解，确认委托方自愿委托评估，目的明确，不存在舞弊现象；

(2) 本评估机构有接受委托森林资源资产评估资格，并且有足够的专业人员和业务能力及时完成评估业务；

(3) 拟签订的协议符合国家法律法规和森林资源资产评估行业管理规定，协议内容全面、具体，含义清晰准确；

(4) 涉及国有森林资源资产占有单位的森林资源资产评估项目，应由委托方按规定办妥森林资源资产评估立项手续。

(三) 森林资源资产评估委托协议基本内容

森林资源资产评估委托协议一般应包括以下内容：

(1) 委托方的名称、住所、工商登记注册号、上级单位；

(2) 评估机构的名称、住所、工商登记注册号、评估资格类型及证书编号；

(3) 评估目的；

(4) 评估范围；

(5) 评估对象的类型和数量及分布；

(6) 评估工作起止时间；

(7) 委托方的责任、权利、义务;

(8) 评估收费方式和金额;

(9) 违约责任;

(10) 其他需要补充说明的事项。

五、评估基准日

(一) 概念

评估基准日是确定被评估森林资源资产价值的一种特定的时点。

(二) 作用

在评估结论形成过程中所选用的各种价格标准、依据和评估技术参数,必须在该日有效;评估假设在该日成立;评估结论从该日起一年内有效。

(三) 评估基准日选择原则

(1) 有利于保证评估结果有效地服务于评估目的;

(2) 有利于尽量减少和避免评估基准日后的调整事项,准确高效地清查验资;

(3) 有利于合理选择作价依据、价格标准和评估技术参数;

(4) 除特殊情况外,一般选择月末或年末最后一天作为评估基准日;

(5) 一项评估业务只能有一个评估基准日;

(6) 评估确认申报日距评估基准日不超过九个月。

六、评估方案

(一) 概念

评估方案是评估机构进行该项森林资源资产评估业务的整体规划和系统安排。

(二) 评估方案的主要内容

评估方案一般应包括以下内容:

(1) 评估目的;

(2) 评估范围和对象;

(3) 评估基准日;

(4) 评估项目负责人和评估人员;

(5) 评估完成时间和操作步骤进度计划表;

(6) 具体工作及其分工;

(7) 拟采用的评估价格标准和评估方法;

(8) 委托方的联系人和联系方式;

(9) 其他事项。

(三) 评估方案的制订原则

评估方案的制订原则有以下 5 条:

(1) 便于负责该项目的全体评估人员有条不紊地进行各自的工作;

(2) 便于工作进度的统筹安排和及时了解协调;

(3) 便于委托方的协同配合;

(4) 便于提高工作效率和工作质量;

(5) 便于按时完成评估任务。

七、评估价格标准

(一) 概念

评估价格标准是指森林资源资产估价所适用的价格标准，是对评估价值的质的规定。

(二) 类型

评估价格标准一般有以下 4 种类型:

(1) 重置成本。重置成本是以评估基准日为前提，按森林资源资产处于在用状态所耗费的成本作为森林资源资产估价的依据。其适用条件是森林资源资产处于在用状态。决定重置成本的两个基本因素是重置完全成本及其损耗（或称贬值）。

(2) 现行市价。现行市价是以评估基准日市场上公开买卖的价格作为森林资源资产估价的依据。其适用条件是完全公开的市场和正常的交易行为。决定现行市价的三个基本因素是森林资源资产的生产成本价格、市场供求关系和森林资源资产质量因素。

(3) 收益现值。收益现值是以森林资源资产未来预期收益在评估基准日的现值作为森林资源资产估价的依据。其适用条件是森林资源资产存在预期收益并可从量上进行衡量。决定收益价值的三个基本因素是年预期收益额、收益期及折现率(即资本化率)。

(4) 清算价格。清算价格是以假定森林资源资产在非正常市场上限期拍卖的价格作为森林资源资产估价的依据。其适用条件是森林资源资产受某种压力被强制在非正常市场上限期拍卖。决定清算价格的因素较复杂,一般包括森林资源资产的数量和功能、拍卖期限、市场供求关系、有关法律规定、国家机关干涉程度等。

(三) 价格标准的选择原则

必须约束于森林资源资产业务的行为,即评估目的。特定森林资源资产业务所要求的具体估价标准是唯一的。

(四) 价格标准的作用

(1) 评估价格标准决定评估方案的选择;

(2) 反映森林资源资产价值尺度的内涵。

八、评估方法

(一) 概念

评估方法是指确定森林资源资产评估值的技术手段和途径。

(二) 评估方法的种类

评估的基本方法有四种:现行市价法、重置成本法、收益现值法和清算价格法。根据《森林资源资产评估技术规范》的规定,森林资源资产评估中可选用的主要方法有以下几种:

(1) 林木资源资产评估:

市价法:包括市场价倒算法、现行市价法。

收益现值法:包括收益净现值法、收获现值法、年金资本化法;

成本法：包括序列需工数法、重置成本法。

（2）林地资源资产评估：①现行市价法；②林地期望价法；③年金资本化法；④林地费用价法。

（3）森林景观资源资产评估：①现行市价法；②收益现值法：包括年金资本法、条件价值法；③重置成本法。

九、森林资源资产清查和核查

（一）森林资源资产清查

1. 概念

森林资源资产清查是指森林资源资产占有单位在评估人员的指导和监督检查下对委托评估的森林资源资产进行全面清查盘点核实，填写各类森林资源资产统计表和有效的森林资源资产清单的过程。

2. 森林资源资产清查的目的

（1）界定评估范围，明确具体评估对象；

（2）查清森林资源资产的种类、数量、分布及使用情况；

（3）收集委托人可以提供的有关评估森林资源资产的资料。

3. 森林资源资产清查的要求

（1）森林资源资产清查由森林资源资产占有单位负责进行，评估单位必须派出足够数量、富有经验的专业评估人员进行现场指导。

（2）森林资源资产占有单位必须委托有森林资源调查资质的机构进行森林资源清查或按森林资源管理部门要求对森林档案进行更新，并据此编制森林资源资产清单。

（3）森林资源资产占有单位必须如实提供由于各种经济活动（如抵押、转让等）而造成的资产变动及林地、林权情况。

（二）森林资源资产核查

1. 概念

在森林资源资产清查的基础上评估人员必须借助一定的技术手段和

方法对这些森林资源资产清查的结果进行检验和核实的过程。

2. 核查的方法

《森林资源资产评估技术规范》规定核查的方法分为：①抽样控制法；②小班抽查法；③全面核查法。

十、森林资源资产评估报告书

（一）概念

森林资源资产评估报告书是评估机构在完成评估工作后，向委托方提交的关于评估工作全过程和评估结果的书面报告。其内容是根据评估目的说明评估的程序、标准、依据和方法，阐明评估结果及其适用条件等。

（二）作用

森林资源资产评估报告的作用有以下5点：

（1）评估机构对被评估森林资源资产在特定条件下的公允价值提出的权威性意见；

（2）评估机构履行委托协议情况的总结；

（3）提供给委托方实现其评估目的，履行其经济行为可使用的有关森林资源资产评估方面的特定文件；

（4）界定评估机构完成评估业务后的法律责任的依据；

（5）森林资源资产评估行业管理部门对评估机构的职业道德、执业能力和执业水平检查监督的依据。

（三）编制要求

（1）内容真实全面；

（2）依据充分可靠；

（3）逻辑严密系统；

（4）结论科学正确；

（5）叙述简明扼要；

（6）格式完整规范；

（7）装订结实整齐；

（8）报告提交及时；

（9）严守商业秘密；

（10）符合国家法规。

（四）评估报告书的结构

一份完整的评估报告书应包括正文和附件两个有机组成部分。

1. 森林资源资产评估报告的正文内容

（1）森林资源资产评估机构。写明评估机构名称、法人代表、森林资源资产评估资格的类型及审批部门、资格取得时间。

（2）委托方及森林资源资产占有方。写明其单位名称、隶属关系、产权持有单位、上级主管部门，简述森林资源资产占有方的概况。

（3）评估目的。写明经济性质类型、涉及有关方的名称、产权隶属关系及评估原因。

（4）评估范围和对象。说明评估涉及森林资源资产类型、数量、分布等。

（5）评估方法和评估过程。列出森林资源资产评估主要方法，并予以简单说明。

（6）评估原则。概括写明评估中遵循的主要原则。

（7）评估依据。概括写明评估依据的主要法律法规、标准和产权证明等。

（8）评估基准日。写明唯一的评估基准日期，说明一切取价标准均为评估基准日有效的价格标准。

（9）评估结果。报告各类森林资源资产和总森林资源资产的评估价值。

（10）评估基准日后的调整事项。写明评估基准日后有效期内森林资源资产数量及作价标准发生变化时的处理原则。森林资源资产数量发生变化，应根据原评估方法对森林资源资产额进行相应调整。当评估方法为重置成本法时，应按实际发生额进行调整；若森林资源资产价格标准发生变化，并对森林资源资产评估价值产生明显影响时。委托方应及时聘请评估机构重新确定评估价值。如果评估工作结束前森林资源资产价格已经发生了显著变化，又无法改变评估基准日，但森林资源资产价格的调整方法简单、易于掌握时，应予以说明，提醒委托方在森林资源资产实际作价时，进行相应调整。

（11）评估结果的有效期。按现行规定，有效期为一年，即评估目的在评估基准日后的一年内实现时，要以评估结果作为底价或作价依据（还需结合评估基准日的期后事项的调整）。超过一年，需重新进行森林资源资产评估。

（12）评估结果有效的其他条件。必须对各森林资源资产评估结果成立的前提条件予以明确申明。其中，必须写明评估结果是反映评估对象在本次评估目的下，根据公开市场原则确定的现行公允市价，没有考虑将来可能承担的抵押、担保事宜，以及特殊的交易方法可能追加付出的价格等对其评估价值的影响，也未考虑国家宏观经济政策发生变化以及遇到自然力和其他不可抗力对森林资源资产价值的影响。说明当前述条件以及评估中遵循的持续经营原则等其他情况发生变化时，评估结果一般会失效。

（13）森林资源资产评估报告的使用范围。写明未经评估机构同意，不得向委托方和评估报告审查部门之外的单位和个人提供，报告的全部或部分内容不得发表于任何公开媒体上。

（14）其他需要说明的问题。

（15）森林资源资产评估机构法人代表、中国注册资产评估师、评估项目负责人和评估报告审核人签名，森林资源资产评估机构盖章。

（16）评估报告提出日期。

2. 森林资源资产评估报告书附件

（1）森林资源资产评估报告书附件目录。

（2）评估结果汇总表。写明各类森林资源资产、总森林资源资产的详细评估结果。

（3）企业清查森林资源资产和森林资源资产评估机构的核查报告。

（4）森林资源资产评估机构资格证书复印件。

（5）能够表明经济情形涉及森林资源资产范围、对象的文件。

（6）土地使用权及其他重要森林资源资产的产权证明文件，包括土地使用权证、山林权证、合同、协议书、山林权图等能表明产权归属的文件。

（7）其他必要的文件资料附件。

3. 森林资源资产评估报告书送审专用材料

涉及国家森林资源资产占有单位的森林资源资产评估项目，须按国有森林资源资产管理行政主管部门的规定由委托方报送审核森林资源资产评估报告、确认森林资源资产评估结果。森林资源资产评估机构还要报送《森林资源资产评估报告书送审专用材料》，主要包括：

（1）关于《森林资源资产评估报告书送审专用材料》使用范围的声明。

写明仅供国有资产管理行政主管部门、评估行业管理机构证券监督管理机构及其授权的单位审查森林资源资产评估报告书使用，材料的全部或部分内容不得提供给其他任何单位或个人，也不得见诸于公开媒体。

（2）各类森林资源资产评估情况详细说明。包括具体评估方法、计算公式、主要森林资源资产评估示例、评估中主要问题等。

（3）计价标准、重要计价依据和各种技术经济指标。

（4）运用收益现值法或其他方法对整体企业进行分析、验证评估的情况。当评估对象不是整体企业时不需此件。

（5）其他必要的文件资料。

十一、三级审核

（一）三级审核概念

三级审核是指评估报告书及评估评说明必须经过评估机构内部项目

负责人、项目总审核人及评估机构负责人的反复审核。经三级审核批准后的报告书方可对外提交并报请确认。

（二）项目负责人的审核要求

项目负责人着重从作为项目负责人的基本职责和操作实务的角度审核评估报告。具体要求是：

（1）根据上级关于森林资源资产评估报告书结构的规定，从总体结构上审核评估报告书正文的编制是否达到要求；内容是否完整，应列入报告的十六项内容是否都已分列叙述清楚，有没有错漏；附件有无短缺；改正报告中文字、标点上的差错等。

（2）通过审核评估报告书，回顾本项目开展评估的全过程，审视整体评估工作是否客观、公正、科学，是否全部符合关于森林资源资产评估操作程序的规定，如发现有疏忽不妥之处，要及时弥补。

（3）重点审核评估结果，对报告书所列各类森林资源资产和负债以及总森林资源资产、净森林资源资产的评估依据、评估价值，认真进行审核、保证评估结果的科学性、准确性、客观性、公正性、有效性。

（三）项目总审核人的审核要求

（1）项目总审核人要在项目负责人初步审核的基础上，对已初步修正的评估报告书再次就以上审核内容进行审核；

（2）对评估报告书的审核，要结合审核评估说明，保持两者的一致性，防止初审后再出现错漏之处；

（3）项目总负责人审核的关键之点也是评估结果。要从保证评估结果的可靠性、标准性出发，着重审核报告所列各项数据，特别是评估结果，即最后想委托方报告的本项目的评估价值。在审核中，必要时对报告书所列各项数据要重新审核、计算，以求万无一失；

（4）对报告书的文字、标点进一步审核、改正。

（四）评估机构负责人的审核要求

评估机构负责人的审核，是对评估报告书最后把关的审核。评估机构负责人要在前两次审核的基础上，着重从政策上、原则上、评估操作规范上和评估结果的科学性上把关。主要要求是：

1. 审核报告是否符合合法性原则

（1）委托方的委托依据、所提供的文件、材料是否充分、可靠；

（2）本所开展评估的全过程是否符合上级规定的森林资源资产评估操作规范要求；

（3）评估结果的获得是否符合国家和政府主管部门的法律、法令和法规精神；

（4）本评估报告书是否体现了本机构在该项目评估中恪守职业道德、坚持原则、秉公执业的形象。

2. 审核本项目评估的实质性内容

包括：报告所表达的评估目的是否明晰；评估范围和对象是否确切；评估过程和步骤是否合乎要求；评估原则和评估依据是否正确；评估基准日的选定是否可行；特别是评估结果是否切合实际，有没有不妥当或考虑不周之处，对报告所列各类森林资源资产和负债以及总森林资源资产、净森林资源资产的评估价值是否科学、准确，委托方是否接受，森林资源资产的增值或减值是否合理等。

3. 对评估报告书从总体结构等方面作最后的审核

上述三级审核，既有共性又有个性，彼此各负其责，各有侧重，互相配合，克服依赖思想，避免和杜绝失误。

十二、立项与确认

（一）概念

（1）立项。是指需要进行森林资源资产评估的单位，向县级以上林业主管部门提出森林资源资产评估申请；林业主管部门审核后做出是否予以立项评估的决定，国有森林资源资产在林业主管部门审核同意后还应报同级国有资产管理部门审批，并通知申报单位是否准予立项的过程。

（2）确认。是指县级以上林业主管部门接到有关单位要求确认森林资源资产评估报告书后，组织审核、验证、协商、确认森林资源资产评估结果，并向有关单位下达确认通知书的过程；国有森林资源资产在林业主管部门审核同意后还应报同级国有资产管理部门审核确认。

（3）送审专用材料。是指由评估机构协助委托方向国有森林资源资产管理行政主管部门报送的审核和确认森林资源资产评估结果的专用材料。

（二）报送立项和确认范围

凡涉及森林资源资产的评估都必须按照森林资源资产管理部门的级别分别立项和确认。1997 年 7 月 30 日福建省第八届人大常委会第三十三次会议通过的《福建省森林资源转让条例》规定，100 公顷以内由县林业行政主管部门审批，100 公顷以上至 500 公顷以下的，由市（地）林业行政主管部门审核；500 公顷以上由省林业行政主管部门审批。

（三）立项所需提供的材料

（1）森林资源资产评估立项登记表（一式五份）；

（2）评估基准日的森林资源统计表及明细表；

（3）森林资源资产产权证（山林权证及图）；

（4）需进行森林资源资产评估的特定经济行为的批准文件。包括：①一般经济行为需有主管部门审批意见，国有森林还需提交国资部门的立项意见；②中外合资、合作企业还需有外资委批文；③破产企业还需有法院民事裁定书；④股份有限公司还需有关政府部门初审推荐意见；⑤股份合作制和股份有限公司的森林资源资产重组方案。

（四）确认所需提供的材料

（1）森林资源资产评估确认申请人，要求：①有主管部门的立项批件；②评估目的、范围及立项时相同；③申报单位、上级单位、国资部门盖章。

（2）森林资源资产评估报告书。

十三、森林资源资产评估工作底稿

（一）概念

森林资源资产评估工作底稿是指从接受评估业务开始至完成全部评估工作为止的全过程中，评估人员所取得或编制的反映森林资源资产评估程序、评估项目组织管理、评估对象状况、评估方法和依据、主要问题的分析处理等方面情况的各种记录、图表、文件、凭证、核实材料及其他文件资料。

（二）具体内容

（1）森林资源资产评估工作底稿目录；

（2）森林资源资产评估报告书原稿；

（3）森林资源资产评估有关说明原稿；

（4）评估过程总结说明；

（5）评估方案；

（6）评估方案执行情况；

（7）各类森林资源资产清查评估明细表；

（8）产权归属证明文件；

（9）评估目的相关文件；

（10）森林资源资产清查核实及调整情况说明；

（11）有关评估的原始凭证，包括询证函、合同、协议、批文等；

（12）对森林资源资产评估结论有重要影响的未决定事项；

（13）作为作价依据的法规、制度文件、技术经济指标、价格标准、价格资料、询价记录等；

（14）期后事项及其他特殊事项的有关材料和情况说明、声明；

（15）三级审核的情况说明及修改调整情况；

（16）立项、确认文件及确认时修改、调整情况；

（17）项目完成后反馈信息。

十四、森林资源资产评估档案

（一）概念

森林资源资产评估档案指开展森林资源资产评估业务所积累的经系统整理汇总并按评估项目分类保存的有关文件和资料，包括森林资源资产评估报告书、森林资源资产评估送审材料、森林资源资产工作底稿及其他资料。

（二）森林资源资产评估业务档案制度

森林资源资产评估档案管理制度主要内容如下：

1. 业务档案

按每个项目立卷归档，每卷档案的内容具体包括：

（1）评估业务委托书及项目有关的所有收费凭证复印件；

（2）评估方案（包括项目负责人和业务人员安排、评估起止时间、评估范围等）；

（3）森林资源资产评估工作底稿目录；

（4）各类森林资源资产清查评估明细表、汇总表；

（5）森林资源资产产权证明文件和其他与评估目的有关的文件；

（6）森林资源资产清查核实及调整情况说明；

（7）有关原始凭证；

（8）有关法规制度文件、价格标准及询价记录；

（9）森林资源资产评估报告书及正式稿；

（10）机构内部复核人员及机构负责人对评估报告的审核意见及修改调整情况；

（11）若为确认项目，则还应有国家森林资源资产管理部门对森林资源资产评估报告的立项意义、审核验证意见和修改调整要求，评估机构进行的修改、调整和其他情况，以及国有森林资源资产管理部门的立项、确认登记表及确认通知书；

（12）其他。

2. 立卷

森林资源资产评估机构进行委托洽谈、签订业务委托书、制订评估方案、组织实施、评估作业、汇总分析、撰写评估说明和评估报告以及文件传达和报国有森林资源资产管理部门立项确认，每一个环节中重要的森林资源资产评估资料都应立卷作为档案保存，评估项目业务委托书签订后即可组织立卷。

3. 归档

每项评估业务结束后由承办人按项目归卷后及时送交归档。应归档的资料如有缺少，要做好记录，限期补齐。档案管理员应对评估档案编号，登记造册，整齐存放，以便查询。

4. 保密与查询

（1）评估机构应建立评估档案的保密制度，对工作中涉及的商业机密保密。

（2）机构内部人员如需调阅森林资源资产评估档案，应经机构负责人同意。

（3）外单位借调森林资源资产评估卷宗，仅限以下几种情况：①法院、检察院及国家其他部门依法查阅；②森林资源资产评估行政主管部门或行业协会对执业情况进行检查；③因工作需要，并经委托人书面同意，评估机构认为可以查阅的其他情况。

5. 档案保管期限

根据国家法律法规、有关行业管理规定和评估项目具体情况：一般评估目的档案保存不少于 5 年；当评估目的为发行股票、股票上市交易以及涉及财产纠纷时，该项目的档案须保存 10 年以上。以上年限均从评估基准日算起。

第六章　森林生态效益计量

由于森林是地球上生态系统建设的主体，人们不仅认识到森林能为人类社会提供木材和多种林副产品，而且注意到森林具有重要的生态效益及环境价值。所以人们逐渐认识到再也不能无偿的索取它，而是更应该认识森林的生态规律，最大限度地发挥其多种生态效益。自 20 世纪 60 年代以来，森林的环境价值体系及其评估，以及纳入国民经济核算体系的研究，已经成为国际社会关注的焦点。

专栏 6.1　森林生态效益的概念

生态效益概括为：在大气环流和太阳辐射的作用下，森林通过物理和化学的作用，对生命和环境组成的地球生物圈提供直接和间接的有利于人类的，具有使用价值和“公共商品”特征的森林涵养水源、保持水土、改善小气候效益等公益效能称为森林生态效益。由于它包括了一部分社会效益，所以称为广义森林生态效益。

这个定义指出森林生态效益是大气环流和森林共同作用的产物，我们强调了森林生态效益的性质为公益效能。此定义还强调了森林生态效益是一种有益于人类的，但是它也会产生对人类不利的效能。再就强调了森林生态效益的使用价值，因为没有使用价值的效益是没有人付钱的，也就是“支付意愿法”（是人们确保森林环境资源及其提供的公益效能能继续存在而愿意付出的费用）的含义。森林生态效益包括：

1. 涵养水源效益

［定义］森林通过树冠截留、树干截留、林下植被截留、枯落物持水和土壤贮水对大气降水进行再分配，从而减少地表径流，调节径流时空分布，相当于水库调节水量作用。单位：吨/公顷 · 年。

2. 保持水土效益

［定义］森林保持水土效益主要是同无林地相比的森林固土效益、森林保肥效能、防止泥沙滞留和淤积效能。单位：吨/公顷 · 年。

3. 吸收二氧化碳效益

［定义］森林每年净吸收二氧化碳称为森林吸收二氧化碳效益。单位：吨/立方米 · 年。注意不是指森林储藏碳库量。

续表

4. 净化大气效益 ［定义］森林每年净释放氧气的效益称为森林净化大气效益。单位：吨/立方米·年。 **5. 改善小气候效益** ［定义］森林或林带对风速、温湿度等改善林带内小气候作用，由此产生林带内的农牧业净增产的效益即为森林改善小气候效益。单位：元/公顷·年。 **6. 抑制风沙效益** ［定义］在干旱的沙漠化和半沙漠化地区，由于森林或林带对风的降速等作用，抑制住风沙，推迟或截住了沙漠化和半沙漠化的进程称为森林的抑制风沙效益。单位：元/公顷·年。 **7. 减轻水旱灾效益** ［定义］在发生洪灾的条件下，由于森林的固土效能，造成的相当于江河水库淤积引发的洪水造成的损失称为森林的减轻水灾效益，其年均损失量称为森林的减轻水灾年效益量。森林减轻旱灾效益类似。单位：元/公顷·年。 **8. 游憩资源效益** ［定义］由于森林游憩资源效益不好明确它是哪一种物理量，所以我们直接将单位森林面积上的森林游憩资源年效益定为它的因变量。单位：元/公顷·年。 **9. 保护野生生物效益** ［定义］森林野生生物包括森林中的各种野生动物、植物。如药材、食用菌、山野菜、鸟类、野兽等。这些就是森林野生生物的物质资源。由于森林野生生物保护效益的物理量太多，所以我们直接将单位森林面积上的森林野生生物保护年效益定为它的因变量。单位：元/公顷·年。 **10. 消除噪声效益** ［定义］森林具有减弱噪声的功能。由于它不具备可行的物理量太多，所以采用“支付愿意法”将单位森林面积上的森林消除噪声年效益定为它的因变量。单位：元/公顷·年。

第一节　森林生态效益的似乎不相关模型

一、似乎不相关方程概念

（一）定义

假设一组随机变量 $Y_1,\cdots,Y_q$，与一些因素之间满足线性统计关系，即

$$Y_j = \underset{1\times p_j}{x^{(j)}} \underset{p_j\times 1}{\beta^{(j)}} + e_j, 1 \leqslant j \leqslant q \text{。(变量数)} \quad (6.1)$$

注意的是在上述的 q 个关系中，自因变量集可以是不同的，即行向量 $x_{(j)}$ 和 $x_{(l)}$。

$$x_{(j)} = \begin{pmatrix} x_{11} & x_{12} & \cdots & x_{1pj} \\ x_{21} & x_{22} & \cdots & x_{2pj} \\ \vdots & \vdots & \ddots & \vdots \\ x_{n1} & x_{n2} & \cdots & x_{npj} \end{pmatrix} \text{和} \ x^{(l)} = \begin{pmatrix} x_{11} & x_{12} & \cdots & x_{1pl} \\ x_{21} & x_{22} & \cdots & x_{2pl} \\ \vdots & \vdots & \ddots & \vdots \\ x_{n1} & x_{n2} & \cdots & x_{npl} \end{pmatrix} \quad (6.2)$$

可能不相同（包括维数）。n 是样本数，设：

$$Y_j = \begin{pmatrix} Y_{1j} \\ Y_{2j} \\ \vdots \\ Y_{nj} \end{pmatrix}, x_j = \begin{pmatrix} x_1^{(j)} \\ x_2^{(j)} \\ \vdots \\ x_n^{(j)} \end{pmatrix}, e_j = \begin{pmatrix} e_{1j} \\ e_{2j} \\ \vdots \\ e_{nj} \end{pmatrix}, \quad (6.3)$$

$$Y_j = x_j\beta^{(j)} + e_j, 1 \leqslant j \leqslant q \text{。} \quad (6.4)$$

也可写成：

$$\begin{pmatrix} Y_{11} & \cdots Y_{1j} & \cdots & Y_{1q} \\ Y_{21} & \cdots Y_{2j} & \cdots & Y_{2q} \\ \vdots & \vdots & \ddots & \vdots \\ Y_{n1} & \cdots Y_{nj} & \cdots & Y_{nq} \end{pmatrix} = \begin{pmatrix} X_1 \\ . \\ X_J \\ . \\ X_q \end{pmatrix} \begin{pmatrix} \beta_{11} & \cdots\beta_{1j} & \cdots & \beta_{1q} \\ \beta_{21} & \cdots\beta_{2j} & \cdots & \beta_{2q} \\ \vdots & \vdots & \ddots & \vdots \\ \beta_{p11} & \cdots\beta_{pjj} & \cdots & \beta_{pqq} \end{pmatrix} +$$

$$\begin{pmatrix} e_{11} & \cdots e_{1j} & \cdots & e_{1q} \\ e_{21} & \cdots e_{2j} & \cdots & e_{2q} \\ \vdots & \vdots & \ddots & \vdots \\ e_{n1} & \cdots e_{nj} & \cdots & e_{nq} \end{pmatrix} \quad (6.5)$$

可以假设误差矩阵 $\underset{n\times q}{e} = (e_1 \quad e_2 \quad \cdots \quad e_q)$ 的均值为0，它的各个行之间是互不相关的，并且各个行都有相同的协方差矩阵，即

$$E(e) = 0\ ,\ \mathrm{cov}(e_{i\cdot}) = \sigma^2 \underset{q\times q}{\Sigma}\ ,$$
$$\mathrm{cov}(e_{i\cdot}, e_{j\cdot}) = \underset{q\times q}{0}\ ,\ 1 \leqslant i \neq j \leqslant n \tag{6.6}$$

由（6.5）和（6.6）可以得到如下的线性模型：

$$\begin{cases} \underset{n\times 1}{Y_j} = \underset{n\times p_j}{x_j} \underset{p_j\times 1}{\beta^{(j)}} + e_{\cdot j} \\ E(e_{\cdot j}) = 0 \\ \mathrm{cov}(e_{i.}) = \sigma^2 \underset{q\times q}{\Sigma} \\ \mathrm{cov}(e_{i.}, e_{i'\cdot}) = \underset{q\times q}{0}\ ,\ 1 \leqslant i \neq i' \leqslant n\ ,\ 1 \leqslant j \leqslant q \end{cases} \tag{6.7}$$

其中 $e_{i\cdot} = (e_{i1}, \cdots, e_{iq})$ 。

（6.7）称为似乎不相关线性模型。

（二）性质

（1）似乎不相关模型与多元线性模型的形式相似，但在 X 的构成不同。

（2）似乎不相关模型实际上是由 q 个“相互联系”的一元线性模型组成的。这里的“相互联系”是指这 q 个一元线性模型的同一次观测的模型误差 $e_{i\cdot}$ 的各个分量之间是相关的，即 $\mathrm{cov}(e_{i\cdot}) = \Sigma$ 是非对角阵。

（3）式（6.7）的 q 个一元线性模型中所包含的 $\sum_{i=1}^{q} p_i$（p_i 为列向量 $\beta_{(i)}$ 的维数）个参数向量相互独立时，即 $\beta_{(j)}$，$1 \leqslant j \leqslant q$，的各个分量之间不存在任何函数关系时，从表面上看这 q 个一元线性模型没有什么关系，但是它们之间的关系却隐含在误差结构之中，即隐含在（6.8）最后两个等式之中。

（4）当似乎不相关模型（6.7）的各 $x_{(j)}$，$1 \leqslant j \leqslant q$，全部相同时似乎不相关模型（6.7）就是一个多元线性模型。

二、森林生态效益整体扩散模型

（一）标准化森林生态效益因变量（随机变量）

y_1 为森林树冠截留水的年生态效益量/公顷·年；

y_2 为森林枯落物持水量/公顷·年；

y_3 为森林土壤非毛细管孔隙的贮水量的年生态效益量/公顷·年；

y_4 为森林固土量的年生态效益量/公顷·年；

y_5 为森林保肥量的年生态效益量/公顷·年；

y_6 为森林吸收二氧化碳的年生态效益量/立方米·年；

y_7 为森林释放氧气的年生态效益量/立方米·年；

y_8 为森林抑制风沙的年生态效益量/公顷·年。

（二）森林生态效益自变量集

F_1 针叶林反应值，F_2 阔叶林反应值，F_3 混交林反应值，参数 $b_{1j}, b_{2j}, b_{3jj}, j = 1,2,3$

Z_1 幼龄组反应值，Z_2 中近龄组反应值，Z_3 成过龄组反应值，参数 $c_{1j}, c_{2j}, c_{3j}, j = 1,2,3$

JY 为年平均降水量，参数 d_{1j}，j=1，4，5，6，7，8；

YB 为郁闭度，参数 d_{2j}，j=1，4，5，6，7，8；

JD 为经度，参数 d_{3j}，j=2，3，4，5，6，7，8；

WD 为纬度，参数 d_{4j}，j=2，3，4，5，6，7，8；

HB 为海拔高，参数 d_{53}。

（三）似乎不相关模型

$$\ln(y_{i1}) = a_{11} + b_{11}F_{i1} + b_{21}F_{i2} + b_{31}F_{i3} + c_{11}Z_{i1} + c_{21}Z_{i2} + c_{31}Z_{i3} + d_{11} \times ln(JY_i) + d_{21}YBi + Ei_1$$

$$y_{i2} = a_{12} + b_{12}F_{i1} + b_{22}F_{i2} + b_{32}F_{i3} + c_{12}Z_{i1} + c_{22}Z_{i2} + c_{32}Z_{i3} + d_{32}JD_i + d_{42}WD_i + d_{52}HB_i + Ei_2$$

$$y_{i3} = a_{13} + b_{13}F_{i1} + b_{23}F_{i2} + b_{33}F_{i3} + d_{33}JD_i + d_{43}WD_i + d_{53}HBi + Ei_3 y_{i4} = a_{14} + c_{14}Z_{i1} + c_{24}Z_{i2} + c_{34}Z_{i3} + d_{14}JY_i + d_{24}YBi + d_{34}JD_i + d_{44}WD_i + Ei_4$$

$$y_{i5} = a_{15} + c_{15}Z_{i1} + c_{25}Z_{i2} + c_{35}Z_{i3} + d_{15}JY_i + d_{25}YB_i + d_{35}JD_i + d_{45}WD_i + Ei_5$$

$$y_{i6} = a_{16} + c_{16}Z_{i1} + c_{26}Z_{i2} + c_{36}Z_{i3} + d_{16}JY_i +$$

$$
\begin{aligned}
& d_{26} YB_i + d_{36} JD_i + d_{46} WD_i + Ei_6 \\
y_{i7} &= a_{17} + c_{17} Z_{i1} + c_{27} Z_{i2} + c_{37} Z_{i3} + d_{17} JY_i + \\
& d_{27} YB_i + d_{37} JD_i + d_{47} WD_i + Ei_7 \\
y_{i8} &= a_{18} + c_{18} Z_{i1} + c_{28} Z_{i2} + c_{38} Z_{i3} + d_{18} JY_i + \\
& d_{28} YB_i + d_{38} JD_i + d_{48} WD_i + Ei_8
\end{aligned} \tag{6.8}
$$

写成似乎不相关模型的标准型：

$$
\begin{aligned}
y_{i1} &= \beta_{11} + \beta_{21} X_{i1} + \beta_{31} X_{i2} + \beta_{41} X_{i3} + \beta_{51} X_{i4} + \\
& \beta_{61} X_{i5} + \beta_{71} X_{i6} + \beta_{81} X_{i7} + \beta_{91} X_{i8} + Ei_1 \\
y_{i2} &= \beta_{12} + \beta_{22} X_{i1} + \beta_{32} X_{i2} + \beta_{42} X_{i3} + \beta_{52} X_{i4} + \beta_{62} X_{i5} + \\
& \beta_{72} X_{i6} + \beta_{10,2} X_{i9} + \beta_{11,2} X_{I,10} + \beta_{12,2} X_{I,11} + Ei_2 \\
y_{i3} &= \beta_{13} + \beta_{23} X_{i1} + \beta_{33} X_{i2} + \beta_{43} X_{i3} + \\
& \beta_{10,3} X_{i9} + \beta_{11,3} X_{i,10} + \beta_{12,3} X_{i,11} + Ei_3 \\
y_{i4} &= \beta_{14} + \beta_{54} X_{i4} + \beta_{64} X_{i5} + \beta_{74} X_{i6} + \beta_{8,4} X_{i7} + \\
& \beta_{9,4} YBi_8 + \beta_{10,4} X_{i9} + \beta_{11,4} X_{i,10} + Ei_4 \\
y_{i5} &= \beta_{15} + \beta_{55} X_{i4} + \beta_{65} X_{i5} + \beta_{75} X_{i6} + \beta_{8,5} X_{i7} + \\
& \beta_{9,5} YB_{i8} + \beta_{10,5} X_{i9} + \beta_{11,5} X_{i,10} + Ei_5 \\
y_{i6} &= \beta_{16} + \beta_{56} X_{i4} + \beta_{66} X_{i5} + \beta_{76} X_{i6} + \beta_{8,6} X_{i7} + \\
& \beta_{9,6} YB_{i8} + \beta_{10,6} X_{i9} + \beta_{11,6} X_{i,10} + Ei_6 \\
y_{i7} &= \beta_{17} + \beta_{57} X_{i4} + \beta_{67} X_{i5} + \beta_{77} X_{i6} + \beta_{8,7} X_{i7} + \\
& \beta_{9,7} YB_{i8} + \beta_{10,7} X_{i9} + \beta_{11,7} X_{i,10} + Ei_7 \\
y_{i8} &= \beta_{18} + \beta_{58} X_{i4} + \beta_{68} X_{i5} + \beta_{78} X_{i6} + \beta_{8,8} X_{i7} + \\
& \beta_{9,8} YB_{i8} + \beta_{10,8} X_{i9} + \beta_{11,8} X_{i,10} + Ei_8
\end{aligned} \tag{6.9}
$$

注：式（6.9）中变量第2个角标是随机变量号，第1个角标是变量号，考虑它们的实义未统一编号，其实各随机变量可拥有自己的变量集。

三、化成广义一元线性模型

似乎不相关模型可以化成广义一元线性模型。

$$
{}_{nq\times 1}Y=\begin{pmatrix} {}_{n\times 1}Y_1 \\ Y_2 \\ \vdots \\ Y_8 \end{pmatrix} \qquad x=\begin{pmatrix} {}_{n\times p1}x_1 & 0 & \cdots & 0 \\ 0 & {}_{n\times p2}x_2 & \cdots & 0 \\ \vdots & \vdots & \ddots & \vdots \\ 0 & 0 & \cdots & {}_{n\times pq}x_8 \end{pmatrix} \tag{6.10}
$$

其中:

$$
x_1=\begin{pmatrix} 1,X_{1,1},X_{1,2},X_{1,3},X_{1,4},X_{1,5},X_{1,6},X_{1,7},X_{1,8} \\ 1,X_{2,1},X_{2,2},X_{2,3},X_{2,4},X_{2,5},X_{2,6},X_{2,7},X_{2,8} \\ \cdots\cdots \\ 1,X_{n,1},X_{n,2},X_{n,3},X_{n,4},X_{n,5},X_{n,6},X_{n,7},X_{n,8} \end{pmatrix}
$$

$$
x_2=\begin{pmatrix} 1,X_{1,1},X_{1,2},X_{1,3},X_{1,4},X_{1,5},X_{1,6},X_{1,10},X_{1,11},X_{n,12} \\ 1,X_{2,1},X_{2,2},X_{2,3},X_{2,4},X_{2,5},X_{2,6},X_{2,10},X_{2,11},X_{n,12} \\ \cdots\cdots \\ 1,X_{n,1},X_{n,2},X_{n,3},X_{n,4},X_{n,5},X_{n,6},X_{n,10},X_{n,11},X_{n,12} \end{pmatrix}
$$

$$
x_3=\begin{pmatrix} 1,X_{1,1},X_{1,2},X_{1,3},X_{1,9},X_{1,10},X_{1,11} \\ 1,X_{2,1},X_{2,2},X_{2,3},X_{2,9},X_{2,10},X_{2,11} \\ \cdots\cdots \\ 1,X_{n,1},X_{n,2},X_{n,3},X_{n,9},X_{n,10},X_{n,11} \end{pmatrix}
$$

$$
x_4=\begin{pmatrix} 1,X_{1,4},X_{1,5},X_{1,6},X_{1,7},X_{1,8},X_{1,9},X_{1,10} \\ 1,X_{1,4},X_{2,5},X_{2,6},X_{2,7},X_{2,8},X_{2,9},X_{2,10} \\ \cdots\cdots \\ 1,X_{n,4},X_{n,5},X_{n,6},X_{n,7},X_{n,8},X_{n,9},X_{n,10} \end{pmatrix}
$$

x_5, x_6, x_7, x_8 同 x_4

$$
\beta=\begin{pmatrix} \beta^{(1)} \\ \beta^{(2)} \\ \vdots \\ \beta^{(8)} \end{pmatrix} \qquad e=\begin{pmatrix} e_1 \\ e_2 \\ \vdots \\ e_8 \end{pmatrix} \tag{6.11}
$$

则可以写成广义一元线性模型的标准形式：

$$\begin{cases} \underset{(nq)\times 1}{Y} = \underset{(nq)\times pq}{x} \underset{p\times 1}{\beta} + \underset{nq\times 1}{e} \\ E(e) = 0 \\ \text{cov}(e) = \sigma^2 \underset{q\times q}{\Sigma} \otimes I_n \end{cases} \tag{6.12}$$

其中设计矩阵 x 的列数（或等价地参数向量 β 的维数）$P = \sum_{j=1}^{q} P_j$，即 P 为 q 个参数向量 $\beta_{(j)}$，$1 \leqslant j \leqslant q$，的维数之和。

四、似乎不相关模型中的参数估计

似乎不相关模型是一种特殊的广义一元线性模型，因而其参数估计应分别使用最小二乘估计量和 GM 估计量或拟 GM 估计量：

（一）似乎不相关模型的最小二乘估计

广义一元线性模型在简化一元线性模型（即 $\Sigma = I$）的条件下，其估计量称为最小二乘估计量，显然它是无偏、相合的（即增加指标向量的观测次数 n 可以改进参数估计的精度）估计量，但不是最优的估计量，因没有考虑到 Σ。

$$\hat{\beta} = (x'x)^{+} x'Y \tag{6.13}$$

或等价地用

$$\hat{\beta}^{(j)} = (x'_j x'_j)^{+} x_j Y_j \tag{6.14}$$

作为 β 的估计量。(6.13) 相当一个回归。本书采用公式 (6.13)。

（二）当协方差矩阵 Σ 已知时参数 β 的 GM 估计

根据广义线性模型理论，用 $\Sigma \otimes I_n$ 代替 v，得到似乎不相关模型中参数 β 的 GM 估计量。

$$\tilde{\beta} = (x'(\Sigma^{-1} \otimes I_n)x)^{+} x'(\Sigma^{-1} \otimes I_n)Y。 \tag{6.15}$$

当设计矩阵 X 为列满秩时，GM 估计量 $\tilde{\beta}$ 是参数 β 的最优线性无偏估计量，并且它还具有相合性。同理，类似于公式 (6.14) 可以得到

GM 估计量 $\tilde{\beta}$ 的均值和协方差矩阵。

（三）当协方差矩阵 Σ 未知时参数 β 的估计

当协方差矩阵 Σ 未知时，需要先估计协方差矩阵。然后得到 β 的拟 GM 估计量 $\tilde{\beta}$。

二步回归法如下：

（1）计算参数 $\beta^{(j)}$ 的最小二乘估计量 $\hat{\beta}^{(j)}$

（2）计算
$$\hat{\sigma}_{ij} = \frac{(Y_i - x_i\hat{\beta}^{(i)})'(Y_j - x_j\hat{\beta}^{(j)})}{n - \overline{P}} \tag{6.16}$$

$$\overline{P} = \frac{1}{q}\sum_{i=1}^{q} p_i \tag{6.17}$$

平均 X 变量的维数。

（3）记 $\hat{\Sigma} = (\hat{\sigma}_{ij})_{q\times q}$，则误差结构矩阵 $\Sigma \otimes I_n$ 的最小二乘估计量为 $\hat{\Sigma} \otimes I_n$。

（4）参数 β 的拟 GM 估计量为：

$$\hat{\beta} = (x'(\hat{\Sigma}^{-1} \otimes I_n)x)^{+} x'(\hat{\Sigma}^{-1} \otimes I_n)Y \tag{6.18}$$

为了便于区分，我们称 $\hat{\beta}$ 为似乎不相关估计量，可用迭代法计算。

五、森林生态效益似乎不相关模型

$$\ln(y1) = 6.9 + [-0.7849 + \sum Bi \times LF + \sum Ci \times LZ + 0.7612 \times ln(JY) + 1.2388 \times YB]$$

$$y2 = 25.374 + 16.542 \times [68.58 + \sum Bi \times LF + \sum Ci \times LZ - 0.59 \times JD + 0.4415 \times WD + 0.0015 \times HB]$$

$$y3 = -5085.55 + \sum Bi \times LF + 79.80 \times JD - 72.462 \times WD + 0.75 \times HB$$

$$y4 = 4 + \sum Ci \times LZ - 0.28445 \times JD + 0.87825 \times WD + 0.01762 \times JY + 17 \times YB$$

$$y5 = -1.5 + \sum Ci \times LZ + 0.05195 \times JD + 0.00039 \times WD + 0.00009 \times JY + 0.5 \times YB \quad (6.19)$$

$$y6 = 0.95355 \times (-0.13631 + \sum Ci \times LZ + 0.00252 \times JD - 0.00293 \times WD - 0.00002 \times JY + 0.00236 \times YB)$$

$$y7 = 0.702 \times (-0.13631 + \sum Ci \times LZ + 0.00252 \times JD - 0.00293 \times WD - 0.00002 \times JY + 0.00236 \times YB)$$

$$y8 = 1.68262 + \sum Ci \times LZ + 0.01376 \times JD - 0.03955 \times WD - 0.00067 \times JY + 0.41924 \times YB$$

第二节　森林生态效益的“有效面积系数”

一、森林生态效益的主要特征

（1）生态效益具有典型的外部性。所谓外部性是在没有市场交换的情况下，一个生产单位的生产行为（或消费者的消费行为）影响了其他生产单位（或消费者）的生产过程（X_{i1}，X_{i2}，X_{i3}，…，X_{in-1}，Xin）。如果 X_{i1}，X_{i2}，X_{i3}，…，X_{in-1}，Xin（$i \neq j$），则可以说生产者（或消费者）j 对生产者（或消费者）i 存在外部影响。生产者（或消费者）j 的外部性分为外部经济性和外部不经济性。

在森林培育过程中，林业经营者投入巨大的活劳动和物化劳动，而森林在漫长的培育过程中首先产出的是多种生态效益，这种生态效益却被广大非林业经营乃至全社会无偿地享用受益，并给广大受益者带来了巨大的比较利益，受益者并没有向林业经营者支付任何报酬，林业经营者在森林培育过程中所投入的活劳动和物化劳动在价值上得不到补偿，造成了经济利益的外溢，这就是所谓的外部经济性。另外，从森林采伐利用阶段而言，也会产生经济损失的外溢，即外部不经济性。

（2）生态效益属公共商品，具有：①非涉它性；②非排它性，不存在有形市场和有形市场价值。

（3）生态效益产出的独立性。

（4）生态效益的消费与产出具有同步性。

生态效益产出的同时，就被相应的消费者所消费，不具有保留性，因此，生态效益的产出不具有累加性。生态效益在不同时间、空间上的计量值的累加是没有意义的，也不应该进行累加。

（5）生态效益属于社会资本。

（6）生态效益货币计量的多元性。由于各国的经济发展水平不同，表现在国民经济恩格尔系数的差异，所以各国的生态效益货币计量值呈现多元化的趋势。

二、森林生态效益内部化的概念

（1）森林生态效益内部化的定义。由于森林生态效益的外部性和“公共物品”的特征，使得它与“内部化”“市场化”存在一条鸿沟。目前还没有哪个国家成功地解决这个问题。对这个问题国内外的生态学家、经济学家给予极大的关注。森林生态效益内部化的概念定义如下：

［定义］森林生态效益内部化即市场化。内部化就是逐渐削弱它的外部性，使森林生态效益这个公共物品向市场的商品的彼岸过渡，不断增加市场的成分。这是森林生态效益内部化的理论的总纲。

这个定义指出：

1）森林生态效益完全的内部化或市场化是不可能的。这就是说，森林生态效益这个公共物品总体上不可能转换成完全的市场商品。

2）森林生态效益可向市场靠拢、逼近。特别各种森林生态效益的替代商品的功能和价格应和市场上的商品有较好的相似度。这就是说，森林生态效益的价值定位既要尽量满足市场的经济法则，又不可能完全满足它。恰当把握住市场化的尺度，是森林生态效益的价值计量科学化和内部化的关键。

3）由于上述相似度不可能等于1，所以森林生态效益价值不等于替代商品量×替代商品的价格。由此产生“市场逼近理论”。

（2）根据上述分析，森林生态效益补偿主体主要是国家，其次是受益的单位、部门和群体。

（3）森林生态效益补偿的主要途径是公共财政，其次是市场交易。如森林碳汇贸易。

（4）根据上述定义，森林生态效益补偿的受体是生产森林生态效益公共物品的、产生外部经济性的林业企业。包括国家、集体、个人的林业企业。

（5）森林生态效益补偿额的标准基准是向市场逼近的森林生态效益的货币量。按照“支付意愿“的法则，森林生态效益的价值计量不应超过GNP值。

三、森林生态效益的“有效面积系数”

（一）定义

［定义］在森林生态效益的总体估测中，对于森林生态效益补偿主体，能产生具有使用价值的某种生态效益的森林面积与总体森林面积的比重称为该生态效益的“有效面积系数”。

该定义表述了森林生态效益关于“资源背景”的全局性和非全局性的问题。这是因为森林生态效益的效能和它的效益是不完全统一的。例如：森林改善小气候是防护林带的森林造成的增产效益，森林防风固沙具有一定厚度的地方性等。特别对受益的单位、部门和群体要严格控制这个系数。

（二）黑龙江省各森林工业总局林业局的“有效面积系数”

黑龙江省各森林工业总局林业局（以下简称林业局）的“有效面积系数”如表6－1所示。

表 6-1　黑龙江省各林业局 10 种森林生态效益有效面积系数

森工局	森林水源涵养	森林水土保持	吸收二氧化碳	森林释放氧气	改善小气候	森林防风固沙	减轻水旱灾	森林游憩	野生生物保护	森林消除噪声
汤汪河	1.0	1.0	1.0	1.0	0.1	0.2	1.0	0.1	1.0	0.001
新　青	1.0	1.0	1.0	1.0	0.1	0.2	1.0	0.1	1.0	0.001
友　好	1.0	1.0	1.0	1.0	0.1	0.2	1.0	0.1	1.0	0.001
上甘岭	1.0	1.0	1.0	1.0	0.1	0.2	1.0	0.1	1.0	0.001
五　营	1.0	1.0	1.0	1.0	0.1	0.2	1.0	0.1	1.0	0.001
红　星	1.0	1.0	1.0	1.0	0.1	0.2	1.0	0.1	1.0	0.001
翠　峦	1.0	1.0	1.0	1.0	0.1	0.2	1.0	0.1	1.0	0.001
乌马河	1.0	1.0	1.0	1.0	0.1	0.2	1.0	0.1	1.0	0.001
美　溪	1.0	1.0	1.0	1.0	0.1	0.2	1.0	0.1	1.0	0.001
铁　力	1.0	1.0	1.0	1.0	0.1	0.2	1.0	0.1	1.0	0.001
桃　山	1.0	1.0	1.0	1.0	0.1	0.2	1.0	0.1	1.0	0.001
朗　乡	1.0	1.0	1.0	1.0	0.1	0.2	1.0	0.1	1.0	0.001
南　岔	1.0	1.0	1.0	1.0	0.1	0.2	1.0	0.1	1.0	0.001
金山屯	1.0	1.0	1.0	1.0	0.1	0.2	1.0	0.1	1.0	0.001
双　丰	1.0	1.0	1.0	1.0	0.1	0.2	1.0	0.1	1.0	0.001
乌伊岭	1.0	1.0	1.0	1.0	0.1	0.2	1.0	0.1	1.0	0.001
兴　隆	1.0	1.0	1.0	1.0	0.1	0.2	1.0	0.1	1.0	0.001
清　河	1.0	1.0	1.0	1.0	0.1	0.2	1.0	0.1	1.0	0.001
方　正	1.0	1.0	1.0	1.0	0.1	0.2	1.0	0.1	1.0	0.001
亚布力	1.0	1.0	1.0	1.0	0.1	0.2	1.0	0.1	1.0	0.001
苇　河	1.0	1.0	1.0	1.0	0.1	0.2	1.0	0.1	1.0	0.001
山河屯	1.0	1.0	1.0	1.0	0.1	0.2	1.0	0.1	1.0	0.001
通　北	1.0	1.0	1.0	1.0	0.1	0.2	1.0	0.1	1.0	0.001
沾　河	1.0	1.0	1.0	1.0	0.1	0.2	1.0	0.1	1.0	0.001
绥　陵	1.0	1.0	1.0	1.0	0.1	0.2	1.0	0.1	1.0	0.001

续表

森工局	森林水源涵养	森林水土保持	吸收二氧化碳	森林释放氧气	改善小气候	森林防风固沙	减轻水旱灾	森林游憩	野生生物保护	森林消除噪声
鹤　北	1.0	1.0	1.0	1.0	0.1	0.2	1.0	0.1	1.0	0.001
鹤　立	1.0	1.0	1.0	1.0	0.1	0.2	1.0	0.1	1.0	0.001
双鸭山	1.0	1.0	1.0	1.0	0.1	0.2	1.0	0.1	1.0	0.001
桦　南	1.0	1.0	1.0	1.0	0.1	0.2	1.0	0.1	1.0	0.001
东方红	1.0	1.0	1.0	1.0	0.1	0.2	1.0	0.1	1.0	0.001
迎　春	1.0	1.0	1.0	1.0	0.1	0.2	1.0	0.1	1.0	0.001
林　口	1.0	1.0	1.0	1.0	0.1	0.2	1.0	0.1	1.0	0.001
柴　河	1.0	1.0	1.0	1.0	0.1	0.2	1.0	0.1	1.0	0.001
海　林	1.0	1.0	1.0	1.0	0.1	0.2	1.0	0.1	1.0	0.001
八面通	1.0	1.0	1.0	1.0	0.1	0.2	1.0	0.1	1.0	0.001
大海林	1.0	1.0	1.0	1.0	0.1	0.2	1.0	0.1	1.0	0.001
穆　棱	1.0	1.0	1.0	1.0	0.1	0.2	1.0	0.1	1.0	0.001
绥　阳	1.0	1.0	1.0	1.0	0.1	0.2	1.0	0.1	1.0	0.001
东京城	1.0	1.0	1.0	1.0	0.1	0.2	1.0	0.2	1.0	0.001
带　岭	1.0	1.0	1.0	1.0	0.1	0.2	1.0	0.1	1.0	0.001

第三节　森林生态效益市场逼近系数

一、绿色“帕累托最适度”

关于资源的最优配置，意大利社会经济学家 V. Pareto 提出著名的“帕累托最适度”理论。所谓帕累托最适度是指通过市场竞争达到最佳的资源配置状态。显然，经典的帕累托最适度用于森林生态的环境产业上就“失灵“了（侯元兆，2002），这是因为森林生态效益的“市场失灵”所造成的。经典的帕累托最适度是以牺牲生态环境为代价的。

为改变这种局面，实现森林生态资源的最优配置，提出一种绿色

“帕累托最适度”的概念：

［定义］如果存在这样一种最佳的资源环境的配置状态，在非破坏（包括改善）生态资源的条件下或在生态资源恢复的弹性限度之内，任何资源环境的配置的改变都不可能使至少一个人的福利和环境状况变好，而又不使其他任何人的状况变坏。也就是说通过环境市场竞争和政府干预以达到最佳的资源和环境的配置状态，称之为绿色“帕累托最适度”。

在绿色“帕累托最适度”中，市场竞争是第一位的，政府干预是第二位的。要实现生态资源市场绿色“帕累托最适度”，森林生态效益的货币价值计量要向“内部化”和“市场化”靠拢，以此部分纠正其市场失灵的程度。

二、森林生态效益价值的替代市场法

（一）森林生态效益价值体系

目前，森林生态效益价值计量方法分为两类（蒋敏元，2001）：①效果评价法，它分为替代市场技术。包括费用支出法（Expenditure Method）、市场价值法（Market Method）、机会成本法（Opportunity Cost Approach、旅行费用法（Travel Cost Method）、享乐价值法（Hedonic Priced Method）、模拟市场技术（根据支付意愿和净支付意愿表达的条件价值法）。②消耗评价法。以森林中凝结的物化劳动价值量来评价。

从使用价值的角度考虑，森林生态效益经济计量主要通过货币形式对森林的外部经济性计量。但有时也可用森林的外部非经济性进行计量。如森林减轻水旱灾的效益就不得不用森林的减少量对水旱灾引发的增量来计量（郎奎建，1999）。

（二）森林生态效益价值标准度量法

根据绿色“帕累托最适度”的思想，标准的森林生态效益经济价值应采用替代市场技术。即针对某一生态功能（或其物理量），寻找能产生同样或类似效果的市场商品的价值来计量。这种价值称为替代价值，这种替代的商品称为替代商品。应该说这种方法是实现绿色“帕累托最适度”、森林生态效益的价值计量向“内部化”和“市场化”逼近的必要条件（但不是充分条件）。因为这毕竟有一个替代商品的价值为依托和基准。在特殊情况下，如找不到替代商品而又无法用类似方法计量时，可采用支付意愿法，如森林消除噪声效益。但要持审慎态度，其占总效益比重不应太大（$<1\%$）。

三、森林生态效益的“市场逼近系数”

［定义］在市场替代法进行森林生态效益物理量向货币量转换过程中，由于替代商品功能和该生态效益功能上的差异，以及生态效益本身的公共性，从使用价值的角度构造一个系数，使得森林生态效益的货币量向“市场”逼近，该系数称为森林生态效益的“市场逼近系数”$\in(0, 1)$。

这是因为森林生态效益是公共物品，与一般商品不同，没有有形的市场交换和市场价值。如：森林涵养水源相当于水库的作用，但是与水库储水的作用却不相同。水库储水可以完全听从人的指挥，而有些森林涵养的水却要白白溜走。所以它的货币量的“市场逼近系数”均应该小于1。为科学的度量森林生态效益，引进森林生态效益的货币量向“市场逼近系数”是非常必要的。

四、森林生态效益的“市场逼近系数”法则

“市场逼近系数”是描述森林生态效益的替代商品价格离“市场”的远近距离。“市场逼近系数”是一种具有定性特征的变量，确定它的因子是：

（1）森林生态效益和替代商品效能的相似度。

（2）森林生态效益替代商品价格的可替代度。

（3）森林生态效益非排它性的程度。

（4）森林生态效益间的似乎不相关性。

（5）地区的生态重要性和脆弱性。

五、“市场逼近系数”

黑龙江省森工各林业局10种森林生态效益“市场逼近系数”如表6－2所示。

表6－2　黑龙江省森工局各林业局10种森林生态效益“市场逼近系数”

森工局	森林水源涵养	森林水土保持	吸收二氧化碳	森林释放氧气	改善小气候	森林防风固沙	减轻水旱灾	森林游憩	野生生物保护	森林消除噪声
汤汪河	0.8	0.6	0.1	0.1	0.2	0.1	0.4	0.1	0.2	0.1
新　青	0.6	0.4	0.1	0.1	0.2	0.1	0.4	0.1	0.2	0.1
友　好	0.6	0.4	0.1	0.1	0.2	0.1	0.4	0.1	0.2	0.1
上甘岭	0.6	0.4	0.1	0.1	0.2	0.1	0.4	0.1	0.2	0.1
五　营	0.6	0.4	0.1	0.1	0.2	0.1	0.4	0.1	0.2	0.1
红　星	0.8	0.6	0.1	0.1	0.2	0.1	0.4	0.1	0.2	0.1
翠　峦	0.6	0.4	0.1	0.1	0.2	0.1	0.4	0.1	0.2	0.1
乌马河	0.6	0.4	0.1	0.1	0.2	0.1	0.4	0.1	0.2	0.1
美　溪	0.6	0.4	0.1	0.1	0.2	0.1	0.4	0.1	0.2	0.1
铁　力	0.6	0.4	0.1	0.1	0.2	0.1	0.4	0.1	0.2	0.1
桃　山	0.6	0.4	0.1	0.1	0.2	0.1	0.4	0.1	0.2	0.1
朗　乡	0.6	0.4	0.1	0.1	0.2	0.1	0.4	0.1	0.2	0.1
南　岔	0.6	0.4	0.1	0.1	0.2	0.1	0.4	0.1	0.2	0.1
金山屯	0.6	0.4	0.1	0.1	0.2	0.1	0.4	0.1	0.2	0.1
双　丰	0.6	0.4	0.1	0.1	0.2	0.1	0.4	0.1	0.2	0.1
乌伊岭	0.6	0.4	0.1	0.1	0.2	0.1	0.4	0.1	0.2	0.1
兴　隆	0.6	0.4	0.1	0.1	0.2	0.1	0.4	0.1	0.2	0.1
清　河	0.6	0.4	0.1	0.1	0.2	0.1	0.4	0.1	0.2	0.1
方　正	0.6	0.4	0.1	0.1	0.2	0.1	0.4	0.1	0.2	0.1
亚布力	0.6	0.4	0.1	0.1	0.2	0.1	0.4	0.1	0.2	0.1
苇　河	0.6	0.4	0.1	0.1	0.2	0.1	0.4	0.1	0.2	0.1
山河屯	0.6	0.4	0.1	0.1	0.2	0.1	0.4	0.1	0.2	0.1
通　北	0.6	0.4	0.1	0.1	0.2	0.1	0.4	0.1	0.2	0.1

续表

森工局	森林水源涵养	森林水土保持	吸收二氧化碳	森林释放氧气	改善小气候	森林防风固沙	减轻水旱灾	森林游憩	野生生物保护	森林消除噪声
沾　河	0.6	0.4	0.1	0.1	0.2	0.1	0.4	0.1	0.2	0.1
绥　陵	0.6	0.4	0.1	0.1	0.2	0.1	0.4	0.1	0.2	0.1
鹤　北	0.6	0.4	0.1	0.1	0.2	0.1	0.4	0.1	0.2	0.1
鹤　立	0.6	0.4	0.1	0.1	0.2	0.1	0.4	0.1	0.2	0.1
双鸭山	0.6	0.4	0.1	0.1	0.2	0.1	0.4	0.1	0.2	0.1
桦　南	0.6	0.4	0.1	0.1	0.2	0.1	0.4	0.1	0.2	0.1
东方红	0.6	0.4	0.1	0.1	0.2	0.1	0.4	0.1	0.2	0.1
迎　春	0.6	0.4	0.1	0.1	0.2	0.1	0.4	0.1	0.2	0.1
林　口	0.6	0.4	0.1	0.1	0.2	0.1	0.4	0.1	0.2	0.1
柴　河	0.6	0.4	0.1	0.1	0.2	0.1	0.4	0.1	0.2	0.1
海　林	0.6	0.4	0.1	0.1	0.2	0.1	0.4	0.1	0.2	0.1
八面通	0.6	0.4	0.1	0.1	0.2	0.1	0.4	0.1	0.2	0.1
大海林	0.6	0.4	0.1	0.1	0.2	0.1	0.4	0.1	0.2	0.1
穆　棱	0.6	0.4	0.1	0.1	0.2	0.1	0.4	0.1	0.2	0.1
绥　阳	0.6	0.4	0.1	0.1	0.2	0.1	0.4	0.1	0.2	0.1
东京城	0.8	0.6	0.1	0.1	0.2	0.1	0.4	0.1	0.2	0.1
带　岭	0.6	0.4	0.1	0.1	0.2	0.1	0.4	0.1	0.2	0.1

第四节　森林生态效益计量

一、整体扩散模型和货币构造模型

（一）变量说明

（1）标准化生态因变量 Y，单位：每公顷森林年的生态效益量；

（2）区域自变量：

JY 为年平均降水量，单位：毫米；*JD* 为经度（不带分、秒）；*WD*

为纬度（不带分、秒）；*HB* 为海拔高，单位：米。

（3）林分自变量：

LF 为林分类反应值，定性变量，分为：针叶林为 1、阔叶林为 2、混交林为 3；*LZ* 为龄组，定性变量，分为：幼 1、中 2、成过 3；*YB* 为郁闭度，定量变量，为 0.1、0.2、0.3、…。

（4）三个重要的参数：

R 为有效面积系数；*P* 为市场逼近系数；*C* 为按照替代商品法，由国家统计年鉴获得合理的替代商品的单价，将森林生态效益物理量转换为货币量的系数。

（二）森林涵养水源整体扩散模型

（1）森林涵养水源效益独立因变量集构成为

$$Y = I + K + Q \tag{6.20}$$

式中：*Y* 为森林涵养水源量（吨/公顷·年）；*I* 为林冠截留量（吨/公顷·年）；*K* 为枯落物持水量（吨/公顷·年）；*Q* 为森林土壤非毛细管孔隙的贮水量（吨/公顷·年）。

（2）林冠截留量整体扩散模型：

$$I = 6.9 \times EXP[-0.7849 + \Sigma B_i \times LF + \Sigma C_i \times LZ + 0.7612 \times \ln(JY) + 1.2388 \times YB] \tag{6.21}$$

式中：*Bi* 为林分类反应值，参数 $B_1 = 0.0052$，$B_2 = -0.1834$，$B_3 = 0$；*Ci* 为龄组反应值，参数 $C_1 = -0.4921$，$C_2 = -0.1919$，$C_3 = 0$

（3）枯落物持水量整体扩散模型：

$$K = 25.374 + 16.542(68.58 + \Sigma B_i \times LF + \Sigma C_i \times LZ - 0.59JD + 0.4415WD + 0.0015HB) \tag{6.22}$$

式中：*Bi* 为林分类反应值，$B_1 = 4.83$，$B_2 = -1.81$，$B_3 = 0$*Ci* 为龄组反应值；$C_1 = -7.42$，$C_2 = -3.04$，$C_3 = 0$。

（4）森林土壤毛细管孔隙的贮水量整体扩散模型为

$$Q = -5085.55 + \sum B_i \times LF + 79.8JD - 72.462WD + 0.75HB \quad (6.23)$$

式中：Bi 为林分类反应值：$B_1 = -254.8$，$B_2 = -72.462$，$B_3 = 0$。

（5）森林涵养水源经济结构模型为

$$E_i = \sum Pj \times Rj \times Cj \times \sum Yj(t) \times Sj(t)\ j = 1,\ 2,\ 3\cdots n\ (\text{小班数}) \quad (6.24)$$

式中：Ei 为森林涵养水源货币量；Yj 为森林涵养水源因变量；Sj 为森林资源与环境向量；$Cj = 0.652$ 元/吨。

（三）森林保持水土效益的整体扩散模型

（1）森林固土量整体扩散模型为

$$Y_1 = 4 + \sum C_i \times LZ - 0.28445JD + 0.87825WD + 0.01762JY + 17YB \quad (6.25)$$

式中：Y_1 为森林固土量（吨/公顷·年），疏林地 $Y_1 = 0Ci$ 为龄组反应值，$C_1 = 6$，$C_2 = -2.567$，$C_3 = 0$。

（2）森林保肥量（包括有机肥、氮磷钾等）整体扩散模型为。

$$Y_2 = -1.5 + \sum C_i \times LZ + 0.05195JD + 0.00039WD + 0.00009JY + 0.5YB \quad (6.26)$$

式中：Y_2 为森林保肥量（吨/公顷·年），疏林地 $Y_2 = 0$；Ci 为龄组反应值，$C_1 = -3.3125$，$C_2 = -0.89391$，$C_3 = 0$；A 为经度。

（3）森林水土保持经济结构模型为

$$E_i = \sum P_j \times R_j \times C_j \times \sum Y_j(t) \times S_j(t)\ (\mathrm{t})\ j = 1,\ 2,\ 3,\ \cdots,\ n\ (\text{小班数}) \quad (6.27)$$

式中：R_j 为市场逼近系数，$R_1 = 0.4 - 0.6$，$R_2 = R_1 \times 0.05$（森林的保肥作用实在离市场太远了）；Cj 为货币转换系数，$C_1 = 14.89$ 元/吨，$C_2 = 840.5$ 元/吨。

（四）森林吸收二氧化碳整体扩散方程

（1）森林吸收二氧化碳整体扩散方程。该模型是根据光合作用方程，在一系列假设、推导和回归，导出的模型为

$$Y = 0.95355 \times (-0.13631 + \Sigma C_i \times LZ + 0.00252JD - 0.00293WD - 0.00002JY + 0.00236YB) \quad (6.28)$$

式中：Y 为森林吸收二氧化碳量（吨/立方米·年）；Ci 为龄组反应值，$C_1 = 0.07890$，$C_2 = 0.02197$，$C_3 = 0$。

（2）森林吸收二氧化碳效益经济结构模型为：

$$E_i = \Sigma P_j \times R_j \times C_j \times \Sigma Y_j(t) \times S_j(t) \ \mathrm{j} = 1, 2, 3, \cdots, \mathrm{n}\ (\text{小班数}) \quad (6.29)$$

式中：$Cj = 872.2$ 元/吨。

使用该公式时，要乘上公顷蓄积，换算为公顷的吸收二氧化碳量。

（五）森林净化大气整体扩散方程

（1）森林净化大气整体扩散方程为

$$Y = 0.702 \times (-0.13631 + \Sigma C_i \times LZ + 0.00252JD - 0.00293WD - 0.00002JY + 0.00236YB) \quad (6.30)$$

式中：Y 为森林释放氧气量（吨/立方米·年）；Ci 为龄组反应值，$C_1 = 0.07890$，$C_2 = 0.02197$，$C_3 = 0$。

（2）森林净化大气经济结构模型为

$$E_i = \Sigma P_j \times R_j \times C_j \times \Sigma Y_j(t) \times S_j(t) \quad (6.31)$$

式中：$Cj = 1266.7$ 元/吨。

（六）森林抑制风沙效益整体扩散方程

（1）森林抑制风沙整体扩散模型为

$$Y = 1.68262 + \Sigma C_i \times LZ + 0.01376JD - 0.03955WD - 0.00067JY + 0.41924YB \quad (6.32)$$

式中：Y 为森林固沙面积（公顷/公顷·年）；Ci 为龄组反应值，$C_1 = 0.10423$，$C_2 = 0.06526$，$C_3 = 0$。

（2）森林抑制风沙经济结构模型为

$$E_i = \Sigma P_j \times R_j \times C_j \times \Sigma Y_j(t) \times S_j(t) \tag{6.33}$$

式中：$Cj = 450$ 元/吨。

（七）森林改善小气侯效益经济结构模型

森林改善小气侯约 11 种效益物理量，如降低风速、提高湿度等，但均无法找到替代商品，所以用它的增产效益的货币量建模型。

$$E_i = \Sigma P_j \times R_j \times S \times 67.99605LZ^{0.4931957} \text{ 元/公顷} \tag{6.34}$$

式中：Ei 为森林改善小气侯货币量；S 为森林资源与环境向量。

（八）森林减轻水旱灾效益经济结构模型

该模型由 1998 年特大洪水的资料，经过仔细假设、推导和论证构造的模型。该模型气势宏大，场面开阔。

$$E_i = \Sigma 0.3 \times P_j \times R_j \times S \times 311.6941LZ^{0.6183988} \text{ 元/公顷} \tag{6.35}$$

（九）森林游憩资源效益经济结构模型

$$E_i = \Sigma P_j \times R_j \times S \times 12.33866LZ^{0.8235893} \text{ 元/公顷} \tag{6.36}$$

式中：$Pj = 0.1$（森林公园的比例）；$Rj = 0.2$（在森林公园的总效益中，森林仅 20%）。

（十）森林野生植物保护效益经济结构模型

$$E_i = \Sigma P_j \times R_j \times S \times 21.39681LZ^{0.8760093} \text{ 元/公顷} \tag{6.37}$$

（十一）森林保护野生动植物效益经济结构模型

$$E_i = \Sigma P_j \times R_j \times S \times 64.1137LZ^{0.823598} \text{ 元/公顷} \tag{6.38}$$

（十二）森林消除噪声效益经济结构模型

$$E_i = \Sigma P_j \times R_j \times S \times 62.74023LZ^{0.2500285} \text{ 元/公顷} \tag{6.39}$$

（十四）广义森林生态效益经济结构汇总模型

森林生态效益物理量具有不同量纲，但它的经济量却具有相同量纲。所以可将各小班的 12 个生态效益的货币量累计，得到广义森林生态效益经济汇总模型：

$$E = \sum P_{ij} \times R_{ij} \times C_{ij} \times Y_{ij}(t) \times S_{ij}(t)$$

$$i=1, \cdots 12, \ j=1, 2, 3, \cdots, n \qquad (6.40)$$

二、森林生态效益计量软件

（一）软件名称：HST. EXE

（二）以省（局）为单位的数据库资料

（1）数据库以近期（2010 年）为基础，没有数据库的单位可根据统计表自行建立模拟小班数据库。

（2）森林资源标准数据库结构如表 6－3 所示。

（3）代码：

地类：1 有、2 疏、3 灌、4 造、8. 苗圃、6 荒、7 采、8 火、9 其他荒地。

林权：1 国、2 集。

林分类型：1 为针叶林、2 为阔叶林、3 为混交林。

龄组：1 为幼、2 为中近、3 为成过。

林种：1 为重点生态公益林、2 为一般生态公益林、3 为商品林。

（4）区域参数以县（局）提供：经度（不带分秒）、纬度、降水量。

表 6－3　森林资源标准数据库结构

No.	字段名	类型	宽度	小数位	备注
1	林场（局）	数字型	4		
2	林　班	数字型	3		
3	小　班	数字型	4		
4	地类	数字型	2		计算变量

续表

No.	字段名	类型	宽度	小数位	备注
5	林　权	数字型	1		计算变量
6	面　积	数字型	5	1	计算变量
7	林　种	数字型	2		计算变量
8	林分类型	数字型	2		计算变量
9	龄　组	数字型	1		计算变量
10	郁闭度	数字型	3	1	计算变量
11	海　拔	数字型	5		计算变量
12	公顷蓄积	数字型	4		计算变量
13	经　度	数字型	4		计算变量
14	纬　度	数字型	4		计算变量
15	降水量	数字型	4		计算变量
16 - 25	有效面积系数	数字型	4	2	计算变量
26 - 35	市场逼近系数	数字型	4	2	计算变量

（三）2010 年的森林生态资源估计

（1）2010 的森林生态资源变化立足于 2000 年森林资源为基础，假定森林分类经营目标实现，现有的林业用地（包括退耕还林地）全部恢复具有森林生态功能的林地。认定现有的灌木林、荒山等非有（疏）林地，10 年后变为幼林、阔叶林，密度 0.4。

（2）对重点保护的重点生态公益林按 3.23% 净增森林资源，由于森林生态效益的变化滞后于森林资源的变化，所以 10 年后，重点生态公益林森林生态效益比 2000 年净增 20%

（3）一般生态公益林，10 年后的森林生态效益与 2000 年持平。

（4）对商品林，虽然森林资源按 323% 净增，虽然 10 年总增 30%，由于它存在采伐，所以 10 年后，商品林的森林生态效益比 2000 年净减 30%。

三、森林生态效益总体计量

（一）黑龙江省各森林工业总局各林业局 10 种森林生态效益价值总估计

黑龙江省各森林工业总局各林业局 10 种森林生态效益总估计值如表6 - 4 所示。

表 6－4　黑龙江省森工总局各林业局 10 种森林生态效益价值总估计

单位：万元

地区	森林水源涵养	水土保持		吸收二氧化碳	森林释放氧气	改善小气候	防风固沙	减轻水旱灾	游憩	野生生物保护		消除噪声	货币量合计
		保土	保肥							动物保护	植物保护		
合计	619781.0	162194.0	58055.7	422358.0	452647.0	1525.3	5962.9	45034.6	174.8	6016.9	17451.7	6.5	1791208.0
汤汪河	21750.4	6776.0	2346.3	11076.7	11871.1	43.1	163.6	1273.3	4.7	170.1	493.4	0.2	55968.9
新　青	16444.4	5147.3	1782.3	12621.6	13526.7	49.1	186.4	1450.9	5.4	193.8	562.2	0.2	51970.3
友　好	21295.4	5897.1	2041.9	14460.0	15497.0	56.3	213.6	1662.2	6.2	222.1	644.1	0.2	61996.1
上甘岭	6489.6	1797.1	622.3	4406.6	4722.6	17.2	65.1	506.6	1.9	67.7	196.3	0.1	18893.1
五　营	5959.4	1650.3	571.4	4046.6	4336.8	15.8	59.8	465.2	1.7	62.1	180.3	0.1	17349.5
红　星	20393.5	6353.3	2199.9	10385.8	11130.6	40.4	153.4	1193.9	4.4	159.5	462.7	0.2	52477.6
翠　峦	10585.7	2931.4	1015.0	7187.9	7703.4	28.0	106.2	826.3	3.1	110.4	320.2	0.1	30817.7
乌马河	6104.1	1690.4	585.3	4144.9	4442.1	16.1	61.2	476.5	1.8	63.7	184.6	0.1	17770.8
美　溪	11397.3	3156.1	1092.8	7739.0	8294.0	30.1	114.3	889.6	3.3	118.9	344.7	0.1	33180.2
铁　力	10826.5	2998.0	1038.1	7351.4	7878.6	28.6	108.6	845.1	3.1	112.9	327.5	0.1	31518.5
桃　山	8688.7	2406.1	833.1	5899.9	6322.9	23.0	87.1	678.2	2.5	90.6	262.8	0.1	25295.0
朗　乡	20037.0	5548.6	1921.3	13605.6	14581.2	53.0	201.0	1564.0	5.8	209.0	606.1	0.2	58332.8
南　岔	14049.1	3890.5	1347.1	9539.7	10223.8	37.2	140.9	1096.6	4.1	146.5	425	0.2	40900.7
金山屯	9414.9	2607.2	902.8	6393.0	6851.4	24.9	94.4	734.9	2.7	98.2	284.8	0.1	27409.3

续表

地区	森林水源涵养	水土保持		吸收二氧化碳	森林释放氧气	改善小气候	防风固沙	减轻水旱灾	游憩	野生生物保护		消除噪声	货币量合计
		保土	保肥							动物保护	植物保护		
双　丰	6304.6	1745.9	604.5	4280.9	4587.9	16.7	63.2	492.1	1.8	65.8	190.7	0.1	18354.2
乌伊岭	15886.7	4399.4	1523.3	10787.5	11561.1	42.0	159.3	1240.0	4.6	165.7	480.5	0.2	46250.3
兴　隆	19295.5	4661.9	1714.6	13919.5	14917.7	47.3	189.3	1395.9	5.2	186.5	540.9	0.2	56874.5
清　河	8801.8	2126.5	782.1	6349.5	6804.8	21.6	86.4	636.8	2.4	85.1	246.8	0.1	25943.9
方　正	15402.2	3721.3	1368.6	11111.0	11907.8	37.7	151.1	1114.3	4.1	148.9	431.8	0.2	45399.0
亚布力	21150.3	5110.0	1879.4	15257.5	16351.7	51.8	207.5	1530.1	5.7	204.4	592.9	0.2	62341.5
苇　河	11528.2	2785.3	1024.4	8316.3	8912.7	28.3	113.1	834.0	3.1	111.4	323.2	0.1	33980.1
山河屯	11309.0	2732.3	1004.9	8158.2	8743.2	27.7	111.0	818.1	3.1	109.3	317.0	0.1	33333.9
通　北	10687.5	3227.0	1076.3	6788.4	7275.2	30.2	112.5	892.6	3.3	119.3	345.9	0.1	30558.3
沾　河	42212.4	12745.5	4251.0	26812.1	28735.0	119.4	444.2	3525.6	13.1	471.0	1366.2	0.5	120696.0
绥　陵	9168.2	2538.8	879.1	6225.4	6671.9	24.2	92.0	715.6	2.7	95.6	277.3	0.1	26690.9
鹤　北	25103.2	6951.6	2407.1	17045.6	18268.1	66.4	251.8	1959.4	7.3	261.8	759.3	0.3	73081.9
鹤　立	4204.2	1164.2	403.1	2854.7	3059.5	11.1	42.2	328.2	1.2	43.9	127.2	0.0	12239.5
双鸭山	6468.4	1791.2	620.2	4392.2	4707.2	17.1	64.9	504.9	1.9	67.5	195.7	0.1	18831.3
桦　南	6957.3	1926.6	667.1	4724.1	5062.9	18.4	69.8	543.0	2.0	72.5	210.4	0.1	20254.2

续表

地区	森林水源涵养	水土保持		吸收二氧化碳	森林释放氧气	改善小气候	防风固沙	减轻水旱灾	游憩	野生生物保护		消除噪声	货币量合计
		保土	保肥							动物保护	植物保护		
东方红	30935.7	6904.6	2639.6	23349.5	25023.9	71.5	291.4	2110.0	7.8	281.9	817.7	0.3	92433.9
迎　春	15397.2	3436.5	1313.8	11621.4	12454.8	35.6	145.1	1050.2	3.9	140.3	407.0	0.1	46005.9
林　口	13027.7	3147.5	1157.6	9397.9	10071.9	31.9	127.8	942.5	3.5	125.9	365.2	0.1	38399.5
柴　河	26051.3	6294.1	2314.9	18793.0	20140.7	63.8	255.6	1884.7	7.0	251.8	730.3	0.3	76787.49
海　林	7723.0	1865.9	686.2	5571.3	5970.8	18.9	75.8	558.7	2.1	74.6	216.5	0.1	22763.9
八面通	7364.8	1779.4	654.4	5312.8	5693.8	18.0	72.3	532.8	2.0	71.2	206.5	0.1	21708.1
大海林	20568.1	4969.3	1827.6	14837.5	15901.6	50.4	201.8	1488.0	5.5	198.8	576.6	0.2	60625.4
穆　棱	19803.3	4784.6	1759.7	14285.8	15310.2	48.5	194.3	1432.6	5.3	191.4	555.2	0.2	58371.1
绥　阳	28456.3	6007.3	2355.8	21569.0	23115.8	65.0	273.9	1918.3	7.1	256.3	743.4	0.3	84768.5
东京城	40299.3	9570.9	3753.3	22909.2	24552.2	69.0	290.9	2037.5	15.1	272.2	789.6	0.3	104559.5
带　岭	7678.4	1855.1	682.3	5539.1	5936.4	18.8	75.4	555.5	2.1	74.2	215.3	0.1	22632.7
其　他	4560.4	1101.8	405.2	3289.8	3525.7	11.2	44.7	329.9	1.2	44.1	127.9	0.0	13441.9

（二）黑龙江省森工林区各林业局各类森林的10种森林生态效益

黑龙江省森工林区各林业局各类森林的10种森林生态效益如表6－5所示。

表6－5　黑龙江省各林业局各类森林的10种森林生态效益

林种	生态效益	物理量（吨/公顷）	货币量（元/公顷）	面积	物理总量（万吨）	货币总量（万元）
合计			2014.2	8892772.0		1791208.0
	水源涵养	1796.5	696.9		1597578.0	619780.7
	保持肥料	3.9	65.3		3456.0	58055.9
	二氧化碳	5.4	474.9		4806.1	422357.8
	净化大气	4.0	509.0		3538.2	452646.7
	改善气候	0	1.7		0	1525.2
	抑制风沙	0.2	6.7		134.6	5963.1
	减轻水旱灾	0	50.6		0	45034.5
	森林游息	0	0.2		0	175.0
	保护动物	0	6.8		0	6016.6
	保护植物	0	19.6		0	17451.5
	消除噪声	0	0		0	6.1
重点公益林			2357.4	2682662.0		632410.8
	水源涵养	1809.5	869.3	485429.5	233195.0	
	固定土壤	26.4	194.8		7083.2	52247.1
	保持肥料	4.7	98.6		1268.5	26438.6
	二氧化碳	5.0	520.5		1334.2	139643.2
	净化大气	3.7	557.9		982.2	149657.5
	改善气候	0	2.3		0	616.2
	抑制风沙	0.2	8.3		41.1	2219.1
	减轻水旱灾	0	68.9		0	18484.8
	森林游息	0	0.3		0	73.0
	保护动物	0	9.4		0	2528.3
	保护植物	0	27.2		0	7305.6

续表

林种	生态效益	物理量（吨/公顷）	货币量（元/公顷）	面积	物理总量（万吨）	货币总量（万元）
	消除噪声	0	0		0	2.4
一般公益林			2187.7	3878241.0		848455.1
	水源涵养	1531.0	618.2		593765.7	239748.9
	固定土壤	33.3	207.3		12908.1	80388.3
	保持肥料	2.3	39.8		876.3	15416.6
	二氧化碳	7.0	608.0		2703.5	235802.9
	净化大气	5.1	651.6		1990.3	252713.2
	改善气候	0	1.4		0	527.4
	抑制风沙	0.2	6.9		59.3	2667.2
	减轻水旱灾	0	37.4		0	14505.9
	森林游息	0	0.1		0	49.8
	保护动物	0	4.3		0	1659.6
	保护植物	0	12.8		0	4973.0
	消除噪声	0	0		0	2.4
商品林			1330.9	2331869.0		310341.2
	水源涵养	2223.0	629.7		518382.3	146836.8
	固定土壤	29.0	126.8		6759.0	29558.7
	保持肥料	5.6	69.5		1311.2	16200.7
	二氧化碳	3.3	201.2		768.4	46911.7
	净化大气	2.4	215.6		565.7	50276.0
	改善气候	0	1.6		0	381.6
	抑制风沙	0.1	4.6		34.2	1076.8
	减轻水旱灾	0	51.6		0	12043.8
	森林游息	0	0.2		0	52.2
	保护动物	0	7.8		0	1828.7
	保护植物	0	22.2		0	5172.9
	消除噪声	0	0		0	1.3

注：表中的零不是真正的零。

第七章　森林碳汇评价

第一节　森林碳汇基本理论

一、森林碳汇基本概念

地球大气中的成分，除了某些惰性气体外，大多数是从地球表面排放出去的。在大气里，它们经过一系列物理和化学变化，再以不同的物质形态汇聚到地球的表面。通常我们将某个大气排放物质的原始地点（或物质）称作排放“源”（sources）；这些物质在空间可能经各种复杂的物理和化学变化过程，然后形成新的产物，这些新的产物会不断地迁移、汇集到一个新的场所（或载体），我们将这个新的场所（或载体）叫作“汇”（sinks）。大气中所有微量物质，几乎都经历了一个相似的循环过程，即由源排放到大气，在大气中转化成其他的形态，然后再回到地球的“汇”，在源与汇之间，构成了物质循环过程。正常情况下，微量物质在源和汇之间保持一种动态的平衡。但是由于现代人类的各种活动，这种平衡已经逐渐被打破，大气中某些微量元素的浓度正在不断增加，最明显的莫过于大气中二氧化碳浓度增加的数量和速度，这种情况的发生，导致了气候变暖等一系列气候异常。

（一）碳源

它是指自然界中向大气释放碳的母体。动植物的呼吸作用，动植物本身的分解、化石燃料燃烧、大规模森林破坏、土地利用形态的改变，均形成大量的碳排放到大气中，全球每年约有70亿吨碳经各种生物生存以及人类生产活动排放到大气中。

（二）碳汇

它是指自然界中碳的寄存体。碳汇主要是指海洋、土壤、岩石与生物体。现在国际科学界对这几种碳汇储存和固碳能力的估计与测算结果有很大差别，还没有取得共识。汇指物质归结之所，自然界的碳被固定在海洋、土壤、岩石与生物体中，这些都是碳汇。

（三）光合作用

二氧化碳是植物生长的重要营养物质，植物把叶子吸收的二氧化碳和根部输送上来的水分在光能的作用下转变为糖和氧气。植物这种利用光能将水与二氧化碳转变成葡萄糖，并释放出氧气的过程被称为植物的光合作用。

$$6CO_2 + 6H_2O + 能 \rightarrow C_6H_{12}O_6 + 6O_2 \quad (7.1)$$

其中 $C_6H_{12}O_6$ 就是葡萄糖，再经转化就生成淀粉等。在这个过程中，绿色植物通过光合作用将太阳能转化为化学能，将大气中的二氧化碳转化成有机物，为人类提供最基本的物质和能量来源。正是植物的光合作用使植物吸收的二氧化碳以有机物的形式储存起来，形成了树干、树枝、树叶等，对大气中的二氧化碳达到吸收、固定作用，从而减少大气中二氧化碳浓度，减缓温室效应。

（四）碳循环

碳循环是指碳元素可由环境进入生物体内，再释放回环境的循环过程。环境中能够为生物利用的碳，主要指大气中的二氧化碳。大气二氧化碳可因植物的光合作用而固定于植物体内，形成有机碳，再由食物链进入动物体内，同时海洋亦能储存大量的二氧化碳。生物体内的碳可通过呼吸作用及分解者之分解再形成二氧化碳，回归于大气，形成碳的循环。

（五）碳沉降

当某一碳库碳吸收量大于碳沉降量形成了差额，这一差额就被认为是碳沉降。森林“碳沉降”是指森林中森林植物吸收的二氧化碳多于它们释放的二氧化碳，从而形成了植物所具有的固碳作用。另外，森林碳沉降也可以理解为森林吸收、储存二氧化碳的过程、形式。

（六）碳库

森林碳汇作用形成碳沉降，使森林具有储存碳“库”的作用，因此我们也可以形象地将森林看作储存碳的“碳库”。

二、森林碳汇性质

（一）森林是大气二氧化碳重要的碳汇

森林是二氧化碳的主要消耗者，同时树木也要吸收氧气排出二氧化碳以维持其生存，森林吸收二氧化碳的功能使得森林成为一座巨大的碳库。

森林植物在其生长过程中通过光合作用，吸收大气中的二氧化碳，将其固定在森林生物量中，研究表明：陆地植物被通过光合作用每年从大气中吸收1200亿吨碳，其中植物呼吸返回大气约600亿吨碳，土壤有机质分解返回500亿吨碳，干扰返回约90亿吨碳，陆地植被年净碳吸收量10亿～15亿吨。

（二）森林具有碳汇和碳源“二重性”

从一种物质是吸收还是释放出二氧化碳的角度出发，我们在研究地球碳循环时，将所有物质划分为碳汇和碳源。而森林作为最活跃的陆地生物碳库的组成部分，它既有碳汇的功能，同时也具有碳源的特性。当森林处于旺盛生长状态，其二氧化碳吸收量大大超过二氧化碳释放量，从而形成碳沉降，以有机体的形式对二氧化碳形成固定作用，这是森林的碳汇作用。当森林出现火灾或者森林被大量破坏的时候，森林就会释放出以前被固定的碳，形成碳源效果。由此可见，森林具有碳汇和碳源双重功能，其功能的发挥方向和作用结果的大小完全取决于人类对于森林的经营活动。森林所具有的碳汇和碳源“二重性”要求人类应该合理地经营森林资源。

（三）森林碳汇的依附性

森林碳汇作用主要求通过树木固碳、林下植物固碳、林地固碳实现的。而树木固碳、林下植物固碳和林地固碳都和森林环境直接相关。可以说良好的森林环境促进树木生长、促进树木固碳量增加，与此同时林下植物（含调落生物）和林地固碳作用也会增加。森林碳汇与以树木为主体的植物生物量（以森林蓄积表示）之间具有近似的直线线性关系，森林碳汇对于森林蓄积具有很强的依附性。

（四）森林碳汇具有公共性

森林碳汇作为森林的生态作用之一，长期以来不被社会所认识，并被当做一种公共产品来消费。林业生产单位得不到应有的经济补偿，影响了林业企业的经济效益和可持续发展，也影响了森林碳汇产品的可持续发展。

（五）森林碳汇具有商品性

在新时期和新形势下，森林碳汇的资源属性逐渐显示出来，与此对应的商品属性也逐渐被大家所认识、接受，特别是《京都议定书》生效，使森林碳汇的商品性得到更全面的体现，也为全面开展森林碳贸易打下了基础。

（六）森林碳汇具有不稳定性

森林碳汇在遭到人为破坏、森林火灾、甚至在正常生产采伐过程中，其碳汇性质都会发生改变，这时森林成为排放二氧化碳的源。鉴于此，林业生产应该着眼于森林资源的合理经营管理，使它充分发挥碳汇作用。尽量避免和降低碳源作用。

三、森林碳汇基本经济问题

二氧化碳排放空间作为一种可再生的无形资源，要实现可持续利用，就必须加强对人类自身生产方式、经济行为的约束，必须在生产领域提高生产效率，在消费领域改变消费方式，以达到最高限度地利用资源和最低限度地产生废弃物。资源资产问题、资源产权问题、资源价值问题、资源核算问题与资源产业问题，被称为资源经济研究与决策的最基本的问题。

（一）资源资产问题

一般经济学理论认为，能够带来收益的物品称为资产。无论是天然的还是经过人类劳动投入形成的自然资源。都可以为人类社会带来收益，自然资源既有固定资产的特征又有流动资产的特征，因此自然资源也是资源资产。森林碳汇作为二氧化碳排放空间的具体载体，是一种无形的资源资产。

（二）资源产权问题

森林碳汇作为资源资产与其他资产一样，也存在产权管理问题。只有明确产权关系，改变资源无偿占有和无偿使用制度，才有可能从根本上建立起资源有效利用的内在机制，促使资源资产化、市场化的开展。

（三）资源价值问题

关于森林碳汇的价值问题我们已经做了一些研究和探讨。所有的自然资源，包括未经人类劳动参与或者为参与交易的天然的自然资源，都是有价值的。资源的价值是资源所有权经济权益的具体体现，这种价值取决于自然资源对人类的有用性、稀缺性和开发利用条件等因素。

（四）资源核算问题

资源核算是完善资产管理、实现资源价值和促进资源产业发展的重要手段，也是实现森林碳交换的基础性工作。实行资源核算制度是缓解和消除经济发展中资源危机、寻求长期利益和短期利益平衡的重要途径。有助于全面、客观、合理地评价经济社会发展程度、发展水平和未来发展潜力；有助于可更新资源的不断补充和耗竭资源有节制的消费；有助于界定资源资产的所有权关系；有助于理顺资源产业内部及其与外部的关系。

（五）资源产业问题

资源产业是通过社会投入进行保护、恢复、更新、增加和积累自然资源的生产事业，是协调经济系统、社会系统和自然系统关系，完善资源资产管理，实现自然资源可持续利用的重要措施。

第二节　森林固碳形式分析

森林固碳作用可以划分为直接固碳作用和间接固碳作用。森林直接固碳是指森林中树木固碳、林下植物固碳和土壤固碳三种情况；森林间接固碳是指森林产品固碳作用的延伸以及森林产品代替其他材料从而带来其他材料生产过程中能源的节约，减少二氧化碳排放两个方面。

森林最初的固碳包括森林固碳、林地固碳、林下植物及腐殖质固碳。其中林地固碳和林下植物及腐殖质固碳随着森林蓄积增长也在不断增长。当森林采伐后，森林固碳改变了形式，各种木制品及林产业产品继续发挥固碳作用，林下植物和腐殖质固碳达到一个比较高的水平。由于木制品平均寿命期为 18 年，所以第一个轮伐期产生的木制品在 60 年左右其固碳作用就消失了，第二个轮伐期生产的木制品的固碳作用到 100 年左右也消失了。轮伐后新的森林继续起到固碳作用，森林固碳作用在不断累积、延伸和扩大。

一、森林直接固碳分析

（一）树木碳沉降

二氧化碳是树木的粮食。树木通过光合作用，将空气中的二氧化碳吸收后变成有机碳，固定在植物体内的各个部分，同时向大气中释放出大量的氧气。有一点不能忽视，树木在生长过程中也要吸收氧气释放二氧化碳以维持其正常的各种生物学功能。

专家比较一致的观点是：树木通过光合作用每生产 1 吨木材就要吸收 1. 6 吨二氧化碳，或者说森林每增长 1 立方米立木蓄积净吸收二氧化碳量为 1 吨，同时释放 730 千克氧气，储存 270 千克碳（当然根据树种不同这种换算关系有一些差别）。

计算依据是：碳元素相对原子质量为 12、氧元素相对原子质量为 16。

$$1\text{吨}CO_2 = (12/44)\text{碳} = 0.27\text{吨碳} \qquad (7.2)$$

森林碳沉降与树木的生长息息相关（如图7－1所示），坐标图横轴代表时间，纵轴代表固碳量。当树木生长达到最旺盛时期，单位时间内森林形成的碳沉降增量达到最大。当森林达到成熟，立木蓄积量达到最大，这时候森林碳沉降作用已经降到最低，而其碳储存量却达到最大。当森林进入过熟期，树木和森林的碳沉降增量变为零，而此时森林碳汇作用在一段时间内保持最大，但是随着时间的推移，森林健康状况慢慢变坏，森林碳汇作用将逐渐消失，森林碳源的性质将会慢慢地表现出来。在一个轮伐期内，森林资源的合理经营可以最大限度地增加森林固碳速度、增加森林碳汇容量。从森林合理轮伐角度考虑，森林资源的合理采伐利用则会最大限度地发挥土地的生产力和自然力的作用，在一定时间长度上扩大森林的固碳量和固碳效果。森林采伐后可以提供更多的土地资源用于再造林，为培育森林新的固碳能力提供新的地域和空间。森林的碳沉降增长曲线与树木生长曲线基本吻合，图7－1中曲线既代表蓄积增长曲线，也说明了森林或者树木固碳量变化过程。

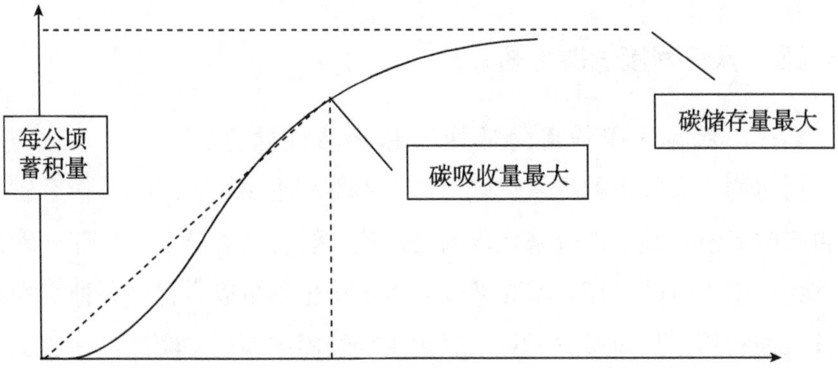

图7－1　树木、森林固碳量变化图

国内外学者在研究森林碳沉降初期，研究结果普遍认为森林由光合作用固定的二氧化碳与森林呼吸时释放出的二氧化碳量基本相同，森林固碳能力在以往远被低估了。树木和森林的碳储量问题是一个比较复杂的问题，它涉及树种、地域等因素，当然也存在测量与计算方法等方面的差别。中国专家和国外专家在这一问题上虽然有不同的看法，但是关于森林资源的碳沉降作用的认识是一致的。

（二）林下植物与腐殖质碳沉降

林下植物在生长过程中，也吸收了大量二氧化碳。碳吸量大小取决于林下植物的生物生产力的大小。这部分植物一般生长快、生命周期短，它们与树木生长过程中产生大量的枯枝落叶，将固定的碳形成腐殖质储存于林地表面，其中部分腐烂分解后，在比较短的时间内碳元素又回归大气，进入碳循环过程。而绝大部分分解为土壤有机质，形成了碳沉降，这部分碳沉降数量也比较大。

（三）森林土壤碳沉降

土壤是地球上主要的碳汇之一，林地中的土壤在这方面的作用也是巨大的。如果不改变林地的性质，林地土壤固碳作用不会发生太大变化，所以一般不对其内容进行过多研究。但是值得注意的是：一般认为林地固碳作用要比其他的土壤大一些，应该尽量不要改变林地的性质，如大量的毁林开荒会导致林地固碳作用的降低。

二、森林间接固碳分析

（一）森林固碳作用的延伸（林产品碳储存）

树木固定大气中的二氧化碳形成立木蓄积生物量，森林采伐后树木不再吸收二氧化碳，部分采伐剩余物迅速被燃烧或者分解，这部分碳又回到大气中进行碳循环。但大部分立木蓄积生物量以木材等各种实物形态被长期利用，从而形成了对二氧化碳继续固定作用。经过各种加工方式生产的各种林产品（制材、合成板、组合板、纸及纸板、家具等）则是将林木吸存的碳转为林产品形式予以储存。延长林产品使用寿命以及资源循环再生利用，是减少碳排放的有效途径。

森林采伐后，大部分木材被用作建筑材和家具用材。这样森林所固定的碳被转变成建筑材料和家具等形态加以储存。建筑用材一般可以储碳时间长度在30～50年，甚至达到更长的时间；家具用材储碳时间长度要比建筑用材短一些，一般为十几年到几十年，然后这些材料所储存的碳又会以各种形式回归到大气中；合成材尤其是合成板材储存碳的时间一般在10～25年；造纸材相对来讲储碳时间较短，但是由于废纸的循环利用，又大大延长了其储碳时间。一般来讲造纸材储碳时间在数月到数年，甚至更长（书籍用纸）；木材纤维及木材化工产品的储碳时间长度一般为2～5年。

总体来讲，计算林木产品整体的储碳时间长度是一个很重要的问题，也是一个很棘手的问题。国外专家认为林木产品整体储碳时间长度在10～30年。在计算时许多采用20年为计算期。法国在计算木材产品平均寿命时，一般取值为18年（纸和纸板除外）。

（二）森林对于二氧化碳减排的作用（代替其他建筑材料或作为能源）

在木材利用的整个过程中，森林所具有的减少二氧化碳排放的作用还可以被放大。主要体现在以下两个方面：

第一，木材可以代替其他建材，从而减少其他材料生产过程中排放的二氧化碳。木材生产的主要过程是在自然作用下完成的，在生产和加工中所需要的能量比较少。据专家测算，生产同等重量的材料，水泥所需要的能源是木材所需能源的3～4倍；塑料所需要的能源是木材所需能源的35～45倍；钢铁所需要的能源是木材所需能源的50～60倍；铝所需要的能源是木材所需能源的100～130倍。

另外还要考虑到这些材料在运输中所需要能源的差别。随着木材科学的发展，在很多情况下，木材代替其他材料越来越成为可能。木材具有良好的结构特性，与许多合成材料相比较轻。比如说，一根可以承重20吨的横梁，木材（云杉）重量是60千克，钢材需要80千克，水泥需要300千克。专家测算，利用同等重量木材与利用水泥比较，可减少二氧化碳排放 15～20 倍，与钢材比较可以减少二氧化碳排放 66～80 倍。由此可见，木材代替其他材料所形成二氧化碳减排作用是巨大的。

第二，木材能源代替化石性能源减少二氧化碳排放。薪炭材或者其他的木制品、木质建材等，在结束寿命周期时，可以作为能源来生产热量或电力，木材能源是一种可再生的绿色能源，与化石能源相比较，具有许多优势。据测算，1000 千克木材所释放的热量相当于 500 千克石油，释放二氧化碳却少得多，减少了二氧化碳的排放。可再生能源生产还可以安排大量的就业，带来间接的社会效益和经济效益。森林是可再生能源，从木材能源整个生产和消费过程考虑，木材作为能源排放的二氧化碳很少，因为如果木材能源保持可持续发展的话，木材能源在使用过程中释放的二氧化碳，在其下一个培育周期会全部吸收。并且从长远考起虑，木材替代其他化石性能源带来的二氧化碳减排效果可以累积计算。

三、森林碳储量的估算方法

要综合、全面考察森林碳沉降和固碳效果，就要多方面考虑树木、林下植物（凋落物）和林地吸收二氧化碳以及林木产品平均生命期内固碳总效果。这一指导思想可以简单用公式（7.3）表示。

森林固碳量＝（树木二氧化碳吸收量－树木二氧化碳排放量）＋（林下植物二氧化碳吸收量－林＋植物二氧化碳排放量）＋（林地二氧化碳吸收量－林地二氧化碳排放量）＋（林产品平均寿命周期内固碳量－林产品平均寿命周期内碳排放量）　(7.3)

在考察森林对减少空气中二氧化碳含量作用时，还要考虑木材作为一种对环境最友好的材料（与钢材、水泥、塑料等比较），其生产过程和使用过程中所耗费的能源要比其他材料生产和使用所耗费的能源少得多。能源的节约有利于人类社会和经济的可持续发展，同时也意味着二氧化碳排放量的减少。目前关于木材代替其他原材料或代替其他能源时所起到的减少二氧化碳排放量的有关研究一般只做定性描述，而定量计算不是很多。我国应该加强该领域的研究，提出可信的数据说明木材代替其他原材料所形成的二氧化碳减排量，从而正确确定林业为生态建设的贡献，也为我国林业碳汇工作的开展起到更好的指导作用。

第三节　森林参与碳循环的宏观分析

一、森林参与碳循环过程分析

陆地生态系统是四大碳库之一，在调节大气二氧化碳浓度方面起着主要的作用。森林又是陆地生态系统的主体，也是陆地生态系统中生产力最高、碳储量最大的植被类型。在陆地生态系统内部碳循环以及其他碳库碳交换循环过程中发挥着主导作用。

实际上，森林一直处于不间断地碳循环过程中如图 7－2 所示。一方面树木吸收空气中的二氧化碳，在光合作用下形成有机碳，起到固碳作用。树木生长就代表它所形成的碳降量在不断增加；另一方面树木呼吸也要向大气中排放二氧化碳。树木的枯枝落叶不断被分解，一部分直接向大气排放二氧化碳；另一部分成为腐殖质继续起到固碳的作用；森林火灾可以大量排放树木所固定的碳。

森林成熟后被采伐，采伐和加工剩余物如果被当作薪炭材，则其所固定的碳会很快回归大气。但是，薪炭材对于减少二氧化碳排放的贡献主要体现在薪炭材对化石性能源的替代作用，从而形成了二氧化碳减排；如果木材被深加工，则继续起到固碳作用。大气二氧化碳→森林碳汇→木制品固碳→大气二氧化碳的循环链被延长，木材产品固碳时间随着产品的不同有很大差别，产品的循环再利用也可以延长固碳时间。

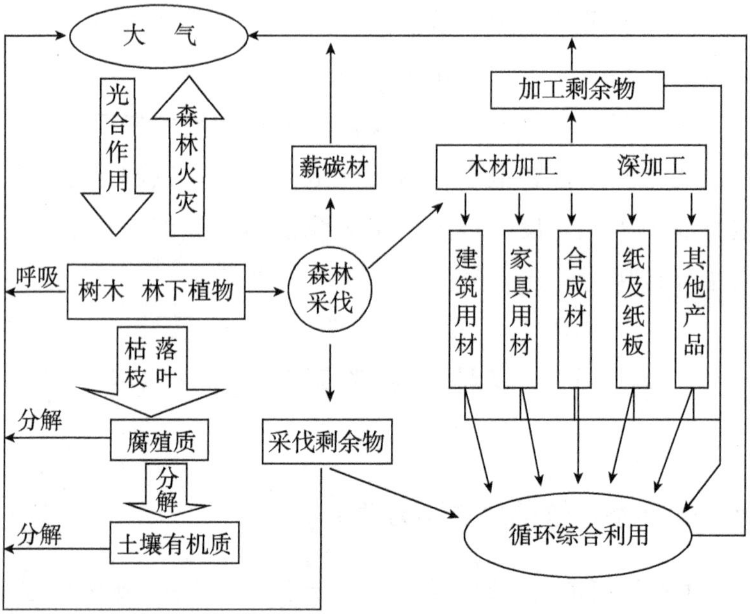

图 7－2 森林碳循环示意图

二、森林固碳减排效果倍数扩大原理

从表面看，由于地球上可用于造林的土地有限，森林的二氧化碳固碳作用是有限的。如果考虑到森林产品的继续固碳和替代作用，那么森林固碳与二氧化碳减排之间也成倍数扩大关系。所以全面衡量森林碳汇的作用不仅要考虑森林固碳作用，还要考虑木材利用和木材替代其他材料带来的二氧化碳减排效果。在这方面日本专家的结论也许能够比较形象地说明问题如图 7－3 和图 7－4 所示。

由此可见，木结构住房固碳量约是钢筋混凝土结构住宅固碳量的四倍，而木结构主要材料制造时碳的排放量不到钢筋混凝土结构住宅碳的排放量的 1/4，木材固碳和减排效果放大了十几倍。

美国研究表明：木材水泥、钢材、塑料和铝等材料的代用当量的能源消耗相比只相当于后者的 1/10，1/20，1/30。我国由于技术落后，这些材料生产过程中能源消耗比较大，除了水泥以外，木材耗能与其他材料耗能比值更大如表 7－1 所示。

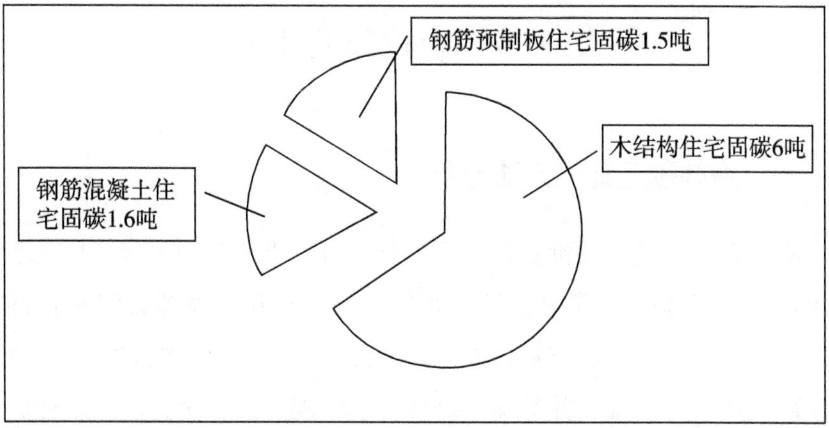

图 7－3　平均一栋面积为 136 平方米住宅中储存的碳

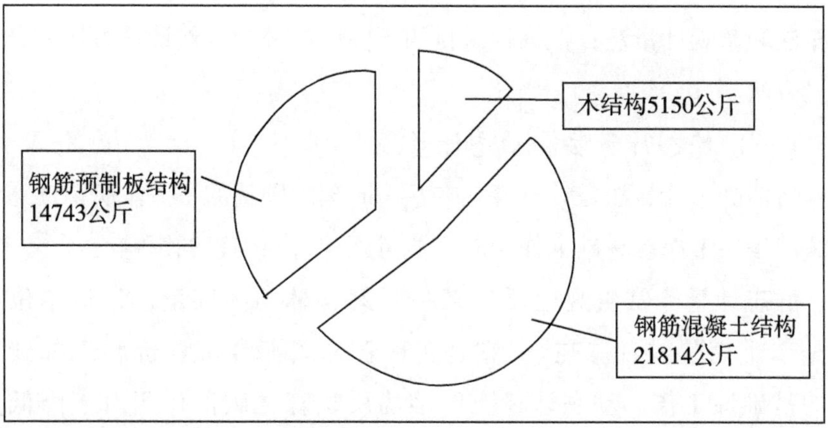

图 7－4　平均一栋面积为 136 平方米住宅主要材料制造时碳的排放量

从表 7－1 可以看出，木材代替其他原材料从而带来能源消耗节约，形成的二氧化碳减排效果成倍数扩大关系。

表 7－1　木材与常规材料能耗比较（相对比值）

国家	材　料				
	木材	水泥	钢材	铝材	塑料
美国	1	10	20	30	30
中国	1	5～7	27～40	300～400	34～45

第四节　森林碳汇计量

一、森林碳汇计量方法分类

森林碳汇计量是评价森林碳汇生态效益大小的基础工作，在此基础上可以开展森林碳汇管理和经济评价，为全面开展森林碳贸易打好基础。从社会科学角度研究森林碳汇计量方法，首先应该以森林碳汇自然科学研究成果为基础，并有别于自然科学中碳汇的计量方法。森林碳汇计量方法从不同角度有不同的方法分类。森林碳汇计量方法根据是否考虑时间因素分为静态计量法和动态计量法；根据计量范围可以分为宏观计量法和微观计量法；根据计量目的不同可以分为自然计量方法和经济计量方法。

（一）静态计量法和动态计量法

所谓静态计量法是计量森林在某一时刻固碳量的方法。所谓动态计量法就是在考虑森林碳汇作用时，要考虑到时间因素的影响。

静态计量非常直观地反映某一时刻森林的固碳量，计量单位可以是“千克”或者“吨”，它是实现森林碳汇经济评价和森林碳贸易的基础性工作。动态计量更能准确反映森林碳汇作用对于降低大气中二氧化碳浓度的贡献。同样是固定1000千克碳，固定一年和固定十年，对于降低大气中二氧化碳的浓度的贡献是不一样的。所以说动态计量森林碳汇作用的计量单位应该是“吨·年”。树木生长需要几年甚至是几十年、上百年，树木生长前期蓄积和生长后期蓄积固碳时间差别很大，所以对于降低大气中二氧化碳浓度的作用差别也很大。

森林固碳效果（对于减少大气中二氧化碳浓度的效果）受到森林固碳量和固碳时间两个因素的影响，二者缺一不可。固碳量越高，固碳时间越长，对减少大气中二氧化碳浓度所起的作用就越大。森林与农作物相比，森林之所以成为碳汇的主力军，正是基于这两点。农作物等草本植物也可以起到固碳的作用，但是固碳周期大体在1年左右。所以农作物等固定的碳量基本上是处于一种自我循环的状态，对于减少大气中的二氧化碳不会起到很大作用。

（二）宏观计量方法和微观计量方法

根据计算范围不同，森林碳汇计算方法可以分为宏观计量方法和微观计量方法。宏观计量方法主要是考察森林碳汇对于降低大气中二氧化碳浓度的贡献，所以其计算范围包括森林直接固碳以及间接固碳，甚至也包括木材代替其他原材料而带来的二氧化碳的减排（材料在生产过程中排放二氧化碳减排量）。微观计量方法考察的范围只包括森林直接固碳部分，直接固碳包括林木生物量固碳、林下植物固碳（凋落物）和林地固碳。用公式（7.4）、（7.5）表示：

（1）宏观计算法：

森林固碳量＝直接固碳量＋间接固碳量
（含材料代用带来二氧化碳减排量）
＝林木生物量固碳＋林下植物固碳＋
林地固碳＋木材固碳＋木材代替其他
原材料带来的二氧化碳减排量　（7.4）

（2）微观计量方法：

森林固碳量＝林木生物量固碳量＋
林下植物固碳量＋林地固碳量　（7.5）

（三）自然计量方法和经济计量方法

从森林碳汇计量目的划分，自然计量法是从自然科学的角度计量森林的固碳量，计量目的是为了确定森林的实际固碳量。经济计量法是从森林碳汇经济价值和森林碳贸易角度进行森林碳汇计量的方法。经济计量方法以自然计量方法和成果为基础，力求简单、快速计算森林碳汇量。

由于目的不同，所以决定了计算范围有所不同，自然计量方法包括森林全部碳固量，即林木固碳量、林下植物固碳量和林地固碳量。这三部分固碳量显示了森林碳汇的实际固碳情况。但是，如果从经济学角度考虑，可以考虑只有林木固碳量进入森林碳贸易过程，而林下植物固碳量和林地固碳量则不应该参与到森林碳贸易中。

林木是我们造林工作的劳动对象和劳动产品，林下植物固碳和林地固碳则是这种劳动的副产品，另外林下植物固碳时间比较短、林地固碳也不能因为人类的劳动使其固碳量明显增加。用公式（7.6）、（7.7）表示：

自然计量方法：

森林固碳量 = 林木生物量固碳量 +
林下植物固碳量 + 林地固碳量 （7.6）

经济计量方法：

森林固碳量 = 林木生物量固碳量 （7.7）

二、森林碳汇计量基本问题

要计算森林碳汇量，首先要确定森林碳汇量计算方法的基本思路、确定森林碳汇的计算范围、确定各种换算系数等，这些基础工作质量高低将会直接影响到森林碳汇计量的准确性和正确性，本研究采用森林蓄积换算因子法计算森林碳汇量。

（一）森林蓄积换算因子法的基本思路

本方法分两大基本内容：

（1）以森林蓄积（树干材积）为计算基础，通过蓄积扩大系数计算树木（包括枝丫、树根）生物量，然后通过容积密度（干重系数）计算生物量干重、再通过含碳率计算其固碳量。这样计算出来以立木为主体的森林生物量碳汇量如图 7 – 5 所示。

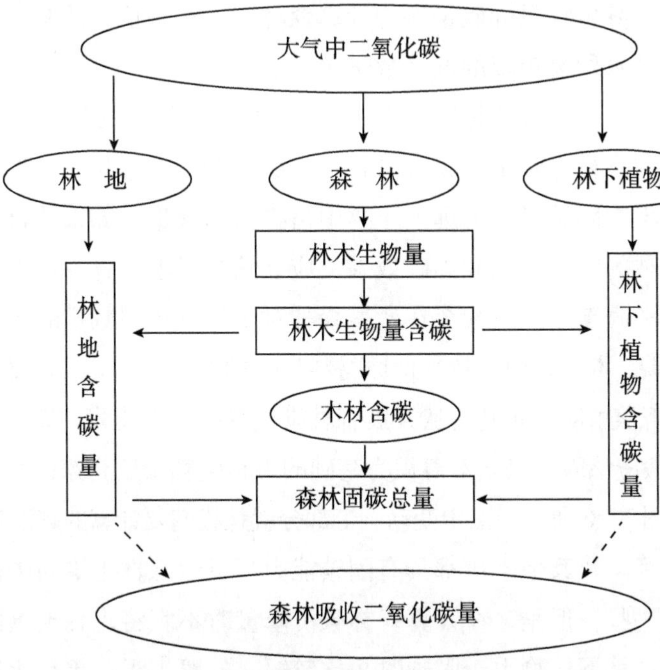

图7－5　蓄积量换算因子法计算森林碳储量

注：(1) 林木蓄积量扩大系数1.9；容积系数为0.5；木材含碳率为0.5；碳与二氧化碳转换系数为3.67；林木、林下植物、林地含碳率之比1：0.195：1.244；林木蓄积含碳量与木材含碳量转换系数需具体确定。

(2) 如果需要计算森林自然固碳量，则可以在计算森林生物量固碳量的基础上，根据森林生物量固碳量与林地固碳量之间的比例关系进行计算。

在森林资源调查和统计中，森林资源蓄积量都是指树干部分生物量，为了计算总的生物量，必须根据树木各部分生物量之间的比例关系进行推算，从而进一步计算森林生物量固碳量。

根据木材产量可以计算木材的固碳量，根据采伐出材率、木材利用率之间的关系，可以推算为了进行木材生产所消耗的森林资源碳汇量，两者之差即为林业生产过程中的二氧化碳排放量。

（二）森林碳汇经济计量范围

森林碳汇虽然有多种固碳形式，从经济学角度出发，应该以森林蓄积为主体的森林生物量固碳量作为计算森林碳汇经济价值的基础，以此确定进入森林碳贸易市场的商品数量。

森林中的树木、林下植物（腐殖质）、森林土壤都可以起到固碳的作用。据研究森林生物量固碳量与森林土壤固碳量大体相等，许多学者还认为森林土壤固碳量要远远大于林中植物的固碳量。如果从自然科学角度考察森林的固碳作用和固碳效果，应该综合考虑森林、林下植物以及森林土壤和固碳效果，甚至在考察森林对于二氧化碳减排的影响应该考虑木材固碳、木材利用代替其他原材料带来的二氧化碳减排的效果。但是如果从经济学角度，尤其是从开展森林碳贸易的角度出发，森林碳汇的计量范围一般应该限于以立木蓄积为基础的森林生物量所带来的固碳量比较合理，如图7－6所示。图中变动碳汇部分就是我们要计算的碳汇范围。

森林土壤以及其他土壤都具有固碳能力，虽然森林土壤固碳能力较一般土壤大一些，但是，在计算森林碳沉降量时不宜将森林土壤碳沉降量计算在内；林下植物由于固碳时间比较短，一般小于一年，所以其固碳效果也不宜核算。考虑到各种木材产品碳储存是森林碳沉降和碳储存的延伸，我们提倡综合利用以延长碳储存的时间。各种木材产品虽然在延长森林固碳时间上具有至关重要的作用，但是，如果进行延伸计算的话，就会出现森林碳汇边界确定不合理的问题。

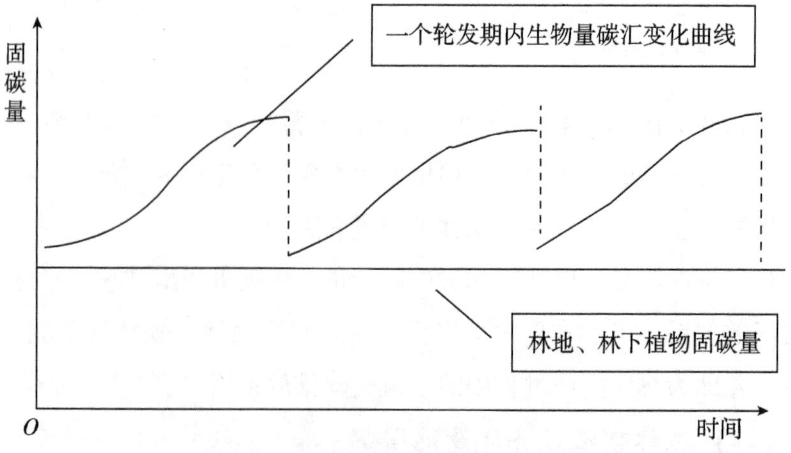

图7－6　森林固碳变化示意图

（三）确定森林碳汇各种换算系数

确定森林碳汇量是一个技术性、科学性很强的问题，根据树种不同、地区不同，森林碳汇也存在很大差异。确定森林碳汇各种换算系数是计算森林碳汇量的基础，只有正确确定各种换算系数，才能够正确衡量森林碳汇量，从而计算出林业的生产成果的多少（碳汇），并进一步进行经济评价。

（四）确定森林碳汇效果

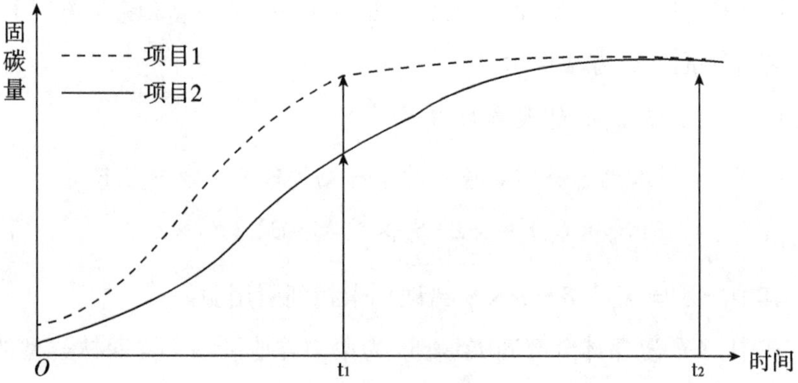

图 7－7　森林固碳与时间关系图

为了能够准确的反应森林碳汇效果，应该考虑森林碳汇量和固碳时间长度两个因素。森林碳汇效果和森林碳汇量并不是完全相同的概念，如图 7－7 所示。图中表示的是两个不同的造林项目，以项目 1 和项目 2 加以区分，两个造林项目树种不同、地区不同，所以生长率也不同。如果考虑时间点 t_2 的碳汇量，两者是相同的，但是如果考虑 t_1 点的碳汇量两者差别较大。由此不难看出，我们现在考察的大多是时间点 t_2 森林的固碳量，从项目整个周期动态考虑，这两个项目在 t_2 点所体现出来的吸收大气二氧化碳数量上虽然相同，但是对减缓大气二氧化碳浓度作用显然是不同的，项目 1 碳汇效果更好一些。

三、森林碳汇计量方法

森林碳汇计算方法有碳密度法、碳平衡 F - CARBON 模型法，CO_2FIX 模型法等，但是这些方法基本都是属于纯自然科学范畴，计算方法比较烦琐。从社会科学角度出发，我们研究的森林碳汇是为了开展森林碳汇经济评价和开展碳贸易，如果计算方法过于复杂，就失去了可操作性。因此，提出的森林碳汇量的计算方法应该以森林碳汇自然科学计算方法和研究结果为基础，运用这些自然科学的研究成果，考虑到计算方法的实用性和可操作性，提出一套经济计量方法——森林蓄积量换算因子法。

森林碳汇计算方法探讨。

（一）森林全部固碳量计算公式

$$\begin{aligned} CF &= \text{树木生物量固碳量} + \text{林下植物固碳量} + \text{林地固碳量} \\ &= \Sigma(S_{ij} \times C_{ij}) + \alpha\Sigma(S_{ij} \times C_{ij}) + \beta\Sigma(S_{ij} \times C_{ij}) \end{aligned} \tag{7.8}$$

其中：$C_{ij} = V_{ij} \times \delta \times \rho \times \gamma$ 错误！未找到引用源。

式中：CF 为森林全部固碳量；S_{ij} 为第 i 类地区第 j 类森林类型的面积；C_{ij} 为第 i 类地区第 j 类森林类型的生物量碳密度；V_{ij} 为第 i 类地区第 j 类森林类型单位面积蓄积量；

δ 为生物量扩大系数；α 为林下植物碳转换系数；β 为林地碳转换系数；ρ 为容积系数；γ 为含碳率。

（二）木材固碳率的延伸效果

木材积蓄固碳量可以在考虑采伐利用率和木材出材率的基础上进行换算。

假设用 λ 表示木材固碳转换系数，那么木材固碳量

$$CW = \lambda\Sigma(S_{ij} \times V_{ij}) \times \rho \times \gamma = Q \times \rho \times \gamma \tag{7.9}$$

其中：$\lambda = \gamma_1\gamma_2$

式中：CW 为木材固碳量；Q 为木材产量；γ_1 为利用率；γ_2 为出材率。

（三）计算公式的变化

考虑到林地轮种继续固碳和林下植物连年生长继续发挥固碳作用，所以我们在考察木材生产消耗森林资源而释放二氧化碳量的时候，只考虑树木生物量部分即可。鉴于此，可以计算出木材生产排放二氧化碳量。

$$\text{木材生产向大气排放碳量} = \Sigma\ (S_{ij} \times C_{ij}) - \lambda\Sigma(S_{ij} \times C_{ij} \times \rho \times \gamma) \quad (7.10)$$

$$\text{木材生产向大气排放二氧化碳量} = [\Sigma(S_{ij} \times C_{ij}) - \lambda\Sigma(S_{ij} \times C_{ij} \times \rho \times \gamma)](44 \div 12) \quad (7.11)$$

但是，在实际生产过程中，人们比较容易得到木材产量，但是对于生产过程中消耗了多少森林生物量不太关心。假设我们掌握了木材产量数据，就可以依据上面的公式推导出消耗的森林蓄积量，据此可以计算出木材采伐和加工过程中，排放的碳量，进而计量二氧化碳排放量。

当木材产量为 Q 时，木材生产二氧化碳排放量

$$= \left(\frac{Q}{r1 \times r2} \times \sigma \times \rho \times \gamma - Q \times \rho \times \gamma\right) \times (44 \div 12) \quad (7.12)$$

以上各种系数随着地区不同、森林类型不同都有所不同，为了准确计算森林碳汇量，应该分别加以确定。确定这些系数首先应该按照区划理论、林学理论对全国进行合理区划，在区划的基础上，测定各个森林类型的各种换算系数。

（四）各种换算系数平均值的确定

（1）森林资源蓄积扩大系数 σ。利用该系数可以将树木蓄积量换算成以树木为主体的生物蓄积量。根据测树学，中国针叶树和阔叶树的树叶平均生物量占整棵树总生物量的 6.75%、树枝占 15.75%、树根占 25.0%、树干占 52.5%，如图 7－8 所示，由此可以计算出树木生物蓄积量扩大系数为 1.9。日本测定的该系数值为：针叶树平均 1.7、阔叶

树平均为1.8。法国研究结果：树干和枝丫占总生物量的78%、树叶占总生物量的6%、树根占总生物量的16%，由此可见，法国该系数比较低。本研究过程中该系数取值1.90（政府间气候变化专门委员会IPCC默认值为1.90）。

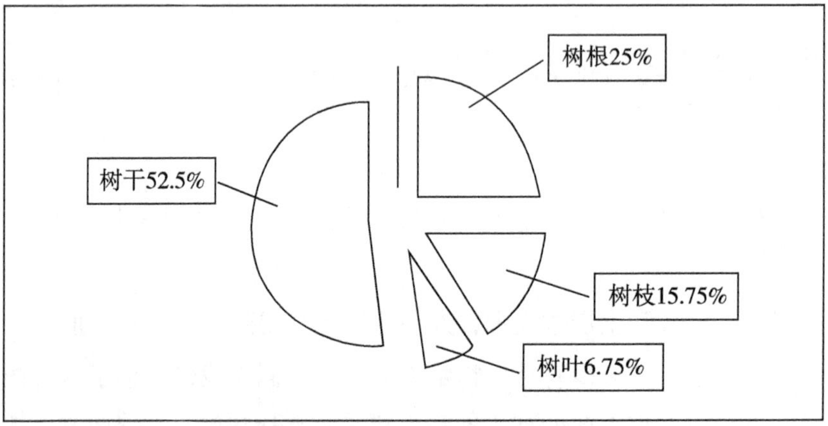

图7-8　树木各部分生物量比例

（2）容积密度ρ。该系数是为了将森林全部生物量蓄积转换成干重的换算系数。日本主要树种平均容积密度约为0.45（针叶树为0.38吨/立方米，阔叶树0.49吨/立方米）。本研究中取国际通用IPCC默认值0.5。

（3）含碳率γ。该系数是为了将生物量干重转换成固碳量的换算系数。我国阔叶树一般含碳率值都低于0.5，而针叶树的平均含碳率一般等于或者高于0.5，用0.5作为平均含碳率计算森林中乔木层储量所的结果比较客观真实。IPCC默认值为0.5。

法国科学家研究表明：森林蓄积生物量固碳量占森林固碳总量的41%，林下植物固碳量占森林固碳总量的8%，林地固碳量占森林固碳总量的51%，如图7-9所示。

（4）林下植物固碳量换算系数α为0.195。其作用就是根据林生物量计算林下植物（含凋落物）固碳量。

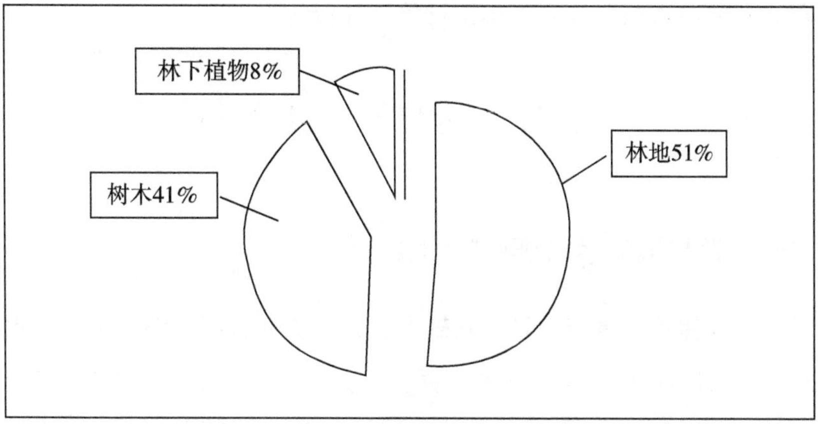

图 7－9 森林各部分固碳比例

（5）林地固碳量换算系数 β 为 1.244。其作用就是根据森林生物量固碳量计算林地固碳量。

（6）木材固碳量换算系数。这一系数是森林采伐出材率与木材加工利用率的乘积。根据这一系数可以计算出一定量森林蓄积采伐后，其木材固碳量的大小。

当采伐森林资源出材率最高，木材加工利用率最高的时候，该系数取值达到上限。假设出材率为 70%、利用率为 80%，则木材固碳量转换系数为 0.14。

当采伐森林资源出材率最低，木材加工利用率最低的时候，该系数取值达到下限。假设出材率为 70%、利用率为 80%，则木材固碳量转换系数为 0.10。

该计算公式既可以对现有森林固碳量进行计算，也可以对森林资源蓄积增长带来的固碳量进行计算。需要说明，如果采用以上系数进行森林碳汇的宏观估算，其结果基本能够满足研究的需要，因为这些系数都是剔除了个别因数以后的平均值。但是如果运用这些系数对某一具体森林地块进行固碳量分析计量，可能会存在一定的误差。这里给出的公式和各种系数在进行宏观测算的基础上，也为具体森林的碳汇效果评价提供一定的参考。国家可以通过制定各地区、各树种、各森林类型森林碳汇有关标准系数来指导森林碳汇计算、评价等。

第五节　森林碳汇经济评价

一、森林碳汇经济评价的意义

在对森林碳汇进行计量的基础上，开展森林碳汇经济评价具有重要的意义，具体体现在以下三个方面：一是能够正确评价森林生态产出“碳汇”的经济价值；二是可以为开展绿色 GDP 核算奠定基础；三是为开展森林碳汇项目和森林碳贸易做好准备。

二、森林碳汇经济评价参数

森林碳汇经济评价参数主要是指碳汇价格，其单位是：元/吨碳。由于森林碳汇是一种新产品，森林碳贸易也是一种全新的贸易形式，其价格的确定没有历史资料和国外经验可以借鉴，所以科学地研究森林碳汇的价格是一项很重要的工作。

从理论上讲，资源的价值或价格包括两部分：一是自然资源本身的价值；二是社会对自然资源进行人、财、物投入的价值。资源的价值或价格不仅要从其为社会增加的财富或有用性来考虑，而且还要从该种资源的耗竭程度来计算。资源价格随其稀缺度的上升而调整，有利于强化人们对资源的珍惜和有效利用。

考虑到以上诸多因素，在确定森林碳汇价格的时候，由于评价的目的不同，可以采用影子价格、工业技术进行二氧化碳减排成本、国际碳贸易交易价格或者根据 CDM 项目推算森林碳汇价格。

如果考察森林碳汇对国民经济和气候变化的贡献，宜采用影子价格。

如果进行经济评价或以开展森林碳贸易为目的，宜采用工业减排二氧化碳成本、采用国际碳贸易价格或者标准林业 CDM 碳汇价格。

另外在采用这些价格的时候还应该根据供需关系和社会承受能力进行微调，以适应市场和广大森林碳汇生产者和需求者的需要，促进森林碳贸易和林业碳汇事业的发展，推动我国林业的历史性转变。

目前国际上碳汇价格变化范围为：10 ~ 15 美元/吨碳，并有上升的潜力和可能。

（1）采用国际二氧化碳价格 3 美元/吨，则每吨碳价格为 3 ×（44/12）= 11 美元。

（2）以我国第一个林业碳汇（CDM）“中国东北部敖汉旗防治荒漠化青年造林项目”项目推算森林碳汇价格。

该项目投资 153 万美元，其中，中方投资 18 万美元，意大利投资 135 万美元，到 2012 年项目产生的可认证的二氧化碳减排指标归意大利所有。林业碳汇项目一般会采用速生丰产树种，经营强度比较大，所以树木生长比较快，假设届时每公顷蓄积为 30 立方米，则：

总蓄积为：30 × 3000 = 90000 立方米

生物量为：90000 × 1.9 = 170000 立方米

固碳量为：170000 × 0.45 × 0.5 = 38250 吨碳

由于该治沙项目，在用作林地之前固碳量极少，可以忽略不计，而造林后林地固碳量和林下植物固碳量均应该作为该项目获得的二氧化碳减排权。

森林固碳总量 = 38250 + 0.19 × 38250 + 1.21 × 38250 = 91800 吨

意大利获得的二氧化碳减排额度价格：1350000/91800 = 14.7 美元/吨碳

这一计算结果与国际市场价格比较稍微偏高，但属于正常范围。森林在 8 年以后基本进入快速生长期，蓄积增长加快，因此意方获得的二氧化碳减排指标价格会继续下降。

另外，从世界二氧化碳减排的大趋势和碳贸易发展趋势来看，森林碳汇价格还存在较大的上升空间。

三、森林碳汇经济评价方法

森林资源碳汇价值等于森林生物量固碳量与森林碳汇单价之乘积。

$$森林资源碳汇价值\ V_t = CF \times P \tag{7.13}$$

式中：V_t 为森林资源碳汇价值；CF 为森林碳汇量；P 为森林碳汇价格，元/吨碳。

四、森林碳汇经济评价案例分析

哈尔滨环城生态圈森林碳汇经济评价：哈尔滨市于 2004 年正式启动环城生态圈工程，到 2007 年基本建成。该工程包含六个子工程：①环市区三北防护林：防护林带宽度 5 千米、总长度约 120 千米，面积为 60000 公顷；②四环路生态：总绿化面积 2000 公顷（假设绿化面积的 1/5 为森林面积，则森林面积为 400 公顷）；③江南中环路生态林：总造林面积 857 公顷；④天恒山景观生态林：670 公顷。⑤工农水库生态林：10 公顷；⑥松花江群力堤防：300 公顷；⑦松北新区森林公园 300 公顷。

哈尔滨环城生态圈森林工程对于全面提高哈尔滨环境质量、保证生态安全具有极其重要的作用。其中森林碳汇的作用也是其森林生态效益的有机组成部分。

（一）计算说明

——计算森林固碳释氧经济价值。

——核算范围：城市森林与林区森由于地位位置不同，所以森林景观和森林特点不一样，这里我们只计算林木部分森林固碳释氧价值。

——计算森林工程达到成熟时森林碳汇价值（20 年左右）。

——森林达到成熟期每公顷蓄积：50 立方米。

——未来二氧化碳排放权（碳汇）单价为 11 美元/吨碳。

——工业氧气售价 600 元/吨。

（二）计算

森林碳储量 = 森林蓄积 × 扩大系数 × 容积系数 × 含碳率

$$= V \times 1.9 \times 0.5 \times 0.5 \quad (7.14)$$

具体计算结果如表 7 - 2 所示。

表 7 - 2　哈尔滨环城生态圈森林工程碳汇价值评价

森林工程	面积/公顷	总蓄积量/立方米	碳储量/吨	经济价值/美元	吸收 CO_2 量/吨
城区防护林带	60000	3000000	1425000	15675000	5229750
四环路生态林	400	20000	9500	104500	34965
中环路生态林	857	42850	20354	223894	74699
景观生态林	670	33500	15913	175043	58401
水库生态林	10	500	238	2618	873
松花江护岸林	300	15000	7125	78375	26149
松北森林公园	300	15000	7125	78375	26149
合计	62537	3126850	1485255	16337805	5450886

计算结果可知，哈尔滨环城生态圈森林工程达到成熟后碳储量可达到 148 万吨，相当于吸收了 545 万吨二氧化碳，释放 397 万吨氧气。

森林碳汇价值 = 森林碳储量 × 二氧化碳排放权单价

$$= 148 \times 11 \times 8.27 = 13464 \text{ 万元} \quad (7.15)$$

$$\text{森林释氧价值} = 397 \times 600 = 238200 \text{ 万元} \quad (7.16)$$

哈尔滨环城生态圈森林固碳释氧总价值 25.1 亿元，其中，森林碳汇价值 1.3 亿元，释氧价值 23.8 亿元。

第六节　我国森林碳汇分析与评价

中华人民共和国成立以来，共进行了 8 次森林资源清查。2013 年结束的第八次资源清查结果显示，我国目前森林面积 2.08 亿公顷，森林覆盖率 21.63%，森林蓄积 151.37 亿立方米。历次森林资源清查结果表明，中国森林碳汇容量在不断增加，中国森林碳汇功能不断增强。

一、森林碳汇容量外延增加

从图 7－10 可以看出，中国森林资源面积基本保持增长的态势，尤其从第三次森林资源清查开始，森林资源面积持续增长，且增长幅度也在增加。第八次森林资源清查与前次清查相比，森林面积增加 1223 万公顷，森林覆盖率由 20.36 增加到 21.63%，提高 1.27 个百分点。森林面积的增长是森林碳汇增长的基础。

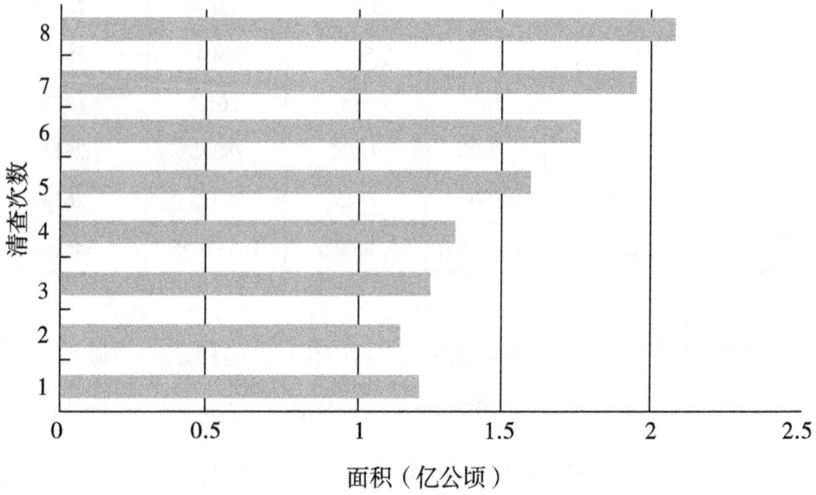

图 7－10　历次森林资源清查森林面积

二、森林碳汇容量内涵增长

历次森林资源清查表明，我国森林资源蓄积一直处于增长状态，如图 7－11 所示。第八次森林资源清查数据说明森林蓄积仍在稳步增加，继续呈现长大于消的趋势。森林蓄积由上次 137.21 亿立方米增加到 151.37 亿立方米，净增 14.16 亿立方米，年均净增 2.83 亿立方米。森林蓄积量的净增表明森林碳汇容量的绝对增长。

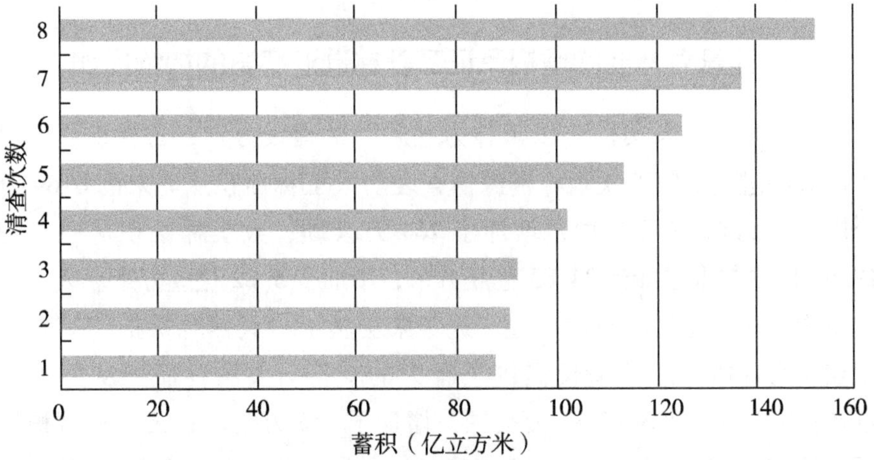

图 7－11　历次森林资源清查森林蓄积量

三、森林碳汇容量增长能力提高

资源清查表明我国森林质量有所改善。森林每公顷蓄积量增加 3.91 立方米，达到 89.79 立方米；每公顷年均生长量增加 0.28 立方米，达到 4.23 立方米。每公顷株数增加 30 株，平均胸径增加 0.1 厘米，近成过熟林面积比例上升 3 个百分点，混交林面积比例提高 2 个百分点。研究表明，成熟的森林继续固碳能力几乎为零，而我国大部分森林属于幼龄林，正处于旺盛的生长期，森林固碳能力处于最高峰，可以预见，我国森林的增长速度和单位面积蓄积还会提高，森林碳汇容量增长能力还会提高。

四、森林碳汇容量潜力巨大

我国森林覆盖率仅相当于世界平均水平的 2/3，居世界第 139 位。全国林分平均每公顷蓄积量只有 85.88 立方米，只有世界平均水平的 78%，林分平均胸径仅 13.4 厘米。林木龄组结构不尽合理。以上事实既是中国森林存在的问题，同时也显示了中国森林资源碳汇容量潜力巨大。我国森林覆盖率有待于进一步提高、森林经营有待于加强、单位面积蓄积有很大上升空间、林分平均胸径小却正处于快速生长期，这些都表明我国森林碳汇容量具有很大的潜力。

五、国家对林业的重视保证了森林碳汇容量的持续增加

我国长期以来实行“以营林为基础”的建设方针，营林工作取得了巨大的进展。第八次森林资源清查表明人工林面积从原来的 6169 万公顷增加到 6933 万公顷，增加了 764 万公顷；人工林蓄积从原来的 19.61 亿立方米增加到 24.83 亿立方米，增加了 5.22 亿立方米。人工造林对增加森林总量的贡献明显。近年来实施了“天然林保护”第六大工程，为森林碳汇的增长提供了有力的支持。天然林面积从原来的 11969 万公顷增加到 12184 万公顷，增加了 215 万公顷；天然林蓄积从原来的 114.02 亿立方米增加到 122.96 亿立方米，增加了 8.94 亿立方米。其中，天保工程区天然林面积增加 189 万公顷，蓄积增加 5.46 亿立方米，对天然林增加的贡献较大。《京都议定书》规定，有减排指标的部分国家 1990 年以后的造林和再造林项目产生的碳储量可以部分抵消二氧化碳减排指标。我国人造林面积在全世界居第一位，尤其是 1990 年以后造林面积都保持了一个较高的水平，这为我国今后参加国际气候谈判提供了一个极为有利的条件。

六、资源清查显示的森林碳汇存在的问题

（1）总量不足。我国仍然是一个缺林少绿、生态脆弱的国家，森林覆盖率远低于全球 31% 的平均水平，人均森林面积仅为世界人均水平的 1/4，人均森林蓄积只有世界人均水平的 1/7。森林资源总量不足，与此相对应的森林碳汇也显总量不足。总量不足首先表现为绝对数量不足，其次表现为相对于我国巨大的人口数量形成的相对不足。

（2）林地流失依然严峻。5 年间，各类建设违法违规占用林地面积年均超过 200 万亩，其中约一半是有林地。局部地区毁林开垦问题依然突出。随着城市化、工业化进程的加速，生态建设的空间将被进一步挤压。研究表明改变林地用途会造成大量的碳排放，我国林地流失很严重，对此我们必须给予充分的关注。

七、我国森林碳汇历史分析

运用以上提出的森林碳汇量计算方法，结合我国历次森林资源清查结果可以对我国森林碳汇变化情况进行测算分析。测算分以下两种情况分别进行，计算结果如表 7－3 所示。

表 7－3　我国森林资源碳储量计算表

资源清查	清查时间/年	森林覆盖率/%	森林面积/亿公顷	森林蓄积量/亿立方米	林木生物量碳储量/吨	森林碳储量/吨
1	1973—1976	12.70	1.22	86.56	4.11×10^9	7.03×10^9
2	1977—1981	12.00	1.15	90.28	4.29×10^9	10.46×10^9
3	1984—1988	12.98	1.25	91.41	4.34×10^9	10.59×10^9
4	1989—1993	13.92	1.34	101.37	4.82×10^9	11.74×10^9
5	1994—1998	16.55	1.59	112.67	5.35×10^9	13.06×10^9
6	1999—2003	18.21	1.75	124.56	5.92×10^9	14.43×10^9
7	2004—2008	20.36	1.95	137.21	6.52×10^9	15.90×10^9
8	2009—2013	21.63	2.08	151.37	7.19×10^9	17.37×10^9

第一种情况：森林碳汇量只计算林木生物量固碳量

$$\text{林木生物量碳储量} = \text{森林蓄积} \times \text{扩大系数} \times \text{容积系数} \times \text{含碳率} = V\times1.9\times0.5\times0.5 \quad (7.17)$$

第二种情况：森林碳汇量包括林木生物量碳储量、林下植物碳储量和林地碳储量。

$$\begin{aligned}\text{森林全部碳储量} &= \text{树木生物量固碳量} + \text{林下植物固碳量} + \text{林地固碳量}\\ &= \sum(S_{ij}\times C_{ij}) + \alpha\sum(S_{ij}\times C_{ij}) + \beta\sum(S_{ij}\times C_{ij})\\ &= V\times1.9\times0.5\times0.5 + 0.195\,(V\times1.9\times0.5\times0.5) +\\ &\quad 1.244\,(V\times1.9\times0.5\times0.5)\\ &= 2.439\,(V\times1.9\times0.5\times0.5) \quad (7.18)\end{aligned}$$

以上计算说明：我国目前森林碳汇为 7.19×10^9 吨碳，森林碳汇价值为 1.318×10^{11} 美元，合人民币 8.77×10^{12} 元。如果考虑林下植物和林地固碳，

则森林总碳汇量为 17.37×10^9 吨，森林碳汇总价值为 3.18×10^{11} 美元。

北京大学城市与环境系方精云教授率领的研究小组利用大量的野外实测资料及建国 50 年来的森林资源清查资料，采用改进的生物量换算因子法，利用近 20 年的卫星遥感数据及其匹配的气候、土壤和植被信息，研究了中国陆地植被生物生产力的时空变化和我国森林植被 50 年来碳储量的动态变化。研究发现，20 世纪 70 年代中期以前，由于毁林开荒等因素，我国森林向大气净排放了大量的二氧化碳，净释放了 0.63×10^9 吨碳的 CO_2，中国森林植被起着 CO_2 源的作用。但在最近 20 多年里情况发生逆转，森林碳库明显增加，森林净吸收二氧化碳的功能明显增强，森林植被开始成为二氧化碳的汇。碳汇由 20 世纪 70 年代末期的 4.38×10^9 吨碳增加到 1998 年的 4.75×10^9 吨碳。本书计算结果与方精云教授的估算结果基本吻合。

第七节　黑龙江省森林碳汇评价

一、森林资源动态变化

黑龙江省国有林区森林资源面积、蓄积、每公顷蓄积 25 年的动态变化情况分别如图 7－12 至图 7－14 所示。

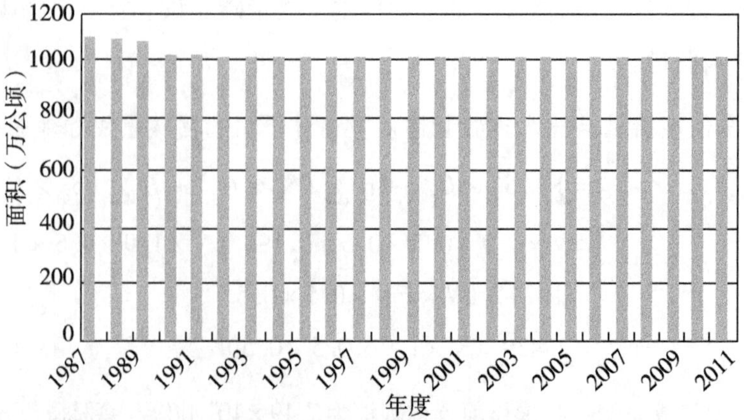

图 7－12　黑龙江省国有林区森林面积动态变化

从图 7-12 可以看出 1988 年、1989 年、1990 年三年面积下降的比较快，1991—2004 年都在缓慢的下降，2005 年开始面积在缓慢地上升，2007 年开始一直稳定。

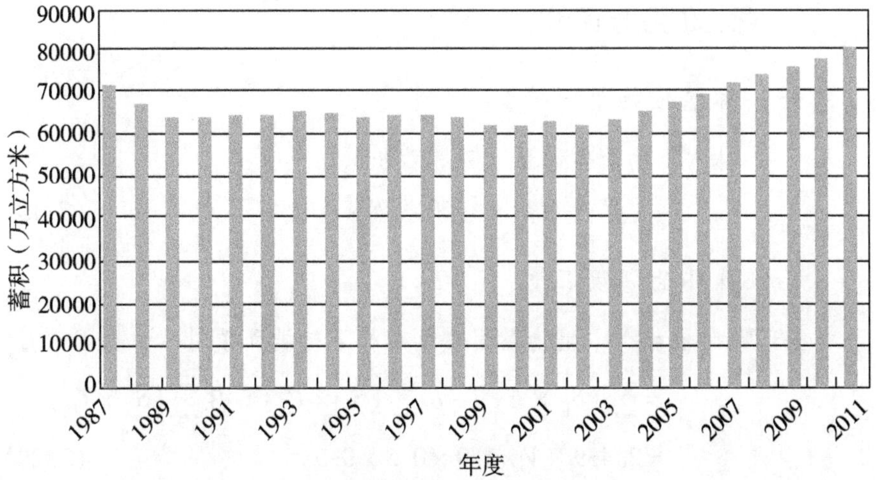

图 7-13　黑龙江省国有林区森林蓄积动态变化

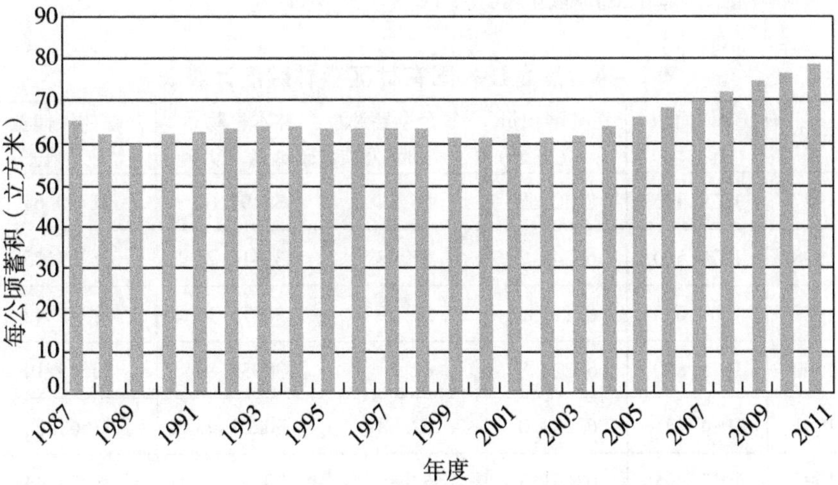

图 7-14　黑龙江省国有林区每公顷蓄积动态变化

从图 7-13 可以看出 1988 年、1989 年、1990 年三年蓄积下降的比较快，1991—2000 年有比较小的波动，但总的趋势是在下降，2000 年蓄积达到最低点，2003 年开始上升，近些年上升的较快，出现了好的趋势。

从图 7－14 可以看出 1988—2003 年每公顷蓄积有小的波动，2004 年开始稳步上升，出现了好的趋势。

二、森林碳汇与评价

（一）林木生物量固碳量

$$林木生物量碳储量 = 森林蓄积 \times 扩大系数 \times 容积系数 \times 含碳率 \quad (7.19)$$

（二）森林全部碳汇量

$$\begin{aligned}森林全部碳储量 &= 树木生物量固碳量 + 林下植被固碳量 + 林地固碳量 \\ &= \sum (S_{ij} \times C_{ij}) + \alpha \sum (S_{ij} \times C_{ij}) + \beta \sum (S_{ij} \times C_{ij}) \\ &= 2.439\ (V \times 1.9 \times 0.5 \times 0.5) \quad (7.20)\end{aligned}$$

按上述两个公式，根据森林蓄积量计算的黑龙江省国有林区林木生物量固碳量、森林全部碳汇量，如表 7－4 所示。

表 7－4　黑龙江省国有林区森林碳汇计算表

年份	森林面积（万公顷）	森林蓄积量（万立方米）	每公顷蓄积（立方米/公顷）	林木生物量碳储量（万吨）	森林碳储量（万吨）
1987	1079.346	70521.3	65.34	33497.62	81700.69
1988	1070.520	66345.7	61.98	31514.21	76863.15
1989	1060.633	63311.9	59.69	30073.15	73348.42
1990	1015.850	63222.8	62.24	30030.83	73245.19
1991	1014.421	63583.0	62.68	30201.93	73662.50
1992	1012.395	63661.5	62.88	30239.21	73753.44
1993	1012.300	64526.9	63.74	30650.28	74756.03
1994	1012.496	64592.8	63.80	30681.58	74832.37
1995	1008.555	63524.6	62.99	30174.19	73594.84

续表

年份	森林面积（万公顷）	森林蓄积量（万立方米）	每公顷蓄积（立方米/公顷）	林木生物量碳储量（万吨）	森林碳储量（万吨）
1996	1005.999	63630.0	63.25	30224.25	73716.95
1997	1006.004	63850.5	63.47	30328.99	73972.40
1998	1005.295	63163.2	62.83	30002.52	73176.15
1999	1005.402	61559.1	61.23	29240.57	71317.76
2000	1005.405	61014.1	60.69	28981.70	70686.36
2001	1005.403	62281.2	61.95	29583.57	72154.33
2002	1005.456	61597.0	61.26	29258.58	71361.66
2003	1005.437	62293.0	61.96	29589.18	72168.00
2004	1005.437	64364.6	64.02	30573.19	74568.00
2005	1005.653	66753.2	66.38	31707.77	77335.25
2006	1005.582	68495.9	68.16	32535.55	79354.21
2007	1009.777	71130.3	70.44	33786.89	82406.23
2008	1009.777	73186.5	72.48	34763.59	84788.39
2009	1009.777	75214.9	74.89	35727.08	87138.34
2010	1009.777	77229.5	76.48	36684.01	89472.31
2011	1009.777	79423.9	78.65	37726.35	92014.57

从表 7－4 知，2011 年黑龙江省国有林区森林碳汇量为 9.20 亿吨。

森林资源碳汇价值等于森林碳汇量与森林碳汇单价之乘积。

$$森林资源碳汇价值\ V_t = CF \times P \qquad (7.21)$$

式中：V_t 为森林资源碳汇价值；CF 为森林碳汇量；P 为森林碳汇价格，元/吨碳

我们采用国际二氧化碳价格 5 美元/吨，则每吨碳价格为 5 ×（44/12）＝18.33 美元。黑龙江省国有林区森林碳汇价值为 168.636 亿美元。按 1 美元＝6.5615 元计算，黑龙江省国有林区森林碳汇价值折合人民币为 1106.5051 亿元。如果按年平均生长量 3% 计算，黑龙江省国有林区森林每年固碳 2760.4371 万吨，碳汇价值折合人民币为 33.2004 亿元。

第八章 森林生态效益评价可视化软件系统

在第六章中可以看出，从黑龙江省有林区的数据引入、小班因子检索、字段变量变换、排序、编辑、生成新小班数据表、合并同类小班到全面检查，从似乎不相关模型的建立，参数的拟合到森林生态效益物理量的估计，森林生态效益经济价值和森林生态效益补偿的计算，都是用计算机程序完成的。为了在不同的地区或者使用不同类型的数据，或者应用其他学者的参数，比较经典的森林生态效益和广义的森林生态效益价值，本章尝试编制了一套森林生态效益评价可视化软件系统。

第一节 构 成

一、菜单

下拉菜单主要由数据文件管理、视图切换、数据表文件编辑、森林生态效益物理量联合估计、森林生态价值估计、森林生态效益补偿、广义森林生态效益估计、经典和广义森林生态效益估计、系统维护等组成。

菜单构成如表 8 -1 所示。

表 8－1　菜单构成

菜单			菜单功能
菜单项	菜单文件名	窗体文件或子程序	
数据表文件管理	menuFileMa	子程序	导入 FoxPro 数据文件
导入 FoxPro 数据	menuOpenFoxPro	子程序	导入 DBASE 数据文件
导入 Dbase 文件	menuOpenDBASE	子程序	导入 Excel 数据文件
导入 Excel 文件	menuFileExcel		间隔线
——	S0	子程序	导出数据文件 1
另存 EXCEL 文件	menuExportAsExcel		间隔线
——	S1		
退出本系统（&X）	menuFileExit	子程序	总退出
视图切换	menuWindow	frmData	显示数据表
切换到数据窗口	menuWindowData	FrmForstatGraph	显示计算结果，并进入结果窗口菜单．
切换到结果窗口	menuWindowOutput		间隔线
——	S2		
登录到 Internet	menuInternet	子程序	联网
转入 Word2003	menuWord2003	子程序	调用 Word
转入 Excel	menuExcel	子程序	调用 Excel

续表

菜单			菜单功能
菜单项	菜单文件名	窗体文件或子程序	
数据表文件编辑	menuTabletEDIT	frm1_ 5FactorIndex	检索字段代码
因子代码检索	menuFactorIndex		间隔线
——	S3		修改字段类型
字段重定义	menuVarDef	frmVarDef	数据文件的编辑
字段值变换	menuDataTransfrom	frmTransform	记录排序
数据排序	menuEditSort	frmSort	字段插入
在前列前插入列	menuEditInsertCol	子程序	字段删除
删除指定行列	menuEditDel	子程序	间隔线
——	S4		数据查找
查找字段值	menuEditSearch	子程序	数据替换
替换字段值	menuEditReplace	子程序	间隔线
——	S5		由森林面积蓄积表生成小班数据表
由森林面积表生成数据表	menuBornDataWatch	frm1_ 6BornDataWatch	
合并同类小班	menuReplace	frm1_ 7AmalgamationWood	合并同类记录
森林生态效益物理量估计	menuFSEEVEsystem1	frm9_ 01LinearReg	
似乎不相关模型建立	menuAppaNOrelatedModel		似乎不相关模型
——	S6		间隔线
森林资源数据表检查	menuFSPhysicsCheck	frm9_ 2CHECKProgram	数据表检查
森林生态效益物理量联估计	menu FSPhysicsMeasure	frm9_ 2ResourcesEstimateTable	森林生态效益物理量估计
物理量特征数	menuFSPhysicsMeasure2	frm9_ 3ResourcesCharacteristic	物理量特征数

续表

菜单			菜单功能
菜单项	菜单文件名	窗体文件或子程序	
森林生态经济价值估计 森林生态价值总汇	menuFSEEVEsystem2 menuTimberMO	Frm9_ 5Economy	森林生态价值
森林的碳汇估计 森林碳汇	menuFSEEVEsystem3 menuTimberMo3	Frm9_ 6Carbon	森林碳汇
森林生态补偿估计 恩格尔线性回归 森林生态补偿估计	menuFSEEVEsystem4 menuWholePolynomial5 menuWholePolynomial6	frm9_ 4ENGERLinearReg Frm9_ 7Compensate	森林生态补偿
广义生态效益价值 广义生态效益价值	menuFSEEVEsystem5	frm9_ 8ClassicAndBroadEcosystem	广义生态效益
经典和广义生态效益价值 经典和广义生态效益价值	menuFSEEVEsystem6	frm9_ 9ClassicAndBroadEcosystem	经典和广义生态效益价值估计
系统管理 提取目录文件夹 使用说明 模型解释 免责声明	menuTextManagement men- uUsageElucidation	Frm8_ 1TakeAsWord menuModelExplain menuAvowal Frm8_ 1TakeAsWord 调用外部文件 调用外部文件 调用外部文件	

下拉菜单界面如图 8－1 所示。

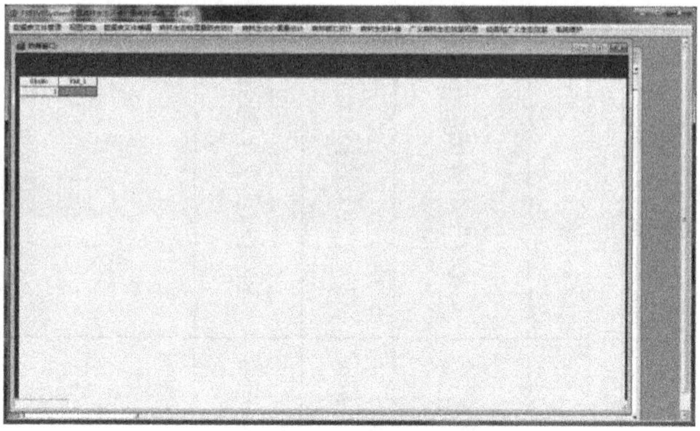

图 8－1　下拉菜单界面

二、窗体和模块文件

表 8－2　模块和窗体文件

编号	路径	文件	功能	备注
		模块文件		
启 1	根目录	fs01_ 0Star	主启动	
模 2	根目录	fs01_ 1Public. bas	公共模块（1）	
模 3	根目录	fs01_ 2Public. bas	公共模块（2）	
模 4	根目录	fs02_ ReadDBF. BAS	DBASE 数据库	
模 5	根目录	fs06MathsExpression. bas	表达式	
模 6	根目录	fs07NonLinear	路径和操作系统	
模 7	根目录	fs11Graph. bas	绘图模块	
模 8	根目录	fs16ExternalData	注册表信息	
模 9	根目录	fs17OutputInterface. bas	打印模块	
		窗体文件		
启 2	根目录	frmMain. frm	启动	
启 3	根目录	Frm. frm	闪屏	
启 4	根目录	frmLog. frm	写错误	
启 5	根目录	frmOutPut. frm	写结果	

续表

编号	路径	窗体文件	功能	备注
启 6	根目录	frmData. frm	启动，菜单窗体	
启 7	根目录	FrmForstatGraph. frm	结果窗口	
1－1	根目录	frmShowTables. frm	Excel 表	
1－2	根目录	frmTransform. frm	变量变换	
1－3	根目录	frmVarDef. frm	变量定义	
1－4	根目录	frmSort. frm	排序	
1－5	根目录	frmSearch. frm	搜索	
1－6	72FMFM	Frm1_ 5FactorIndex. frm	因子检索	
1－7	72FMFM	frm1_ 7AmalgamationWood. frm	合并同类小班	
1－8	90FSEEVE	frm1_ 6BornDataWatch	由森林面积蓄积表生成数据表	
9－1	90FSEEVE	frm9_ 1LinearReg. frm	似乎不相关模型建立	
9－2	90FSEEVE	frm9_ 2CHECKProgram frm	各大区森林资源数据表检查	
9－3	90FSEEVE	frm9_ 2ResourcesEstimateTable frm	森林生态物理量联合估计	存表
9－4	90FSEEVE	frm9_ 3ResourcesCharacteristic	森林生态物理因变量特征分布	
9－5	90FSEEVE	frm9_ 2OptionCaptial frm	森林生态物理量似乎不相关模型及价值参数	
9－6	90FSEEVE	Frm9_ 5Economy frm	森林生态价值总汇	
9－7	90FSEEVE	Frm9_ 6Carbon frm	森林碳汇总汇	
9－8	90FSEEVE	frm9_ 4ENGERLinearReg frm	恩格尔线性回归	
9－9	90FSEEVE	Frm9_ 7Compensate frm	森林生态补偿估计	
9－10	90FSEEVE	frm9_ 8BroadSenseEcosystemValue	广义森林生态效益拓广估计	
9－11	90FSEEVE	frm9_ 9ClassicAndBroadEcosystem	经典和广义生态效益价值总汇	
8－1	72FMFM	frm8_ 1TakeAsWord. frm	提取目录文件夹	
8－2	72FMFM	frm8_ 4about. frm	免责声明	

第二节　功　能

一、数据文件管理

1. 读取 Excel 表数据

读取 Excel 表数据的界面如图 8－2 所示。

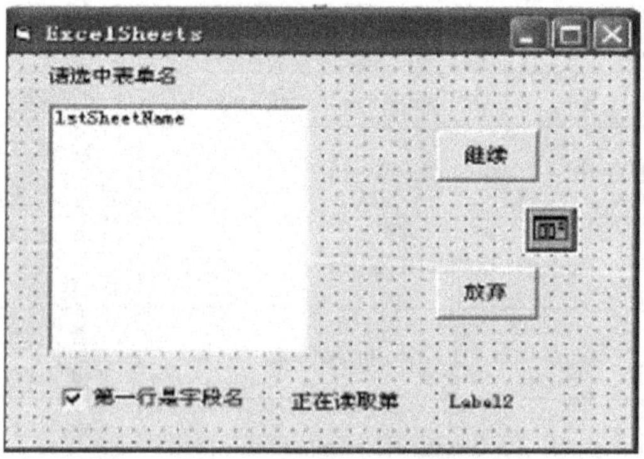

图 8－2　读取 Excel 表数据界面

2. 因子检索

小班因子检索如图 8－3 所示。

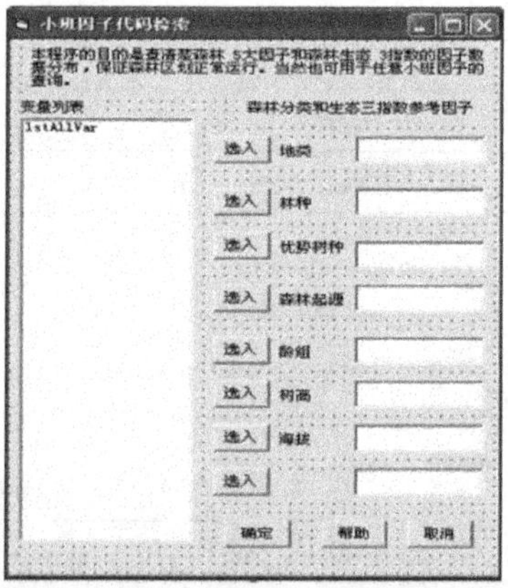

图 8－3　小班因子检索界面

3. 变量变换

变量变换界面如图 8 –4 所示。

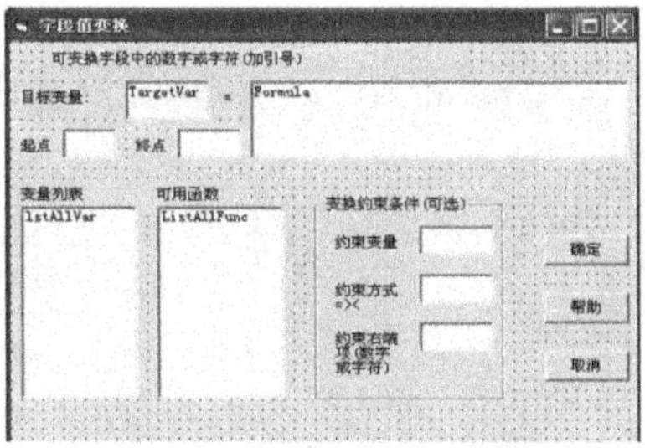

图 8 –4　变量变换界面

4. 变量定义

变量定义界面如图 8 –5 所示。

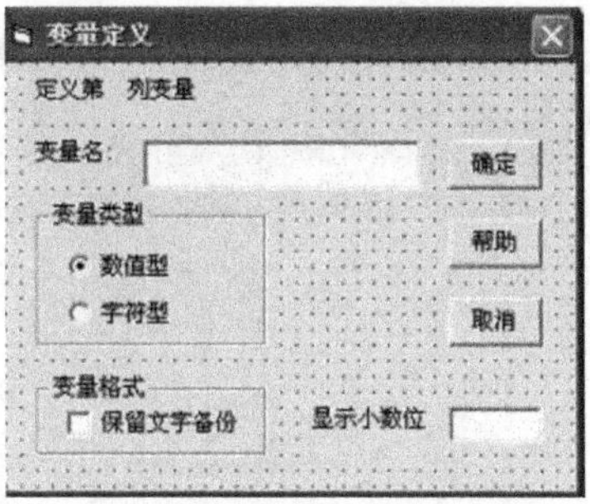

图 8 –5　变量定义界面

5. 排序

排序界面如图 8 –6 所示。

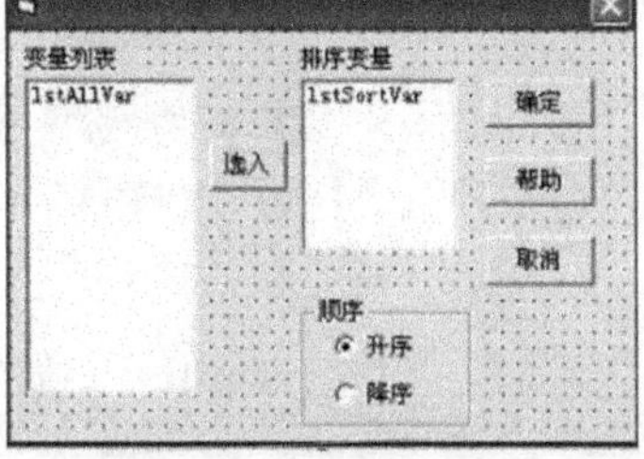

图 8 –6　排序界面

6. 搜索和替换

搜索和替换界面如图 8 - 7 所示。

图 8 - 7　搜索和替换界面

7. 由森林面积蓄积表生成数据表

由森林面积蓄积表生成数据表如图 8 - 8 所示。

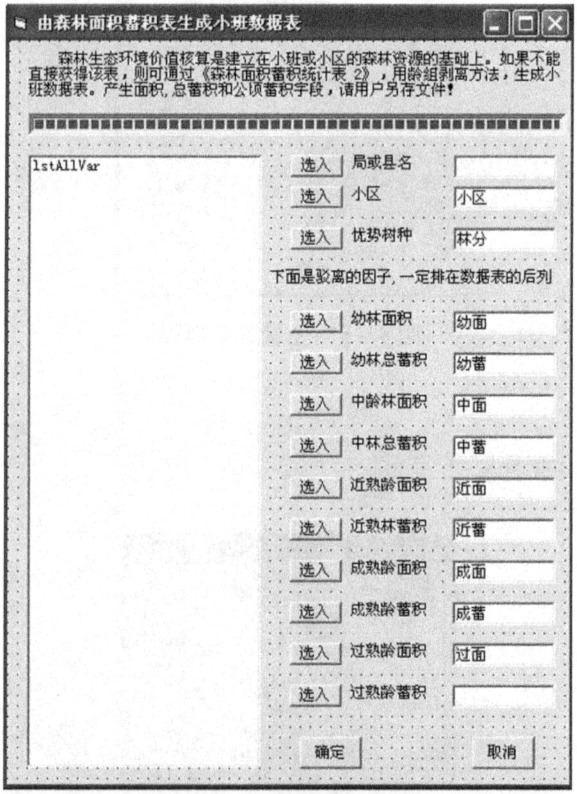

图 8 - 8　由森林面积蓄积表生成数据表界面

8. 合并同类小班

合并同类小班界面如图 8 – 9 所示。

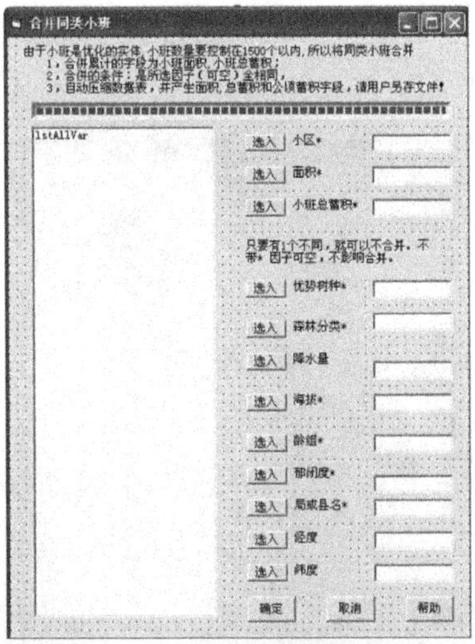

图 8 – 9 合并同类小班界面

9. 森林资源数据表检查

森林资源数据表检查如图 8 – 10 所示。

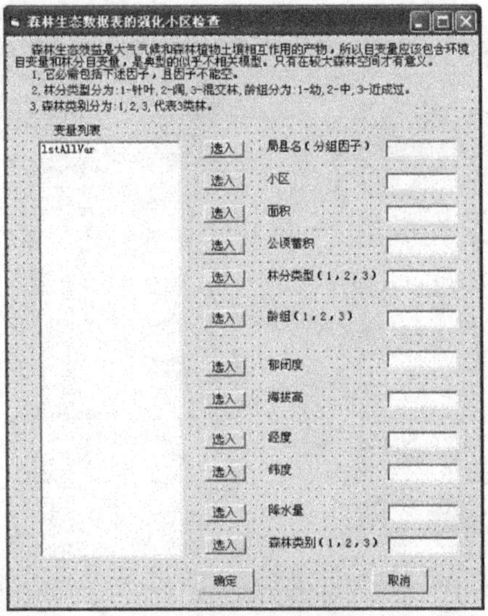

图 8 – 10 森林资源数据表检查界面

二、计算功能

1. 建立似乎不相关模型

似乎不相关模型回归界面如图 8－11 所示。

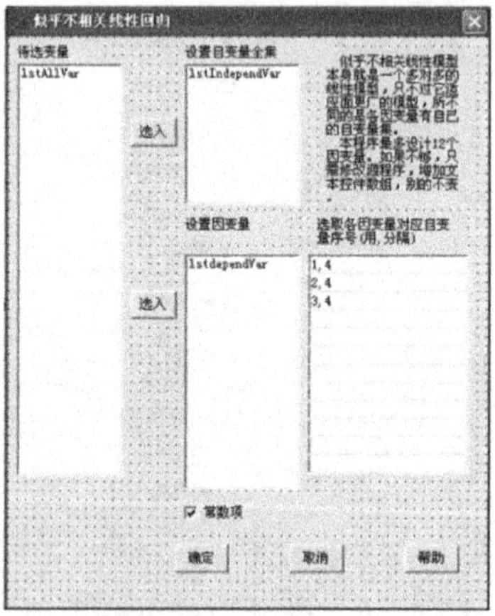

图 8－11　似乎不相关模型回归界面

2. 森林生态效益物理量总体估计

森林生态效益物理量总体估计界面如图 8－12 所示。

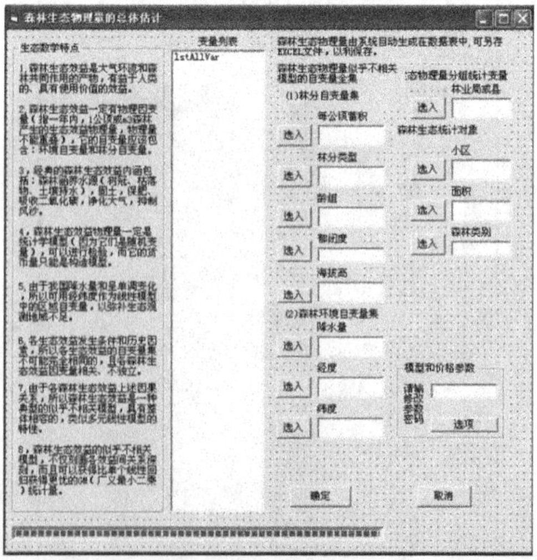

图 8－12　森林生态效益物理量总体估计界面

3. 生态效益物理因变量特征分布

生态效益物理因变量特征分布界面如图 8－13 所示。

图 8－13　生态效益物理因变量特征分布界面

4. 似乎不相关模型价值参数

似乎不相关模型价值参数界面如图 8－14 所示。

图 8－14　似乎不相关模型价值参数界面

5. 森林生态价值总汇

森林生态价值总汇界面如图 8 - 15 所示。

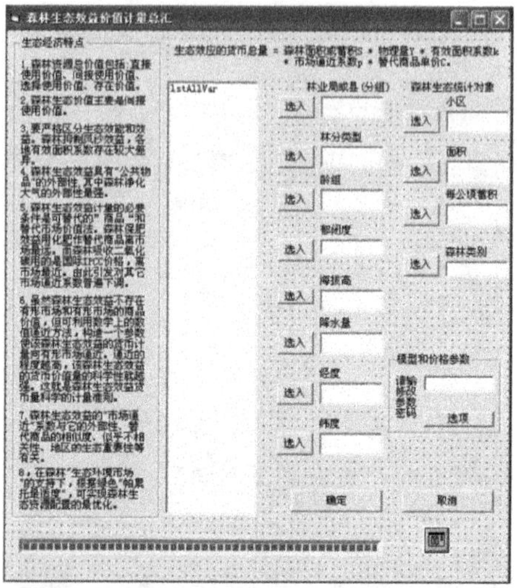

图 8 - 15　森林生态价值总汇界面

6. 森林碳汇估计

森林碳汇估计界面如图 8 - 16 所示。

图 8 - 16　森林碳汇估计界面

7. 森林生态效益补偿估计

森林生态效益补偿估计界面如图 8－17 所示。

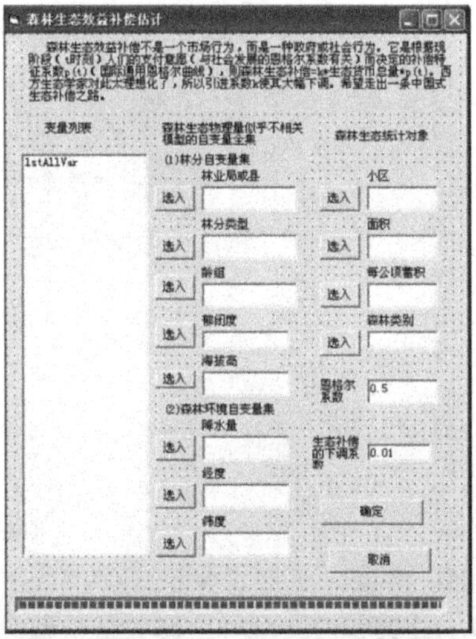

图 8－17　森林生态效益补偿估计界面

8. 广义森林生态效益估计

广义森林生态效益估计界面如图 8－18 所示。

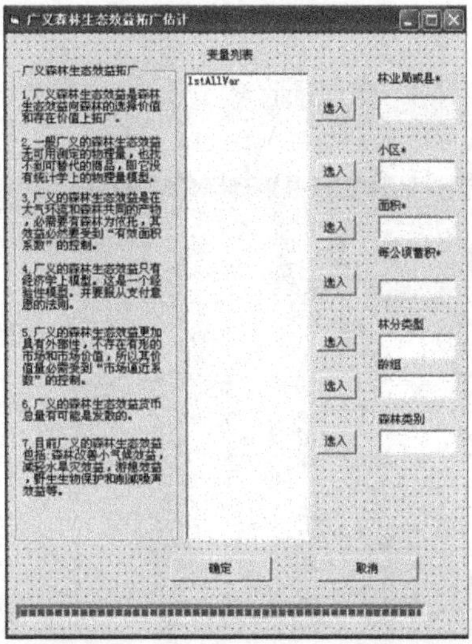

图 8－18　广义森林生态效益估计界面

9. 经典和广义生态效益价值总汇

经典和广义森林生态效益价值总汇界面如图 8－19 所示。

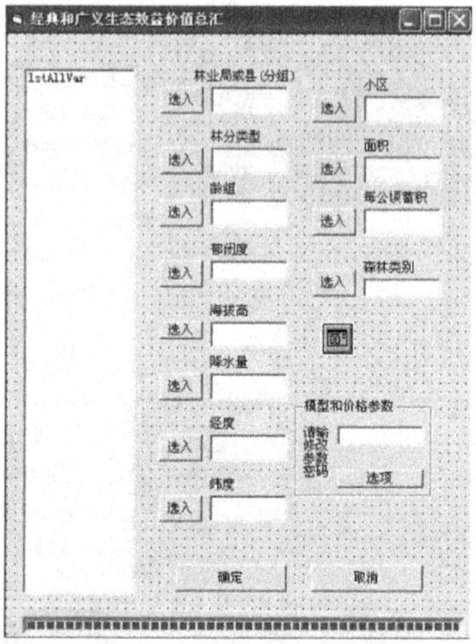

图 8－19　经典和广义森林生态效益价值总汇界面

第三节　适应性检验

一、数据

读取数据界面如图 8－20 所示。

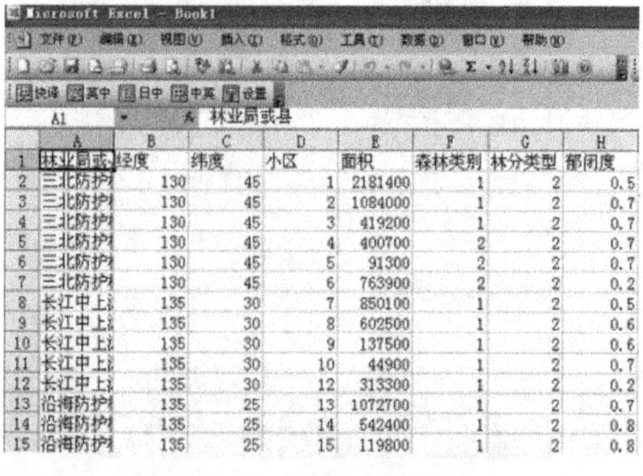

	A	B	C	D	E	F	G	H
1	林业局或	经度	纬度	小区	面积	森林类别	林分类型	郁闭度
2	三北防护	130	45	1	2181400	1	2	0.5
3	三北防护	130	45	2	1084000	1	2	0.7
4	三北防护	130	45	3	419200	1	2	0.7
5	三北防护	130	45	4	400700	2	2	0.7
6	三北防护	130	45	5	91300	2	2	0.7
7	三北防护	130	45	6	763900	2	2	0.2
8	长江中上	135	30	7	850100	1	2	0.5
9	长江中上	135	30	8	602500	1	2	0.6
10	长江中上	135	30	9	137500	1	2	0.6
11	长江中上	135	30	10	44900	1	2	0.7
12	长江中上	135	30	12	313300	1	2	0.2
13	沿海防护	135	25	13	1072700	1	2	0.7
14	沿海防护	135	25	14	542400	1	2	0.8
15	沿海防护	135	25	15	119800	1	2	0.8

图 8－20　读取数据界面

二、估计值

1. 森林生态效益物理量

森林生态物理因变量特征值如表 8 - 3 所示。

表 8 - 3　森林生态效益物理因变量特征值

项目	平均数	合计	最小值	最大值	标准差	变异系数
枯落物截水 t	212.620771	486688.945204	100.863417	350.722056	73.064901	0.343640
土壤储水 t	1043.529651	2388639.370000	760.450000	1415.810000	145.684433	0.139607
森林固土 t	33.203685	76003.234205	21.073925	41.065625	5.021403	0.151230
森林保肥 t	4.206648	9629.016307	2.063774	5.730798	1.386183	0.329522
二氧化碳 t	0.068344	156.439092	0.032515	0.116237	0.031941	0.467353
净化大气 t	0.045877	105.011663	0.023937	0.085573	0.025806	0.562506
抑制风沙 hm^2	0.495226	1133.571881	0.229957	0.664117	0.100839	0.203621
抑制风沙 t	14.212981	32533.512985	6.599766	19.060158	2.894065	0.203621

各防护林区森林生态效益物理量如表 8 - 4 所示。

表 8 - 4　各防护林区森林生态效益物理量

防护林区	总面积 hm^2	涵养水源 t	森林固土 t	森林保肥 t	吸收二氧化碳 t	净化大气 t	抑制风沙 hm^2	抑制风沙 t
三北	4940500	9404298626	126916312	16814236	11223697	7538660	3577716	102680449
长江中上游	1948300	7799553220	44627830	7821647	4691607	3173370	1623177	46585189
沿海	1957500	8231837597	40084250	7081797	6136510	4219671	2479453	71160306
太行山	5531400	15561529545	130620463	20472844	19716586	13383883	4817755	138269576
合计	14377700	40997218988	342248856	52190525	41768400	28315584	12498102	358695521

2. 森林生态环境价值总汇

三北防护林区的每公顷森林生态效益物理量如表8－5所示。

表8－5　三北防护林区的每公顷森林生态效益物理量

小班	涵养水源 t/hm^2	森林固土 t/hm^2	森林保肥 t/hm^2	吸收二氧化碳 t/m^3	净化大气 t/m^3	抑制风沙 hm^2/hm^2	抑制风沙 t/hm^2
1. 0000	1777. 5659	28. 0908	2. 2446	0. 1254	0. 0923	0. 7375	21. 1668
2. 0000	2042. 2311	22. 9238	4. 7631	0. 0716	0. 0393	0. 7824	22. 4548
3. 0000	2258. 6596	25. 4908	5. 6571	0. 0506	0. 0373	0. 7171	20. 5819
4. 0000	2243. 1633	25. 4908	5. 6571	0. 0506	0. 0373	0. 7171	20. 5819
5. 0000	2196. 6746	25. 4908	5. 6571	0. 0506	0. 0373	0. 7171	20. 5819
6. 0000	1658. 2219	22. 9908	2. 0946	0. 1247	0. 0918	0. 6117	17. 5572

三北防护林区各森林类型的生态效益总价值如表8－6所示。

表8－6　三北防护林区各森林类型的生态总价值

项目	森林类型	面积合计 hm^2	涵养水源	森林固土	森林保肥	吸收二氧化碳	净化大气	抑制风沙
有效面积系数	重点公益林	3684600	1. 00	1. 00	1. 00	1. 00	1. 00	0. 50
因变量			1910. 16	26. 27	3. 37	2. 43	1. 59	0. 75
物理总量 t			7038190956	96812229	12430940	8950604	5865217	2757570

续表

项目	森林类型	面积合计 hm^2	涵养水源	森林固土	森林保肥	吸收二氧化碳	净化大气	抑制风沙
市场逼近系数			0.65	0.90	0.05	1.00	0.05	0.80
替代商品单价			0.66	14.88	843.70	31.80	1269.70	450.00
总货币量/元			3020481878	1296509377	524399225	284629207	372353289	496362566
有效面积系数	一般公益林	1255900	1.00	1.00	1.00	1.00	1.00	0.50
因变量 t			1883.99	23.97	3.49	1.81	1.33	0.65
物理总量			2366107670	30104083	4383295	2273093	1673443	820146
市场逼近系数			0.65	0.90	0.05	1.00	0.05	0.80
替代商品单价			0.66	14.88	843.70	31.80	1269.70	450.00
总货币量/元			1015429303	403153879	184909314	72284370	106238529	147626315
货币合计/元		4940500	4035911181	1699663255	709308539	356913577	478591818	643988881

森林生态效益物理量模型参数如表 8－7 所示。

表 8－7 森林生态效益物理量模型参数

项目	树冠截留水	枯落物持水	土壤持水	森林固土	森林保肥	吸收二氧化碳	净化大气	抑制风沙	抑制风沙	广义生态效益
参数 1	6.9	25.374	－5085.55	4	－1.5	0.95355	0.702	1.68262	28.7	0.3
参数 2	－0.7849	16.542	－254.8	6	－3.3125	－0.13631	－0.13631	0.10423	1.68262	0.8

续表

项目	树冠截留水	枯落物持水	土壤持水	森林固土	森林保肥	吸收二氧化碳	净化大气	抑制风沙	抑制风沙	广义生态效益
参数 3	0. 0052	68. 58	-72. 46	-2. 567	-0. 89391	0. 0789	0. 0789	0. 06526	0. 10423	122. 6
参数 4	-0. 18340	4. 83	0	0	0	0. 02197	0. 00293	0	0. 06526	1
参数 5	0	-1. 81	79. 8	-0. 28445	0. 05195	0	0	0. 01376	0	0. 9
参数 6	-0. 4921	0	-91. 8	0. 87825	0. 00039	0. 00252	0. 00252	-0. 03955	0. 01376	91
参数 7	-0. 1919	-7. 42	0. 75	0. 01762	0. 00009	-0. 00293	-0. 00293	-0. 00067	-0. 03955	0. 1
参数 8	0	-3. 04	17	0. 5	-0. 00002	-0. 00002	0. 41924	-0. 00067	0. 3	
参数 9	0. 7612	0	0. 00236	0. 00236	0. 41924	60. 1				
参数 10	1. 2388	-0. 59								1
参数 11		0. 4415								0. 3
参数 12		0. 0015								129
有效面积系数	1	1	1	1	1	1	1	0. 5		0. 001
市场逼近系数	0. 65	0. 65	0. 65	0. 9	0. 05	1	0. 05	0. 8		0. 1
单价	0. 66024	0. 66024	0. 66024	14. 88	843. 7	31. 8	1269. 7	450		71

各防护林区森林生态总价值如表 8－8 所示。

表 8－8　各防护林区森林生态总价值

单位：元

防护林区	总面积（平方米）	涵养水源	森林固土	森林保肥	吸收二氧化碳	净化大气	抑制风沙	合计
三北	4940500	4035911181	1699663255	709308539	356913577	478591818	643988881	7924377251
长江中上游	1948300	3347225062	597655894	329956198	149193105	201461382	292171918	4917663559
沿海	1957500	3532742496	536808282	298745605	195141016	267885830	446301571	5277624800
太行山	5531400	6678323774	1749269243	863646945	626987427	849675831	867195949	11635099168
合计	14377700	17594202512	4583396674	2201657286	1328235126	1797614861	2249658318	29754764777

附录　森林生态效益经济价值估计程序清单

```
Option Explicit
'随机文件定义
Private Type Record
    ID As Integer
    name As String * 30
End Type
" 森林生态物理量按" 林业局或县" 分组评估统计frm9_ 2ResourcesEs-
timateTable

" 启动窗体
Private Sub Form_ Load ( )
    Dim i As Long
    If frmData. DataTab1. Cols  - 1 < =2 Then
        i = MsgBox (" 未打开数据表!!, 退出本菜单, 点击卸载窗体,
重新回到数据窗口打开数据表", 0)
        Exit Sub
        Unload Me "卸载窗体
    End If
    For i = 1 To frmData. DataTab1. Cols - 1
        lstAllVar. AddItem FSvar (i) . name
    Next i
    cmdDescriptOK. Enabled = False" 运行有效
```

```
End Sub

" 选项控件 frm9_ 2OptionCaptia
Private Sub Cmdopt_ Click ( )
    If MIMA. Text = “150040” Then
        frm9_ 2OptionCaptial. Show vbModal" 调用选项窗体
    Else
        MsgBox "密码错，请重新输出或退出选项", 64,"提示信息"
        MIMA. Text = ""
    End If
End Sub

" 运行窗体
Private Sub cmdDescriptOK_ Click ( )
    Call clearErr                " 清除错误子过程 fs06MathsExpression
     Call frmData. GetRealOccupiedRows (0)" 公共程序 (5): Get-
RealOccupiedRows 去掉全空行
    Dim MA As Integer, i As Integer
    Dim ValueVarName ( ) As String
    MA = 12
    ReDim ValueVarName (MA)
    ValueVarName (1)  = Text1. Text  " 分组变量 =" 林业局或县"
    ValueVarName (2)  = Text2. Text  " 林分
    ValueVarName (3)  = Text3. Text  " 龄组
    ValueVarName (4)  = Text4. Text
    ValueVarName (5)  = Text5. Text
    ValueVarName (6)  = Text6. Text
    ValueVarName (7)  = Text7. Text
```

```
    ValueVarName (8) =Text8. Text
    ValueVarName (9) =Text9. Text " 小区
    ValueVarName (10) =Text10. Text" 面积
    ValueVarName (11) =Text11. Text" 公顷蓄积
    ValueVarName (12) =Text12. Text" 类别
    " 自我规定分组变量 frmData. txtGroupVar, 由 graphGroupEndPoint
自动实现
    frmData. txtGroupVar. Visible = True
    frmData. txtGroupVar = ValueVarName (1)" 分组变量 = "林业局或县"

    " 调第 1 级分组过程
    Call Do_ ClassifyAAA (ValueVarName, MA)
    " 待选变量还原
    For i = 1 To MA
        If ValueVarName (i) < >"" Then
            lstAllVar. AddItem ValueVarName (i)
        End If
    Next i
    Unload Me" 卸载窗体, 退出本窗, 返回结果窗口
    Call FormsOrder
End Sub

′第一级
Function Do_ ClassifyAAA (ValueVarName () As String, M2 As Integer)
′分组设置
返回值:
On Error GoTo Hand1
    ProgressBar1. Visible = True                    " 进度条设置
```

```
    ProgressBar1. Max = occupiedRows                    " 进度条最大值
    ProgressBar1. Value = ProgressBar1. Min

    Dim i As Long, j As Long, n As Long, m As Long, ResIniCol
As Long
    Dim JS () As Variant
    Dim startPoint As Long, EndPoint As Long, GroupNo As Integer, k As
Integer, jj As Integer
    Dim iniValue As String, PrintFormat1 As String
    Dim Fl_ path As String, ExcelFileName As String

    Dim dct () As Variant, dbt () As Variant
    ReDim dct (10, 0)
   dct (1, 0) = "林业局或县": dct (2, 0) = "总面积": dct (3, 0) =
"总蓄积": dct (4, 0) = "涵养水源": dct (5, 0) = "森林固土"
    dct (6, 0) = "森林保肥": dct (7, 0) = "吸收二氧化碳": dct (8, 0) =
"净化大气": dct (9, 0) = "抑制风沙": dct (10, 0) = "合计"
    GroupNo = 0
    Dim groupIndex () As String'分组号
    startPoint = 1
    " 循环调用 Do_ 名
    Do While startPoint < = occupiedRows
        Call PrintTitle ( "第" & str $ (GroupNo + 1) & "林业局森林
生态环境价值总汇")" 形成 [T, 1] 结点
        Call TheGroupEndPoint (startPoint)" 重复
        " 公共模块程序 (2) graphGroupEndPoint 由本组起点算出本
组终点 (fs11Graph)
        EndPoint = graphGroupEndPoint (startPoint, groupIndex)
```

```
        If EndPoint >0Then
            Call Err. Clear
            GroupNo = GroupNo +1: groupIndex (1)  = str (GroupNo)
            groupIndex (1)  =Trim (str (GroupNo))
            iniValue = Trim (frmData. DataTab1. TextMatrix (startPoint,
1))" 组变量名
            调第 2 级函: 数变量名分类变量数, 起点, 终点, 返回
SoLu ()
            JS = FuncDATAyugu (ValueVarName (), M2, startPoint,
EndPoint, GroupNo)
            " 返回: SUM (0 - 局名, 1 - 面积, 2 - 蓄积, 3 - 涵氧水
源, 4 固土, 5 保肥, 6 二氧化碳, 7 氧气, 8 风沙, 9 合计

            ReDim Preserve dct (10, GroupNo)
            dct (0, GroupNo)  = str $  (GroupNo)
            For i =0 To 9
                dct (i +1, GroupNo)  =JS (i)
            Next i
            ProgressBar1. Value = EndPoint                    " 设置进度
条 2
        Else
            EndPoint = - EndPoint
        End If
        startPoint = EndPoint +1
    Loop
    ProgressBar1. Visible = False                                 " 进度条
关闭
    ProgressBar1. Value = ProgressBar1. Min
```

```
" 地区汇总，产生节点
Call PrintTitle（“地区森林生态环境价值总汇”）    " 形成［T，1］结点
frmData. txtGroupVar. Visible = False  " 分组变量控件无效
frmData. txtGroupVar = ""               " 分组变量名为空
jj = GroupNo
ReDim dbt（jj +1，10）
For i =0 To jj
    For j =1 To 10
        dbt（i，j） =dct（j，i）
    Next j
Next i
dbt（jj +1，1） =" 合计"
For j =2 To 10
    For i =1 To jj
        dbt（jj +1，j） =dbt（jj +1，j） +dbt（i，j）
    Next i
Next j
" 左移
ReDim dct（jj +1，9）
For i =0 To jj +1
    For j =0 To 9
        dct（i，j） =dbt（i，j +1）
    Next j
Next i
startPoint =1：iniValue =" 森林生态环境价值汇总报告"
Call NOGroupEndPoint（startPoint，iniValue）" 产生新结点 E
```

```
    frmOutput. Text1. SelText = "              ----------- 各林业局（县）
森林生态环境价值汇总表（元） -----------"  + vbCrLf + vbCrLf
    PrintFormat1 = "  ############"
    Call TextPrint (dct, PrintFormat1,,, 0)
    " 公共模块程序（4）：结果窗口结束文本输出
    Call Do_ WriteOutputTxt

    Exit Function
Hand1:
    Stop
End Function
" 第二级：森林生态价格主函数
Function FuncDATAyugu (ValueVarName () As String, MM2 As Integer,
startPoint As Long, EndPoint As Long, GroupNo As Integer) As Variant ()
On Error GoTo hand3
    Dim i, j, m, k, L, ii, jj, ky As Integer
    Dim kk As Integer
    Dim dat () As Variant, SOLU () As Variant, Y () As Variant,
FPA () As Double, LYZS () As String, ZU () As String
    Dim n As Long, nt As Long
    " 绘图
    Dim PrintFormat1, iniValue As String, Parameter (4) As String
    Dim graphclass () As Variant, Graph_ Size () As Double, Graph_
Color () As Long

    " [1] 打开随机文件，读参数于双精度数组
    Dim MyRecord As Record
    Dim num As Long
```

```
Open CurDir & "  \ Parament3. int" For Random As #1 Len  =  Len
(MyRecord)

ReDim FPA (15, 10)
For num = 1 To 150
    Get #1, num, MyRecord
    If num < = 15 Then
        FPA (num, 1) = Val (MyRecord. name)" 树冠截
水1 - 15
    ElseIf num > = 16And num < = 30 Then
        FPA (num - 15, 2) = Val (MyRecord. name)" 枯落物截
水 16 - 30
    ElseIf num > = 31 And num < = 45 Then
        FPA (num - 30, 3) = Val (MyRecord. name)" 土壤持水
31 - 45
    ElseIf num > = 46 And num < = 60 Then
        FPA (num - 45, 4) = Val (MyRecord. name)" 固土46 - 60
    ElseIf num > = 61 And num < = 75 Then
        FPA (num - 60, 5) = Val (MyRecord. name)" 保肥61 - 75
    ElseIf num > = 76 And num < = 90 Then
        FPA (num - 75, 6) = Val (MyRecord. name)" 吸二氧化
碳 76 - 90
    ElseIf num > = 91 And num < = 105 Then
        FPA (num - 90, 7) = Val (MyRecord. name)" 食氧气
91 - 105
    ElseIf num > = 106 And num < = 120 Then
        FPA (num - 105, 8) = Val (MyRecord. name)" 风沙 1
    ElseIf num > = 121 And num < = 135 Then
```

```
        FPA (num－120, 9) =Val (MyRecord. name)" 风沙2
    ElseIf num> =136 Then
        FPA (num－135, 10) =Val (MyRecord. name)" 广义
    End If
Next num
Close #1  " 关闭随机文件

If GroupNo =1 Then
    ReDim dat (15, 10)
    dat (0, 0) = "项目"
    dat (0, 1) = "树冠截留水t": dat (0, 2) = "枯落物持水t": dat (0, 3) = "土壤持水t": dat (0, 4) = "森林固土t"
    dat (0, 5) = "森林保肥t": dat (0, 6) = "吸收二氧化碳t": dat (0, 7) = "净化大气t": dat (0, 8) = "抑制风沙hm2": dat (0, 9) = "抑制风沙t": dat (0, 10) = "广义生态效益"

    For i =1 To 12: dat (i, 0) = "参数" +str $ (i): Next i
    dat (13, 0) = "有效面积系数": dat (14, 0) = "市场逼近系数": dat (15, 0) = "单价"
    For i =1 To 15
        dat (i, 1) =FPA (i, 1)   " 树冠含水
        dat (i, 2) =FPA (i, 2)   "
        dat (i, 3) =FPA (i, 3)   "
        dat (i, 4) =FPA (i, 4)   "
        dat (i, 5) =FPA (i, 5)
        dat (i, 6) =FPA (i, 6)   "
        dat (i, 7) =FPA (i, 7)   "
        dat (i, 8) =FPA (i, 8)   " 风沙
```

```
        dat (i, 9) =FPA (i, 9)   " 风沙2
        dat (i, 10) =FPA (i, 10)   " 广义
    Next i
    frmOutput. Text1. SelText = " ------------------森林生态物理量似乎不相关模型及价值参数------------------- " + vbCrLf
    Call TextPrint (dat, "#######. #####",,, 0)
    frmOutput. Text1. SelText = vbCrLf
End If

读各树种 (组) 地位, 密度等参数文件
" [2] 分别变量形成统计矩阵 xx ()
nt = EndPoint - startPoint + 1                    " 样本数
Dim MNS () As String, MN () As Double              " 存放数据
ReDim MNS (nt), MN (nt, MM2)
For i = 1 To nt
    For j = 1 To 1
        k = FuncGetVarPosition (ValueVarName (j), FSvar)
        MNS (i) = frmData. DataTab1. TextMatrix (i + startPoint - 1, k)   " 字符变量: 1 林业局
    Next
    For j = 1 To MM2
        k = FuncGetVarPosition (ValueVarName (j), FSvar)
        MN (i, j) = Val (frmData. DataTab1. TextMatrix (i + startPoint - 1, k))" 数字变量: 1 林业局, 林分……
    Next j
Next i

" [3] 调森林生态物理量评估函数
```

```
" 统计森林生态主要结果1
Dim RegReturn () As Double
RegReturn = EcosystemFunction2 (FPA, MN, nt)          " 统计森林生态函数2

ReDim dat (nt, 7)
For i =1 To nt
    dat (i, 0) =MN (i, 9)
    For j =1 To 7
        dat (i, j) =RegReturn (i, j)
    Next j
Next i

dat (0, 0) =" 小班": dat (0, 1) =" 涵养水源 t/公顷": dat (0, 2) =" 森林固土 t/公顷": dat (0, 3) =" 森林保肥 t/公顷"
dat (0, 4) =" 吸收二氧化碳 t/立方米": dat (0, 5) =" 净化大气 t/立方米": dat (0, 6) =" 抑制风沙 hm2/公顷": dat (0, 7) =" 抑制风沙 t/公顷"

frmOutput. Text1. SelText = vbCrLf
frmOutput. Text1. SelText = "                    ------------------ [1]" & MNS (1) &" 的每公顷森林生态物理量 Y 的估计 -------------------" + vbCrLf
Call TextPrint (dat," ########. ####",,, 0)
frmOutput. Text1. SelText = vbCrLf

" [4] 幼龄林.. 近成熟林统计汇总
ReDim ZU (3)
```

```
    ZU (1) =" 幼龄林": ZU (2) =" 中龄林": ZU (3) =" 近成熟林"
    Dim YQ () As Integer
    ReDim YQ (3)
    YQ (1) =MN (1, 3): ky =1                    " 龄组
    For i =1 To nt
        For L =1 To ky
            If YQ (L) =MN (i, 3) Then GoTo PP2  " 龄组
        Next L
        ky =ky +1
        YQ (ky) =MN (i, 3)
PP2:
    Next i
    " 有效龄组数 Ky, yQ (KY)
    ReDim Y (ky *6 +1, 9)
    Y (0, 0) =" 项目":  Y (0, 1) =" 龄组": Y (0, 2) =" 面积合计": Y (0, 3) =" 蓄积合计": Y (0, 4) =" 森林涵养水"
    Y (0, 5) =" 森林固土": Y (0, 6) =" 森林保肥": Y (0, 7) =" 吸收二氧化碳": Y (0, 8) =" 净化大气": Y (0, 9) =" 抑制风沙"
    For ii =1 To ky
        jj = (ii -1) *6
        For i =1 To nt
            If MN (i, 3) =YQ (ii) Then
                Y (jj +1, 1) =ZU (MN (i, 3))
                  " 龄组
                Y (jj +1, 2) =Y (jj +1, 2) +MN (i, 10)
                " 面积合计
```

```
                    Y (jj +1, 3) =Y (jj +1, 3) +MN (i, 10) *
MN (i, 11)            " 蓄积合计
                    " 总物理量3
                    Y (jj +3, 4) =Y (jj +3, 4) +RegReturn (i, 1) *
MN (i, 10)      " 森林涵养水合计
                    Y (jj +3, 5) =Y (jj +3, 5) +RegReturn (i, 2) *
MN (i, 10)      " 森林固土合计
                    Y (jj +3, 6) =Y (jj +3, 6) +RegReturn (i, 3) *
MN (i, 10)      " 森林保肥合计
                    Y (jj +3, 7) =Y (jj +3, 7) +RegReturn (i, 4) *
MN (i, 10) * MN (i, 11)   " 吸收二氧化碳合计
                    Y (jj +3, 8) =Y (jj +3, 8) +RegReturn (i, 5) *
MN (i, 10) * MN (i, 11)   " 森林净化大气合计
                    Y (jj +3, 9) =Y (jj +3, 9) +RegReturn (i, 6) *
MN (i, 10)      " 抑制风沙1合计
            End If
        Next i
        Y (jj +1, 4) =FPA (13, 1)
        For j =2 To 6: Y (jj +1, j +3) =FPA (13, j +2): Next j
 " 有效面积系数1

        Y (jj +4, 4) =FPA (14, 1)
        For j =2 To 6: Y (jj +4, j +3) =FPA (14, j +2): Nextj  "
市场逼近系数4

        Y (jj +5, 4) =FPA (15, 1)
        For j =2 To 6: Y (jj +5, j +3) =FPA (15, j +2): Nextj  "
单价5
```

```
"
For j = 1 To 6
    Y (jj + 2, j + 3) = Y (jj + 3, j + 3) /Y (jj + 1, 2)
" 因变量 2 = 总物理量 3/面积
Next j                    " 总物理量 3/面积 2
For j = 1 To 6
    Y (jj + 6, j + 3) = Y (jj + 3, j + 3) * Y (jj + 1, j +
3) * Y (jj + 4, j + 3) * Y (jj + 5, j + 3)   " 总价格 6
Next j                    " 3 生态物理总量 * 1 有效面积系数 *
4 市场逼近系数 * 5 替代商品单价
Y (jj + 1, 0) =" 有效面积系数"
Y (jj + 2, 0) =" 似不相因变量"
Y (jj + 3, 0) =" 生态物理总量"
Y (jj + 4, 0) =" 市场逼近系数"
Y (jj + 5, 0) =" 替代商品单价"
Y (jj + 6, 0) =" 生态总货币量"

Y (ky * 6 + 1, 2) = Y (ky * 6 + 1, 2) + Y (jj + 1, 2)" 全
区面积
Y (ky * 6 + 1, 3) = Y (ky * 6 + 1, 3) + Y (jj + 1, 3)" 全
区蓄积
For j = 1 To 6
    Y (ky * 6 + 1, j + 3) = Y (ky * 6 + 1, j + 3) + Y (jj +
6, j + 3)" 全区总价格
Next j
Next ii
Y (ky * 6 + 1, 0) =" 货币量合计"
" 森林生态价值总报告 1
```

```
    startPoint =1: iniValue = MNS (1) +" 各龄组森林生态价值统计表"
    Call NOGroupEndPoint (startPoint, iniValue)" 产生新结点 E
    frmOutput. Text1. SelText = "                    --------------- [2]"
& MNS (1) &" 的龄组森林生态总价值总汇 ----------" + vbCrLf
    PrintFormat1 = " ########. ##  "
    Call TextPrint (Y, PrintFormat1,,, 0)          " 发送到结果窗口的
数据
    frmOutput. Text1. SelText = vbCrLf

    " [5] 公益林. 限伐商品林. 统计汇总
    ReDim LYZS (3)
    LYZS (1) =" 禁伐林": LYZS (2) =" 限伐林": LYZS
(3) =" 商品林"
    Dim XQ () As Integer
    ReDim XQ (3)
    XQ (1) = MN (1, 12): k =1
    For i =1 To nt
        For L =1 To k
            If XQ (L) =MN (i, 12) Then GoTo P2
        Next L
        k =k +1
        XQ (k) =MN (i, 12)
P2:
    Next i
    " 有效林种数 K, XQ (K)
    ReDimY (k *6 +1, 9)
    Y (0, 0) =" 项目":  Y (0, 1) =" 森林类型": Y (0,
2) =" 面积合计": Y (0, 3) =" 蓄积合计": Y (0, 4) =" 森林
```

```
涵养水"
    Y (0, 5) =" 森林固土": Y (0, 6) =" 森林保肥": Y (0,
7) =" 吸收二氧化碳": Y (0, 8) =" 净化大气": Y (0, 9) ="
抑制风沙"
    For ii = 1 To k
        jj = (ii - 1) * 6
        For i = 1 To nt
            If MN (i, 12) = XQ (ii) Then
                Y (jj + 1, 1) = LYZS (MN (i, 12))
                  " 林种
                Y (jj + 1, 2) = Y (jj + 1, 2) + MN (i, 10)
                " 面积合计
                Y (jj + 1, 3) = Y (jj + 1, 3) + MN (i, 10) * MN
(i, 11)         " 蓄积合计
                " 总物理量 3
                Y (jj + 3, 4) = Y (jj + 3, 4) + RegReturn (i, 1) *
MN (i, 10)      " 森林涵养水合计
                Y (jj + 3, 5) = Y (jj + 3, 5) + RegReturn (i, 2) *
MN (i, 10)      " 森林固土合计
                Y (jj + 3, 6) = Y (jj + 3, 6) + RegReturn (i, 3) *
MN (i, 10)      " 森林保肥合计
                Y (jj + 3, 7) = Y (jj + 3, 7) + RegReturn (i, 4) *
MN (i, 10) * MN (i, 11)    " 吸收二氧化碳合计
                Y (jj + 3, 8) = Y (jj + 3, 8) + RegReturn (i, 5) *
MN (i, 10) * MN (i, 11)    " 森林净化大气合计
                Y (jj + 3, 9) = Y (jj + 3, 9) + RegReturn (i, 6) *
MN (i, 10)      " 抑制风沙 1 合计
            End If
```

```
    Next i
    Y (jj +1, 4) =FPA (13, 1)
    For j =2 To 6: Y (jj +1, j +3) =FPA (13, j +2): Next j
 " 有效面积系数 1

    Y (jj +4, 4) =FPA (14, 1)
    For j =2 To 6: Y (jj +4, j +3) =FPA (14, j +2): Next j
 " 市场逼近系数 4

    Y (jj +5, 4) =FPA (15, 1)
    For j =2 To 6: Y (jj +5, j +3) =FPA (15, j +2): Next j
 " 单价 5
    "
    For j =1 To 6
        Y (jj +2, j +3) =Y (jj3, j +3) /Y (jj +1, 2)        "
因变量 2 = 总物理量 3/面积
    Next j                    " 总物理量 3/面积 2
    For j =1 To 6
        Y (jj +6, j +3) =Y (jj +3, j +3) * Y (jj +1, j +3) *
Y (jj +4, j +3) * Y (jj +5, j +3)    " 总价格 6
    Next j                    " 3 生态物理总量 * 1 有效面积系数 *
4 市场逼近系数 * 5 替代商品单价
    Y (jj +1, 0) = "有效面积系数"
    Y (jj +2, 0) = "似不相因变量"
    Y (jj +3, 0) = "生态物理总量"
    Y (jj +4, 0) = "市场逼近系数"
    Y (jj +5, 0) = "替代商品单价"
    Y (jj +6, 0) = "生态总货币量"
```

```
        Y (k*6+1, 2) =Y (k*6+1, 2) +Y (jj+1, 2)" 全区面积
        Y (k*6+1, 3) =Y (k*6+1, 3) +Y (jj+1, 3)" 全区蓄积
        For j=1 To 6
            Y (k*6+1, j+3) =Y (k*6+1, j+3) +Y (jj+6, j+3)" 全区总价格
        Next j
        Next ii
        Y (k*6+1, 0) =" 货币量合计"

    " 森林生态价值总报告2
    startPoint=1: iniValue=MNS (1) +" 森林类型生态价值统计表"
    Call NOGroupEndPoint (startPoint, iniValue)" 产生新结点 E
    frmOutput. Text1. SelText="              --------------- [3]" & MNS (1) &" 的森林类别的森林生态总价值总汇 ---------" + vbCrLf
    PrintFormat1 =" ########.##"
    Call TextPrint (Y, PrintFormat1,,, 0)          " 发送到结果窗口的数据
    frmOutput. Text1. SelText=vbCrLf

    Dim Sum () As Variant
    ReDim Sum (9)
    Sum (0) =MNS (1)
    For i=1 To 8
        Sum (i) =Y (k*6+1, i+1)
```

```
        If i >2 Then Sum (9) =Sum (9) +Sum (i)
    Next i
    " 公共模块程序 (4): 结果窗口结束文本输出
    Call Do_ WriteOutputTxt
    " 返回: SUM (0 -局名, 1 -面积, 2 -蓄积, 3 -涵氧水源, 4 固土, 5 保肥, 6 二氧化碳, 7 氧气, 8 风沙, 9 合计
    FuncDATAyugu = Sum

    " 绘图
    m =1: kk =6
    ReDim graph (1 To m, 0 To kk), graphclass (kk)
    Parameter (1) =MNS (1) &" 森林生态环境价值分布": Parameter (2) =" 森林生态效益类型": Parameter (3) =" 生态环境价值"
    For i =1 To m
        graph (i, 0) =" 生态环境价值"
        For j =1 To kk
            graph (i, j) =Sum (j +2)          " 频数
        Next j
        " 组中值
        graphclass (1) =" 涵养水": graphclass (2) =" 固土": graphclass (3) =" 保肥": graphclass (4) =" 二氧化碳"
        graphclass (5) =" 氧气": graphclass (6) =" 抑制风沙"
    Next i
    ReDim Graph_ Type (m, 2), Graph_ Size (m), Graph_ Color (m)
    Graph_ Type (1, 1) =2: Graph_ Type (1, 2) =1: Graph_ Size (1) =0" (7, 折线图) (1 实线)
    Call Do_ ClassVarGraph (graph, graphclass, Graph_ Type, Graph_ Size, Graph_ Color, Parameter, False)
```

```
    Exit Function
hand3:
    Err.Raise 10000, Err.Source &" 请执行 [选项] 中 [默认] 和 [确定]", Err.Description
    Stop
End Function

" 森林生态物理量函数 EcosystemFunction
Function EcosystemFunction2 (PP () As Double, xx () As Double, n As Long) As Double ()
" 参数: PP (14, 9)
"     XX (1-N, 1-8): 1 公顷蓄积, 2-林分, 3-龄组 4-郁闭度 5-海拔 6-降水, 7-经度, 8 纬度
" 返回:
On Error GoTo han23
    Dim i As Long, j As Long, k As Long
    Dim Reg () As Double, p8 As Double, P9 As Double
    ReDim Reg (n, 9)
    " 1 森林树冠截水
    For i =1 To n
        p8 = PP (xx (i, 2) +2, 1)    " 林分反应值
        P9 = PP (xx (i, 3) +5, 1)    " 龄组反应值, XX (i, 6) 降水, XX (i, 4) 郁闭度
        Reg (i, 1) =PP (1, 1) * Exp (PP (2, 1) +p8 + P9 + PP (9, 1) * Log (xx (i, 6)) +PP (10, 1) * xx (i, 4))
    Next i
    " 2 枯落物截水
```

For i =1 To n

p8 = PP（xx（i, 2） +3, 2） " 林分反应值

P9 = PP（xx（i, 3） +6, 2） " 龄组反应值, XX（i, 7）, 经度 XX（i, 8）纬度, XX（i, 5）海拔

Reg（i, 2） = PP（1, 2） + PP（2, 2） *（PP（3, 2） + p8 + P9 + PP（10, 2） * xx（i, 7） + PP（11, 2） * xx（i, 8） + PP（12, 2） * xx（i, 5））

Next i

For i =1 To n

" 3 森林土壤水

p8 = PP（xx（i, 2） +1, 3） " 林分反应值 XX（i, 7）, 经度 XX（i, 8）纬度, XX（i, 5）海拔

Reg（i, 3） = PP（1, 3） + p8 + PP（5, 3） * xx（i, 7） + PP（6, 3） * xx（i, 8） + PP（7, 3） * xx（i, 5）

Next i

p8 =0

" 4 森林固土

For i =1 To n

P9 = PP（xx（i, 3） +1, 4） " 龄组反应值 XX（i, 7）经度 XX（i, 8）纬度, XX（i, 6）降水, XX（i, 4）郁闭度

Reg（i, 4） = PP（1, 4） + P9 + PP（5, 4） * xx（i, 7） + PP（6, 4） * xx（i, 8） + PP（7, 4） * xx（i, 6） + PP（8, 4） * xx（i, 4）

Next i

" 5 森林保肥

For i =1 To n

P9 = PP（xx（i, 3） +1, 5） " 龄组反应值 XX（i, 7）经度 XX（i, 8）纬度, XX（i, 6）降水, XX（i, 4）郁闭度

Reg (i, 5) =PP (1, 5) +P9+PP (5, 5) *xx (i, 7) +PP (6, 5) *xx (i, 8) +PP (7, 5) *xx (i, 6) +PP (8, 5) *xx (i, 4)

Next i

" 6 森林吸收二氧化碳

For i=1 To n

P9=PP (xx (i, 3) +2, 6) " 龄组反应值 XX (i, 7) 经度 XX (i, 8) 纬度, XX (i, 6) 降水, XX (i, 4) 郁闭度

Reg (i, 6) =PP (1, 6) * (PP (2, 6) +P9+PP (6, 6)*xx (i, 7) +PP (7, 6) *xx (i, 8) +PP (8, 6) *xx (i, 6) +PP (9, 6) *xx (i, 4))

Next i

" 7 森林净化大气

For i=1 To n

P9=PP (xx (i, 3) +2, 7) " 龄组反应值 XX (i, 7) 经度 XX (i, 8) 纬度, XX (i, 6) 降水, XX (i, 4) 郁闭度

Reg (i, 7) =PP (1, 7) * (PP (2, 7) +P9+PP (6, 7)*xx (i, 7) +PP (7, 7)*xx (i, 8) +PP (8, 7)*xx (i, 6) +PP (9, 7)*xx (i, 4))

Next i

" 8 森林抑制风沙 hm

For i=1 To n

P9=PP (xx (i, 3) +1, 8) " 龄组反应值 XX (i, 7) 经度 XX (i, 8) 纬度, XX (i, 6) 降水, XX (i, 4) 郁闭度

Reg (i, 8) =PP (1, 8) +P9+PP (5, 8) *xx (i, 7) +PP (6, 8)*xx (i, 8) +PP (7, 8)*xx (i, 6) +PP (8, 8)*xx (i, 4) -1

Next i

```
" 9 森林抑制风沙 t
For i = 1 To n
    P9 = PP (xx (i, 3) +2, 9)  " 龄组反应值 XX (i, 7) 经度 XX (i, 8) 纬度, XX (i, 6) 降水, XX (i, 4) 郁闭度
    Reg (i, 9) = PP (1, 9) * (PP (2, 9) + P9 + PP (6, 9) * xx (i, 7) + PP (7, 9) * xx (i, 8) + PP (8, 9) * xx (i, 6) + PP (9, 9) * xx (i, 4) -1)
Next i
" 非负约束
For i = 1 To n
    For j = 1 To 9
        If Reg (i, j) < 0 Then Reg (i, j) = 0
    Next j
Next i
" 森林树冠截水 + 枯落物截水 + 森林土壤持水 = 森林涵养水源。
Dim RegReturn ( ) As Double
ReDim RegReturn (n, 7)
For i = 1 To n
    For j = 1 To 3
        RegReturn (i, 1) = Reg (i, 1) + Reg (i, 2) + Reg (i, 3)
    Next j
    For j = 4 To 9
        RegReturn (i, j -2) = Reg (i, j)
    Next j
Next i
' EcosystemFunction = Reg  " 返回 1
EcosystemFunction2 = RegReturn  " 返回 2
```

```
    Exit Function
han23:
    Err. Raise 10000, Err. Source &" STOP", Err. Description
End Function

" 待选变量控件
Private Sub LstAllVar_ Click ()
    If lstAllVar. Text < >"" Then
        Command1. Enabled = True
        Command2. Enabled = True
        Command3. Enabled = True
        Command4. Enabled = True
        Command5. Enabled = True
        Command6. Enabled = True
        Command7. Enabled = True
        Command8. Enabled = True
        Command9. Enabled = True
        Command10. Enabled = True
        Command11. Enabled = True
        Command1. Caption =" 选入"
    End If
End Sub

" 选入 Command1 控件
Private Sub Command1_ Click ()
    Dim Item As Long
    If Command1. Caption =" 选入" Then
        If lstAllVar. ListIndex <0 Then Beep: Exit Sub
```

```
        Text1. Text = lstAllVar. Text
        Item = lstAllVar. ListIndex
        lstAllVar. RemoveItem (Item)
        If Item = lstAllVar. ListCount Then Item = Item - 1
        lstAllVar. Text = lstAllVar. List (Item)
        Command1. Caption = " 选出"
    Else
        If Text1 = "" Then Exit Sub
        lstAllVar. AddItem Text1
        Text1. Text = ""
        Command1. Caption = " 选入"
    End If
End Sub

" 选入 Command2 控件
Private Sub Command2_ Click ()
    Dim Item As Long
    If Command2. Caption = " 选入" Then
        If lstAllVar. ListIndex <0 Then Beep: Exit Sub
        Text2. Text = lstAllVar. Text
        Item = lstAllVar. ListIndex
        lstAllVar. RemoveItem (Item)
        If Item = lstAllVar. ListCount Then Item = Item - 1
        lstAllVar. Text = lstAllVar. List (Item)
        Command2. Caption = " 选出"
    Else
        If Text2 = "" Then Exit Sub
        lstAllVar. AddItem Text2
```

```
        Text2. Text = " "
        Command2. Caption = " 选入"
    End If
End Sub

" 选入 Command3 控件
Private Sub Command3_ Click ( )
    Dim Item As Long
    If Command3. Caption = " 选入" Then
        If lstAllVar. ListIndex <0 Then Beep: Exit Sub
        Text3. Text = lstAllVar. Text
        Item = lstAllVar. ListIndex
        lstAllVar. RemoveItem (Item)
        If Item = lstAllVar. ListCount Then Item = Item - 1
        lstAllVar. Text = lstAllVar. List (Item)
        Command3. Caption = " 选出"
    Else
        If Text3 = " " Then Exit Sub
        lstAllVar. AddItem Text3
        Text3. Text = " "
        Command3. Caption = " 选入"
    End If
End Sub

" 选入 Command4 控件
Private Sub Command4_ Click ( )
    Dim Item As Long
    If Command4. Caption = " 选入" Then
```

```
            If lstAllVar. ListIndex <0 Then Beep: Exit Sub
            Text4. Text = lstAllVar. Text
            Item = lstAllVar. ListIndex
            lstAllVar. RemoveItem (Item)
            If Item = lstAllVar. ListCount Then Item = Item - 1
            lstAllVar. Text = lstAllVar. List (Item)
            Command4. Caption =" 选出"
        Else
            If Text4 ="" Then Exit Sub
            lstAllVar. AddItem Text4
            Text4. Text =""
            Command4. Caption =" 选入"
        End If
        If Text1. Text < >"" And Text2. Text < >"" And Text3. Text < >""
And Text4. Text < >"" And Text5. Text < >"" _
                                        And Text6. Text < >"" And Text7. Text < >""
And Text8. Text < >"" And Text9. Text < >"" _
                                        And Text10. Text < >"" And Text11. Text < >""
And Text12. Text < >"" Then
            cmdDescriptOK. Enabled = True
        End If
End Sub

" 选入 Command5 控件
Private Sub Command5_ Click ()
        Dim Item As Long
        If Command5. Caption =" 选入" Then
            If lstAllVar. ListIndex <0 Then Beep: Exit Sub
```

```
        Text5. Text = lstAllVar. Text
        Item = lstAllVar. ListIndex
        lstAllVar. RemoveItem (Item)
        If Item = lstAllVar. ListCount Then Item = Item - 1
        lstAllVar. Text = lstAllVar. List (Item)
        Command5. Caption = " 选出"
    Else
        If Text5 = "" Then Exit Sub
        lstAllVar. AddItem Text5
        Text5. Text = ""
        Command5. Caption = " 选入"
    End If
    If Text1. Text < >"" And Text2. Text < >"" And Text3. Text < >""
And Text4. Text < >"" And Text5. Text < >"" _
                  And Text6. Text < >"" And Text7. Text < >""
And Text8. Text < >"" And Text9. Text < >"" _
                  And Text10. Text < >"" And Text11. Text < >""
And Text12. Text < >"" Then
        cmdDescriptOK. Enabled = True
    End If
End Sub

" 选入 Command6 控件
Private Sub Command6_ Click ()
    Dim Item As Long
    If Command6. Caption = " 选入" Then
        If lstAllVar. ListIndex <0 Then Beep: Exit Sub
        Text6. Text = lstAllVar. Text
```

```
        Item = lstAllVar. ListIndex
        lstAllVar. RemoveItem (Item)
        If Item = lstAllVar. ListCount Then Item = Item - 1
        lstAllVar. Text = lstAllVar. List (Item)
        Command6. Caption = " 选出"
    Else
        If Text6 = "" Then Exit Sub
        lstAllVar. AddItem Text6
        Text6. Text = ""
        Command6. Caption = " 选入"
    End If
    If Text1. Text < > "" And Text2. Text < > "" And Text3. Text < > ""
And Text4. Text < > "" And Text5. Text < > "" _
                        And Text6. Text < > "" And Text7. Text < > ""
And Text8. Text < > "" And Text9. Text < > "" _
                        And Text10. Text < > "" And Text11. Text < > ""
And Text12. Text < > "" Then
        cmdDescriptOK. Enabled = True
    End If
End Sub

" 选入 Command7 控件
Private Sub Command7_ Click ()
    Dim Item As Long
    If Command7. Caption = " 选入" Then
        If lstAllVar. ListIndex <0 Then Beep: Exit Sub
        Text7. Text = lstAllVar. Text
        Item = lstAllVar. ListIndex
```

```
        lstAllVar. RemoveItem (Item)
        If Item = lstAllVar. ListCount Then Item = Item - 1
        lstAllVar. Text = lstAllVar. List (Item)
        Command7. Caption = " 选出"
    Else
        If Text7 = "" Then Exit Sub
        lstAllVar. AddItem Text7
        Text7. Text = ""
        Command7. Caption = " 选入"
    End If
    If Text1. Text < >"" And Text2. Text < >"" And Text3. Text < >""
And Text4. Text < >"" And Text5. Text < >"" _
                    And Text6. Text < >"" And Text7. Text < >""
And Text8. Text < >"" And Text9. Text < >"" _
                    And Text10. Text < >"" And Text11. Text < >""
And Text12. Text < >"" Then
        cmdDescriptOK. Enabled = True
    End If
End Sub

" 选入 Command8 控件
Private Sub Command8_ Click ()
    Dim Item As Long
    If Command8. Caption = " 选入" Then
        If lstAllVar. ListIndex <0 Then Beep: Exit Sub
        Text8. Text = lstAllVar. Text
        Item = lstAllVar. ListIndex
        lstAllVar. RemoveItem (Item)
```

```
        If Item = lstAllVar. ListCount Then Item = Item - 1
        lstAllVar. Text = lstAllVar. List (Item)
        Command8. Caption = " 选出"
    Else
        If Text8 = "" Then Exit Sub
        lstAllVar. AddItem Text8
        Text8. Text = ""
        Command8. Caption = " 选入"
    End If
    If Text1. Text < >"" And Text2. Text < >"" And Text3. Text < >""
And Text4. Text < >"" And Text5. Text < >"" _
                        And Text6. Text < >"" And Text7. Text < >""
And Text8. Text < >"" And Text9. Text < >"" _
                        And Text10. Text < >"" And Text11. Text < >""
And Text12. Text < >"" Then
        cmdDescriptOK. Enabled = True
    End If
End Sub

" 选入 Command9 控件
Private Sub Command9_ Click ( )
    Dim Item As Long
    If Command9. Caption = " 选入" Then
        If lstAllVar. ListIndex <0 Then Beep: Exit Sub
        Text9. Text = lstAllVar. Text
        Item = lstAllVar. ListIndex
        lstAllVar. RemoveItem (Item)
        If Item = lstAllVar. ListCount Then Item = Item - 1
```

```
        lstAllVar. Text = lstAllVar. List (Item)
        Command9. Caption = " 选出"
    Else
        If Text9 = "" Then Exit Sub
        lstAllVar. AddItem Text9
        Text9. Text = ""
        Command9. Caption = " 选入"
    End If
    If Text1. Text < >"" And Text2. Text < >"" And Text3. Text < >""
And Text4. Text < >"" And Text5. Text < >"" _
                        And Text6. Text < >"" And Text7. Text < >""
And Text8. Text < >"" And Text9. Text < >"" _
                        And Text10. Text < >"" And Text11. Text < >""
And Text12. Text < >"" Then
        cmdDescriptOK. Enabled = True
    End If
End Sub


" 选入 Command10 控件
Private Sub Command10_ Click ()
    Dim Item As Long
    If Command10. Caption = " 选入" Then
        If lstAllVar. ListIndex <0 Then Beep: Exit Sub
        Text10. Text = lstAllVar. Text
        Item = lstAllVar. ListIndex
        lstAllVar. RemoveItem (Item)
        If Item = lstAllVar. ListCount Then Item = Item - 1
```

```
        lstAllVar. Text = lstAllVar. List (Item)
        Command10. Caption = " 选出"
    Else
        If Text10 = "" Then Exit Sub
        lstAllVar. AddItem Text10
        Text10. Text = ""
        Command10. Caption = " 选入"
    End If
    If Text1. Text < > "" And Text2. Text < > "" And Text3. Text < > ""
And Text4. Text < > "" And Text5. Text < > "" _
                    And Text6. Text < > "" And Text7. Text < > ""
And Text8. Text < > "" And Text9. Text < > "" _
                    And Text10. Text < > "" And Text11. Text < > ""
And Text12. Text < > "" Then
        cmdDescriptOK. Enabled = True
    End If
End Sub

" 选入 Command11 控件
Private Sub Command11_ Click ()
    Dim Item As Long
    If Command11. Caption = " 选入" Then
        If lstAllVar. ListIndex <0 Then Beep: Exit Sub
        Text11. Text = lstAllVar. Text
        Item = lstAllVar. ListIndex
        lstAllVar. RemoveItem (Item)
        If Item = lstAllVar. ListCount Then Item = Item - 1
        lstAllVar. Text = lstAllVar. List (Item)
```

```
        Command11. Caption =" 选出"
    Else
        If Text11 ="" Then Exit Sub
        lstAllVar. AddItem Text11
        Text11. Text =""
        Command11. Caption =" 选入"
    End If
    If Text1. Text < >"" And Text2. Text < >"" And Text3. Text < >""
And Text4. Text < >"" And Text5. Text < >"" _
                                   And Text6. Text < >"" And Text7. Text < >""
And Text8. Text < >"" And Text9. Text < >"" _
                                   And Text10. Text < >"" And Text11. Text < >""
And Text12. Text < >"" Then
        cmdDescriptOK. Enabled = True
    End If
End Sub

" 选入 Command12 控件
Private Sub Command12_ Click ()
    Dim Item As Long
    If Command12. Caption =" 选入" Then
        If lstAllVar. ListIndex <0 Then Beep: Exit Sub
        Text12. Text = lstAllVar. Text
        Item = lstAllVar. ListIndex
        lstAllVar. RemoveItem (Item)
        If Item = lstAllVar. ListCount Then Item = Item - 1
        lstAllVar. Text = lstAllVar. List (Item)
        Command12. Caption =" 选出"
```

```
    Else
        If Text12 = "" Then Exit Sub
        lstAllVar. AddItem Text12
        Text12. Text = ""
        Command12. Caption = " 选入"
    End If
    If Text1. Text < >"" And Text2. Text < >"" And Text3. Text < >""
And Text4. Text < >"" And Text5. Text < >"" _
                        And Text6. Text < >"" And Text7. Text < >""
And Text8. Text < >"" And Text9. Text < >"" _
                        And Text10. Text < >"" And Text11. Text < >""
And Text12. Text < >"" Then
        cmdDescriptOK. Enabled = True
    End If
End Sub

" Command1 控件
Private Sub text1_ Click ( )
    If Text1. Text < >"" Then
        Command1. Enabled = True
        Command1. Caption = " 选出"
    End If
End Sub

" Command2 控件
Private Sub text2_ Click ( )
    If Text2. Text < >"" Then
        Command2. Enabled = True
        Command2. Caption = " 选出"
```

```
    End If
End Sub

" Command3 控件
Private Sub text3_ Click ( )
    If Text3. Text < >"" Then
        Command3. Enabled = True
        Command3. Caption =" 选出"
    End If
End Sub

" Command4 控件
Private Sub text4_ Click ( )
    If Text4. Text < >"" Then
        Command4. Enabled = True
        Command4. Caption =" 选出"
    End If
End Sub

" Command5 控件
Private Sub text5_ Click ( )
    If Text5. Text < >"" Then
        Command5. Enabled = True
        Command5. Caption =" 选出"
    End If
End Sub

" Command6 控件
Private Sub text6_ Click ( )
```

```
    If Text6. Text < > "" Then
        Command6. Enabled = True
        Command6. Caption = " 选出"
    End If
End Sub

" Command7 控件
Private Sub text7_ Click ( )
    If Text7. Text < > "" Then
        Command7. Enabled = True
        Command7. Caption = " 选出"
    End If
End Sub

" Command8 控件
Private Sub text8_ Click ( )
    If Text8. Text < > "" Then
        Command8. Enabled = True
        Command8. Caption = " 选出"
    End If
End Sub

" Command9 控件
Private Sub text9_ Click ( )
    If Text8. Text < > "" Then
        Command9. Enabled = True
        Command9. Caption = " 选出"
    End If
End Sub
```

```
" Command10 控件
Private Sub text10_ Click ( )
    If Text10. Text < >"" Then
        Command10. Enabled = True
        Command10. Caption =" 选出"
    End If
End Sub

" Command11 控件
Private Sub text11_ Click ( )
    If Text11. Text < >"" Then
        Command11. Enabled = True
        Command11. Caption =" 选出"
    End If
End Sub

" Command12 控件
Private Sub text12_ Click ( )
    If Text12. Text < >"" Then
        Command12. Enabled = True
        Command12. Caption =" 选出"
    End If
End Sub

" 中断
Private Sub cmdDescriptCancel_ Click ( )
    Unload Me
End Sub
```

参考文献

[1]许涤新．生态经济学探索[M]．上海:上海人民出版社,1985.

[2]许涤新．生态经济学[M]．杭州:浙江人民出版社,1987.

[3]中国生态经济学会．中国生态经济问题研究[M]．杭州:人民出版社,1985.

[4]姜学民,郭犹焕,李卫武．生态经济学概论[M]．武汉:湖北人民出版社,1985.

[5]姜学民,徐志辉．生态经济学通论[M]．北京:中国林业出版社,1993.

[6]唐建荣．生态经济学[M]．北京:化工工业出版社,2005.

[7]王松霈等．农业生态经济学导论[M]．杭州:浙江人民出版社,1987.

[8]王松霈,迟维韵．自然资源利用与生态经济系统[M]．北京:中国环境科学出版社,1992.

[9]王松霈．走向21世纪的生态经济管理[M]．北京:中国环境科学出版社,1997.

[10]王松霈．生态经济学[M]．西安:陕西人民教育出版社,2000.

[11]马传栋．生态经济学[M]．济南:山东人民出版社,1986.

[12]马传栋．城市生态经济学[M]．北京:经济日报出版社,1989.

[13]马传栋．资源生态经济学[M]．济南:山东人民出版社,1995.

[14]王干梅．生态经济理论与实践[M]．成都:四川省社会科学院出版社,1988.

[15]迟维韵．生态经济理论与方法[M]．北京:中国环境科学出版社,1990.

[16]陈德昌,张敬一. 生态经济学[M]. 上海:上海科学技术文献出版社,2003.

[17]严茂超. 生态经济学新论——理论、方法与应用[M]. 北京:中国致公出版社,2001.

[18]韩威. 生态经济[M]. 北京:人民出版社,1994.

[19]鲁明中. 生态经济学概论[M]. 乌鲁木齐:新疆科技卫生出版社,1992.

[20]王全新. 生态经济学原理[M]. 郑州:河南人民出版社,1988.

[21]樊万选. 生态经济学统计研究[M]. 郑州:河南人民出版社,1990.

[22]刘思华. 理论生态经济学若干问题研究[M]. 南宁:广西人民出版社,1989.

[23]舒惠国. 生态环境与生态经济[M]. 北京:科学出版社,2001.

[24]周纪纶,等. 城市生态经济研究方法与实例[M]. 上海:复旦大学出版社,1990.

[25]陈予群. 城市生态经济理论与实践[M]. 上海:上海社会科学院出版社,1988.

[26]陈大珂. 经济生态引论[M]. 哈尔滨:东北林业大学出版社,1995.

[27]R 布朗. 生态经济———个有利于地球的经济构想[M]. 林自新,等译. 北京:东方出版社,2002.

[28]张建国. 森林生态经济学[M]. 哈尔滨:东北林业大学出版社,1995.

[29]邓宏海. 农业生态经济学概论[M]. 北京:中国社会科学出版社,1986.

[30]尚杰. 农业生态经济学[M]. 北京:农业出版社,2000.

[31]时正新,等. 简明农业生态经济学[M]. 上海:上海人民出版社,1987.

[32]何乃准,丁举贵．农业生态经济学[M]．郑州:河南人民出版社,1990.

[33]厉以宁．环境经济学[M]．北京:中国计划出版社,1995.

[34]郎奎建,李长胜,殷有,等．林业生态工程10种森林生态效益计量理论与方法[J]．东北林业大学学报,2000(1):1－8.

[35]李长胜,冯仲科．多种森林生态效益计量[J]．北京林业大学学报,2005(SPUU. 2):102－104.

[36]唐守正,郎奎建,李海奎．统计和生物数学模型计算[M]．北京:科学出版社,2009:197－200.

[37]李长胜,冯仲科．黑龙江省国有林区可持续发展能力的研究[J]．北京林业大学学报,2005,(SPUU. 2):105－107.

[38]孙继华,郎奎建．广义森林生态效益似乎不相关模型的总体估计[J]．北京林业大学学报,2004,26(3):19－23.

[39]蒋敏元,万志芳．林业生态工程的生态效益计量的理论与方法研究[J]．林业经济,2001(8):1－7.

[40]郎奎建．森林生态效益价值核算的市场逼近理论和技术研究[J]. 林业科学,2003,39(6):8－14.

[41]雷明．绿色GDP—中国环境与发展评论[M]．北京:社会科学文献出版社,2000.

[42]雷明．绿色国内生产总值GDP核算[J]．自然资源学报．1998(4):320－326.

[43]侯元兆,等．北京:中国森林资源核算研究[M]．北京:中国林业出版社,1995.

[44]牛文元．"绿色GDP"与中国会计制度[J]．中国发展,2000(1):9－13.

[45]王如松．复合生态系统与循环经济[M]．北京:气象出版社,2003.

[46]封志明,王勤学．资源科学论纲[M]．北京:地震出版社,1994.

[47]陈仲新,张新时. 中国生态效益的价值[J]. 科学通报,2000,45(1):17-22

[48]方精云,陈安平. 中国森林生物量的估算:对 Fang 等 Science 一文的若干说明[J]. 植物生态学报,2002,26(2):243-249.

[49]李顺龙. 森林碳汇问题研究[M]. 哈尔滨:东北林业大学出版社,2006.

[50]李海奎,雷渊才. 中国森林植被生物量和碳储量估计[M]. 北京:中国林业出版社,2010.

[51]孟祥江,侯元兆. 森林生态系统服务价值核算理论与评估方法研究进展[J]. 世界林业研究,2010(6):8-12.

[52]徐中民,张志强,等. 当代生态经济的综合研究综述[J]. 地球科学进展,2000,16(5):689-694.

[53]彭松建. 现代西方人口经济学[M]. 北京:人民出版社,1992.

[54]何希吾,姚建华,等. 中国资源态势与开发方略[M]. 武汉:湖北科学技术出版社,1997.

[55]刘成武,黄利民,等. 资源科学概论[M]. 北京:科学出版社,2004.

[56]冀建中. 自然资源保护的哲学思考[J]. 北京大学学报. 1992(1):28-34.

[57]杨云彦. 人口、资源与环境经济学[M]. 北京:中国经济出版社,1999.

[58]张帆. 环境与自然资源经济学[M]. 上海:上海人民出版社,1998.

[59]牛文元,毛志锋. 可持续发展理论的系统解析[M]. 武汉:湖北科学技术出版社,1998.

[60]方如康. 我国的自然资源及其合理利用[M]. 北京:科学出版社,1985.

[61]国家环境保护局自然保护司．自然资源的合理利用与保护[M]．北京:中国环境科学出版社,1993.

[62]卡尔逊．寂静的春天[M]．北京:科学出版社,1979.

[63]世界环境与发展委员会．我们共同的未来[M]．北京:世界知识出版社,1989.

[64]皮尔逊和哈伯．世界的饥饿[M]．北京:商务印书馆,1981.

[65]福格特．生存之路[M]．北京:商务印书馆,1981.

[66]梅多斯,等．增长的极限[M]．北京:商务印书馆,1981.

[67]西蒙．人口增长经济学[M]．北京:北京大学出版社,1984.

[68]皮尔斯,等．世界无末日[M]．北京:中国财政经济出版社,1996.

[69]陶大立译,全球生态系统服务与自然资本的价值估算[J]．生态学杂志,1999,18(2)：70－78.

[70]王克敏,范长江．生态经济学的形成和发展[J]．经济学动态,1998(6):56－58.

[71]李长胜,唐运海,谢永刚．可更新资源经济理论与评价[M]．北京:中国经济出版社,2010.

[72]张震,李长胜．生态经济学——理论与实践[M]．北京:经济科学出版社,2016.

[73]李长胜,李海奎,毕磊．森林生态效益评价系统[M]．北京:经济科学出版社,2016.

[74]张象枢．人口、资源与环境经济学[M]．北京:化工出版社,2004.

[75]钟水映,等．人口、资源与环境经济学[M]．北京:科学出版社,2005.

[76]邓宏兵,张毅．人口、资源与环境经济学[M]．北京:科学出版社,2005.

[77]王珍．人口、资源与环境经济学[M]．合肥:合肥工业大学出版社,2006.

[78]麻彦春. 人口、资源与环境经济学[M]. 长春:吉林大学出版社,2007.

[79]王兵,任晓旭,胡文. 中国森林生态系统服务功能及其价值评估[J]. 林业科学,2011(2):145－153.

[80]康艺,斯塔格尔. 生态经济学引论[M]. 金志农,余发新,吴伟萍,等译. 北京:高等教育出版社,2012.

[81] Costanza Robert. Ecological economics: Toward a new transdisCiplinary sCience [J]. In A new century for natural resources management. Richard L. Knight and Sarah F. Bates ed.. Washington D. C. : Island Press, 1995.

[82]Costanza R, S C Farber and J Maxwell. The valuation and management of wetland ecosystems[J]. Ecological Economics, 1989(1):335－361.

[83] Bockstael N, R Costanza, I. Strand, W Boynton, K Bell, L Wainger. Ecological economic modeling and valuation of ecosystems [J]. Ecological Economics, 1995, V14:143－159.

[84]Fitz H C, E B DeBellevue, R Costanza, R Boumans, T Maxwell, L Wainger, F H Sklar. Development of a general ecosystem model (GEM) for a range of scales and ecosystems [J]. Ecological Modelling, 1996, V 88: 263－297.

[85]Higgins S I, J K Turpie, R Costanza, R M Cowling, D C le Maitre, C Marais and G Midgley. An ecological economic simulation model of mountain fynbos ecosystems: dynamics, valuation and management [J]. Ecological Economics, 1997, V 22:155－169.

[86]Costanza R, R d'Arge, R de Groot, S Farber, M Grasso, B Hannon, S Naeem, K Limburg, J Paruelo, R V O'NEill, R Raskin, P Sutton, M van den Belt. The value of the world's ecosystem services and natural capital[J]. Nature, 1997, V387:253－260.

[87]Prugh Thomas. Natural capital and human economic survival [M].

Solomons:International SoCiety for Ecological Economics Press,1995.

[88] Ehrlich P R. Ecological economics and the carrying capacity of earth[J]. In:Investing in natural capital,the ecological economic approach to sustainability. A. M. Jansson,C. Folke,R. Costanza,(eds)Island Press,1992.

[89]Pearce D. An Intellectual history of environmental economics [J]. Annu. Rev. Energy Eviron.. 1992(27):51 -58.

[90]Zhang B,Li W Xie G. Ecosystem services research in China:Progress and perspective[J]. Ecological Economics,2010(69):1389 -1395.

[91]Lu H F,Wang ZH,Campbell DE,et al. Emerge and eco - exergy evaluation of four forest restoration models in southeast China[J]. Ecological Engineering,2011(37):277 -285.

[92]Niu X,Wang B,Liu S R,et al. Economical assessment of forest ecosystem services in China:Characteristics and implications[J]. Ecological Complexity,2012,V11:1 -11.

[93]Costanza R,M Ruth. Using dynamic modeling to scope environmental problems and build consensus[J]. Environmental Management,1998,V 22:183 -195.

[94]Costanza R. Introduction:The value of ecosystem services [J]. Ecological Economics,1998,V 25:1 -2.

[95]Costanza R. The Dynamics of the Ecological Footprint Concept [J]. Ecological Economics,2000,V32:341 -345.

[96]UNDP. Guidelines for country study on Biological diversity [M]. Oxford:Oxford University Press,1993.

[97]Pearce D W,Moran D. The economic value of Bi odiversity [M]. Cambridge:Cambridge Press,1994.

[98]Li J,Wang W,Hu G,et al. Changes in ecosystem service values in Zoige Plateau,China[J]. Agriculture,Ecosystem & Environment,2010,139:766 -770.

[99]Liu S,Costanza R. Ecosystem services valuation in China [J]. Ecological Economics,2010,69:1387 - 138.

[100]Xu L,Yu B,Yue W. A method of green GDP accounting based on eco - service and a case study of Wuyishan,China[J]. Procedia Environmetal SCiences,2010(2):1865 - 1872.

后　记

本书重点参考了福建农林大学的张建国教授、陈平留教授，北京林业大学李俊清教授的著作，引用了东北林业大学郎奎建教授、李顺龙教授、哈尔滨工业大学李长胜教授的部分成果。另外，参考使用了国内外许多学者的研究成果，均在参考文献中一一列出。在此，一并表示最衷心的感谢！

本书的分工如下：马国勇负责第一章绪论、第二章生态系统、第三章生态经济系统、第七章森林碳汇评价的编写；刘刚负责第四章森林生态经济系统、第五章森林资源资产评估、第六章森林生态效益计量的编写；孙宏文负责第八章森林生态效益评价可视化软件系统、附录森林生态效益经济价值估计程序的编写。最后由马国勇进行了全书的审校。

本书能顺利地出版，还要感谢企业管理出版社诸位同志，特别是刘一玲编审，他们为提高本书质量付出了大量的心血。

编著者

2019 年 9 月